»Richtig reisen«
Graz und die Steiermark

Neme styrerum Pantheram tangere tentet
ructat ab ore ignem posterius cacat

In der vorderen Umschlagklappe: Die Steiermark

In der hinteren Umschlagklappe: Stadtplan von Graz

»Richtig reisen«

Graz und die Steiermark

Christine Metzger

Fotos von José F. Poblete

DuMont Buchverlag Köln

Im Gelben Info-Teil ➜

Umschlagvorderseite: Kapfenstein
Umschlaginnenklappe: Der Panther am Portal des Zeughauses in Graz
Umschlagrückseite: Graz

Für Uwe –
denn jedes haarige Produkt
braucht einen Geburtshelfer

CIP-Kurztitelaufnahme der Deutschen Bibliothek

Metzger, Christine:
Graz und die Steiermark/Christine Metzger.
Fotos von José F. Poblete. –
Köln: DuMont, 1987.
(Richtig reisen)
ISBN 3-7701-1813-8
NE: Poblete, José F. [Ill.]

© 1987 DuMont Buchverlag, Köln
Alle Rechte vorbehalten
Satz: Froitzheim, Bonn
Druck: Rasch, Bramsche
Buchbinderische Verarbeitung: Bramscher Buchbinder Betriebe

Printed in Germany ISBN 3-7701-1813-8

Steiermark-Informationen

Graz-Informationen

Inhalt

Wo weniger mehr ist

Was, bitte, ist ein »spontanes Erlebnisbild«?

Den Ausdruck gibt es nicht? Es muß ihn geben! Der Geschäftsführer des Landesfremdenverkehrsverbandes der Steiermark hat ausdrücklich das »Fehlen spontaner Erlebnisbilder« und den »mangelnden Bekanntheitsgrad« beklagt, als er 1985 seinen Hut nahm, und diese Mankos mitverantwortlich dafür gemacht, daß die Übernachtungszahlen in der Steiermark nicht stimmen.

Geringer Bekanntheitsgrad – machen wir bekannt:

Die Steiermark. Zweitgrößtes Bundesland Österreichs. 1 186 525 Einwohner. Hauptstadt Graz. Landläufig mit dem Attribut »Grüne Mark« versehen und

Graz, Hauptplatz mit Rathaus   Ehrenhausen

gepriesen ob ihrer »landschaftlichen Vielfalt«: vom Salzkammergut bis in die Pannonische Tiefebene, vom Hochgebirge bis ins sanfte, fast italienisch anmutende Hügelland. Oder, pathetisch-poetisch mit den Worten der steirischen Landeshymne ausgedrückt: »Hoch vom Dachstein an, wo der Aar noch haust, ... bis ins Rebenland im Tal der Drav'.« Das mit der Drau ist überholt, sie fiel, wie die gesamte Untersteiermark, nach dem Ersten Weltkrieg an Jugoslawien. Die Südgrenze des Landes ist heute Staatsgrenze.

Daß Tausende von Menschen alljährlich mit der Steiermark Bekanntschaft schließen, ohne es zu wissen, mag für den Touristiker ein schwacher Trost sein. Sie erhöhen weder die Übernachtungszahlen, noch interessieren sie sich für die Gegend, durch die sie rasen. Ihnen geht es um »YU GR TR«. Gleich hinter Salzburg stehen die ersten Schilder: Sie weisen durchs Ennstal, vorbei an Schladming, Liezen, Trieben, zeigen direkt nach Süden »Jugoslawien, Griechenland, Türkei«, zuverlässig, deutlich, eindeutig, wie es sich für Schilder gehört. Verfahren ist kaum möglich, gering die Gefahr, daß einer vom Weg abkäme, sich verlöre – in

◁ Leopoldsteiner See

den Sölktälern etwa oder im Weinland – und, gebannt von den Herrlichkeiten, die er dort entdeckt, die Autoschlange an der jugoslawischen Grenze verpaßte, einer, der fürderhin das hohe Lied von der Schönheit der Steiermark sänge, zum Glück und Trost des geplagten Touristikers.

Halben Trost. Denn geringe Bekanntheit ist es nicht allein, die ihn quält. Die zweite Klage des Fremdenverkehrsmannes wiegt viel schwerer: »Mangelndes Fremdenverkehrsbewußtsein.«

Das ist ein Verdikt. Allein wenn man die Steiermark mit ihren Anrainerbundesländern vergleicht, kann man sich vorstellen, was der Geschäftsführer des steiri-

Gesäuse

Klöch

schen Landesfremdenverkehrsverbandes auf einer Konferenz mitmacht, wo »spontane Erlebnisbilder und Fremdenverkehrsbewußtsein« zum Vergleich stehen:

So können die Burgenländer zum Beispiel anführen, daß sie aus ihren Weinen mehr zu machen verstehen als die Trauben hergeben, während der Steirer zugeben muß, daß seine biederen Landsleute noch immer ihren ehrlichen Wein trinken und sich keines einzigen Falles von wunderbarer Zuckervermehrung rühmen können!

Kärnten hat eine heitere Seenplatte und durch jahrzehntelange Erfahrung im Tourismus gelernt, auch sonst die rechte Platte aufzulegen, bei der es sich so nett schunkeln läßt. Dafür bleiben die Gäste dort auch durchschnittlich 7,56 Tage, und die Nächtigungszahlen stimmen! Die wenigen Seen der Steiermark sind geheimnisvoll und düster, viele der Bergseen muß man sich erwandern und wird dann mit nichts als Stille belohnt.

Salzburg? Salzburg hat Salzburg, und das hat sich inzwischen so weit herumgesprochen, daß man sich im Sommer den Weg durch die Getreidegasse mit Brachialgewalt bahnen muß, während man in den engen Gassen von Graz sitzt und Kaffee trinkt, ganz ohne die Vorteile des Körperkontakts mit fremden Menschen.

Niederösterreich kokettiert damit, das Ferienland rund um Wien zu sein, und wer kann es schon mit Wien aufnehmen!? Niemand, da sind sich 1 531 346 Wiener

Heribert
Raich
Lederhosen-
Erzeuger

1. GR
URS
AUTO
1.- URSEUF

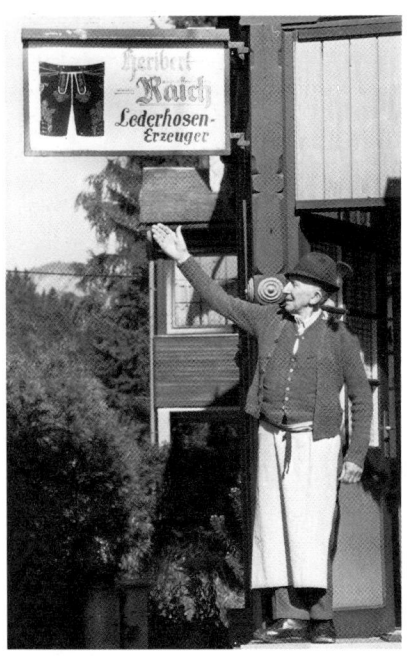

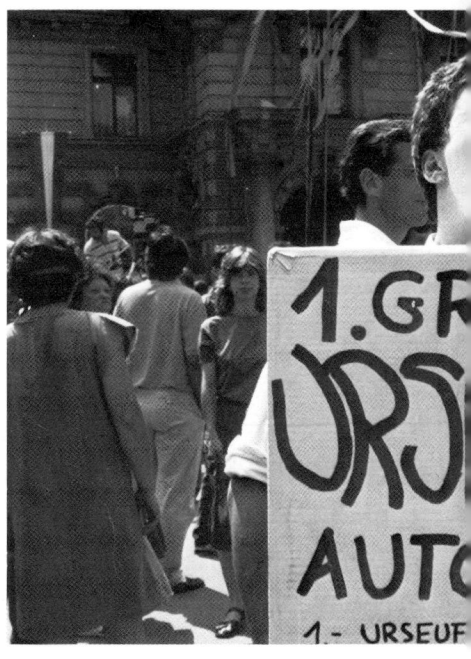

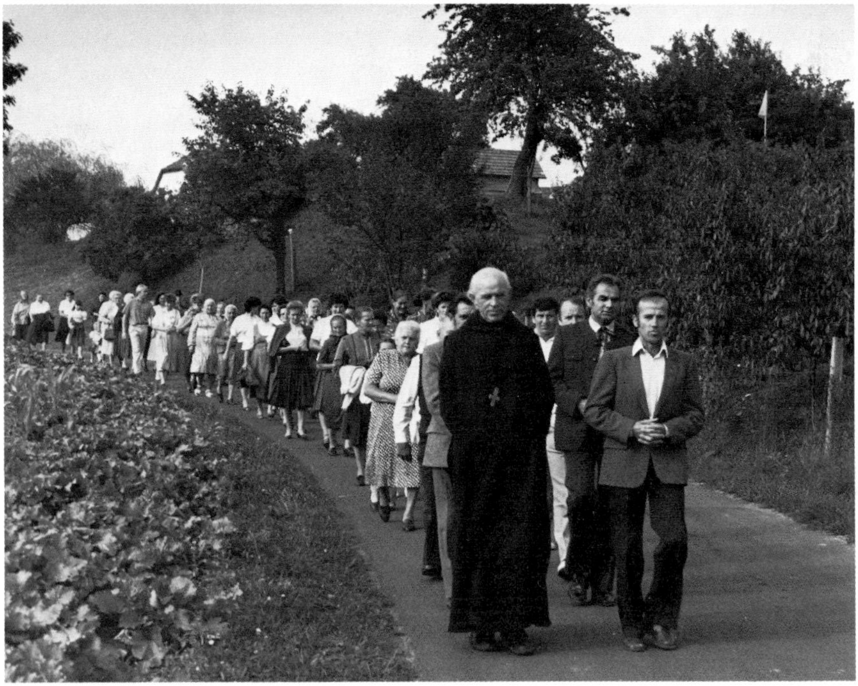

Kaiserschild bei Eisenerz

einig, auch wenn die »heimliche Hauptstadt der deutschen Literatur« jenseits des Semmerings liegt und Graz heißt...

Auch daran, wie Oberösterreich sein Salzkammergut aufgewertet hat, kann sich die Steiermark nur ein Beispiel nehmen! Wir müssen gar nicht Franz-Joseph- mit Erzherzog-Johann-Kitsch vergleichen, es genügt schon zu sehen, wie viele Minigolfplätze im Oberösterreichischen zum spontanen Erleben beitragen, während die Ausseer von ihren Gästen erwarten, daß sie Berge und Seen ohne ausreichende Minigolfplatzdichte genießen!

Was nützt es da, daß die Steirer so freundlich und hilfsbereit sind, wenn nicht das rechte Fremdenverkehrsbewußtsein dahinersteht! Was hilft es, daß man die schönsten Wanderungen und Gebirgstouren bieten kann, wenn nicht asphaltierte Trampelpfade hinaufführen? Ein paar Diskotheken, jodelnde Barkeeper und ein, zwei Animateure, dann wär auch die Stille im Weinland erträglicher und dieses schönste Fleckchen Mitteleuropas würde endlich über Künstler- und Kennerkreise hinaus bekannt werden! Was bringen all die blühenden Wiesen in der Oststeiermark, durch die Störche spazieren – man denke an die Fitnesszentren, die hier entstehen könnten!

Wirklich, Herr Direktor, da heißt es umdenken. Und lassen Sie sich nicht von den paar Leuten beirren, die von der Unberührtheit schwärmen. Von den Misthaufen und den freilaufenden Hühnern. Vom Blick in Kapfenstein. Den Herbstabenden im Weinland, wenn sich die Blautöne über die Hügel legen. Vom Erzberg und der Industriearchitektur. Vom Altausseer See... Dem »steirischen herbst« gar, einem Avantgarde-Festival! Das sind Individualisten, und die wollen Sie sich doch nicht ins Land holen, oder, Herr Direktor!?

Man besteigt in Wien den Zug, der südwärts fährt, und findet an den Mitreisenden wenig Auffälliges. Man eilt über das Steinfeld, durch Wiener Neustadt, Neunkirchen, Gloggnitz. … Die Fahrt von hier an (links sitzend!) ist reich an landschaftlichem Reiz, und daß er sich so verschwenderisch darbietet, kommt wieder einmal von einem Mangel her. Die Semmeringbahn wurde in der Frühzeit des Bergbahnbaus geplant, man konnte das damals noch nicht so gut wie später, man hatte den Basis-Tunnel noch nicht erfunden, sondern gewann um den Preis erhöhter Kosten auf höchst reizvollen Windungen und Kurven, ähnlich wie am Gotthard, allmählich die Höhe. …

Der Semmering selbst, knapp tausend Meter hoch, Anfänger und Außenseiter unter den großen Alpenübergängen, ist weniger schroffe Scheide als freundliche Brücke der nördlichen und südlichen Welt, er verbindet Wien mit Belgrad, Triest, Rom und Genua, aber er trennt hart und eindeutig Niederösterreich von der Steiermark. Und siehe: kaum daß sich nach der Durchquerung des großen Haupttunnels die Trasse zu senken beginnt, ist's, als wüchsen den bisher unauffälligen Mitreisenden grüne Aufschläge aus den Jacken, Röcken und Hosen, Gamsbärte aus den Hüten, als bekäme auch ihre Sprache neue Farben. Man ist unter Steirern.

Hans Weigel, O du mein Österreich

Zeitzeugen

Zeit ist nur dadurch, daß etwas geschieht,
und nur dort, wo etwas geschieht.
Ernst Bloch

Geschichtstabelle

150 000–50 000 v. u. Z. Höhlenfunde belegen die Anwesenheit von Menschen im Gebiet der heutigen Steiermark bereits für die Mittlere (100 000–50 000), wahrscheinlich sogar schon für die Ältere Altsteinzeit.

4. Jahrtausend v. u. Z. Ackerbauern besiedeln das Land vom Süden und Südosten her.

1700–800 v. u. Z. Der Beginn des Kupferbergbaus fällt in die Bronzezeit. In der Urnenfelderzeit (ab 1300) bilden sich lokale Zentren bedeutender Größe heraus, es bestehen rege Handelsbeziehungen, der Kupferbergbau floriert, Beginn der intensiveren Salzgewinnung.

800–400 v. u. Z. Während der Hallstattkultur (Ältere Eisenzeit) liegt der kulturelle Schwerpunkt im Südwesten der heutigen Steiermark, befestigte Höhensiedlungen, sogenannte »Fürstensitze«, werden angelegt.

400–ca. Chr. Geburt In der La-Tène-Zeit (Jüngere Eisenzeit) gerät das Gebiet unter keltischen Einfluß; seit dem 2. Jahrhundert gehört es zum Königreich Noricum, einem

Kultwagen und Totenmaske

Zwei Hände, mehr als zweieinhalb Jahrtausende alt. Dünne, grün oxydierte Bronze, Muster eingehämmert. Die Innenflächen sind nach außen gekehrt, der Daumen der Linken fehlt. Eine Bronzemaske: feine, schmale Nase, kleiner Mund, die Augenbrauen zusammengezogen, Halbkreise die Ohren. »Totenmaske mit Abwehrhänden«, gefunden in den Fürstengräbern von Kleinklein in der Weststeiermark.

Die Menschen damals gingen nicht unvorbereitet in den Tod, ihre Gräber enthielten alles, was man braucht zur Fortsetzung des Lebens auf einer anderen Ebene – warum dann die Abwehrhaltung? Wem galten die erhobenen Hände? Sollten sie Geister schrecken, Lebende, die sich dem Grab des Fürsten nähern? Grabräuber?

»Hand, symbolisch betrachtet, gleicht dem stab in der bedeutung von gewalt . . . In der älteren sprache drückt daher munt sowohl manus als auctoritas, potestas aus. Die hand ist das natürlichste, einfachste zeichen.« (Jacob Grimm, Rechtsaltertümer)

Aus derselben Epoche, der Hallstattzeit, ein Wagen. Kunstfertiger gearbeitet, doch ebenso beeindruckend durch seine Schlichtheit. Vier Räder tragen ein Bronzeplateau, auf dem sich ein seltsamer Zug bewegt: Hirsche mit übernatürlich großem Geweih, an dem sich zwei Männer halten. Reiter mit Schild und Spitzmützen auf dem Kopf und sonst nackt, wie alle anderen auch. Klar treten Augen, Nase, Mund hervor, die Frauen sind präziser dargestellt als die Männer. Auch im Zentrum eine Frau – eine illyrische Göttin? Die Herrscherin? Dreimal so groß wie die anderen, hält sie die Arme erhoben und balanciert eine Schale –

wurden hier Opfer gebracht? Etwas aufgefangen oder verbrannt?

»Kultwagen von Strettweg« nennt man ihn. Strettweg nach dem Fundort bei Judenburg, »Kult« wohl, weil der Ausdruck immer paßt, wenn man nichts Näheres weiß über die Funktion eines Objekts, über das Leben der Menschen, für die es Bedeutung hatte.

Besiedeln, Benennen, Besitzen

Der Schriftsteller Reinhard P. Gruber wohnt in Kothvogel bei Stainz. Wenn man ihn nach seiner Adresse fragt, sagt er »im hintersten Winkel« – und das ist keine Diskriminierung, sondern eine wörtliche Übersetzung: »kót« heißt im Slowenischen »Winkel«, »vogál« »Ecke«.

Aussee, Graz, Weiz, Feistritz, Pöllau, Schöckel... die Zahl der slawischen Orts- und Flurnamen in der Steiermark ist Legion. Sie zeugen von der Besiedlung aus dem Osten, die im sechsten Jahrhundert einsetzte, als die Reiche der Kelten und der Römer schon lange un-

Zusammenschluß relativ unabhängiger Gaufürstentümer.

15 v. u. Z. Noricum wird Teil des Römischen Reiches, erst als Protektorat und dann unter Claudius (41–54 n. Chr.) als Zivilprovinz. Flavia Solva erhält unter Vespasian (69–79 n. Chr.) das Stadtrecht und entwickelt sich in der Folge zur typisch römischen Provinzstadt mit Amphitheater, Tempeln und Verwaltungsgebäuden.

284–305 Neuorganisation der Reichsverwaltung unter Diokletian; aus der Provinz Noricum wird Ufer- und Binnennoricum.

476 Untergang des Römischen Reiches.

Kultwagen
von Strettweg

21

6. bis 8. Jahrhundert In das während der Völkerwanderungszeit weitgehend verödete Land wandern Awaren und Slawen ein. Seit 788 gehört das Gebiet zum fränkischen Reich.

oben: Romanische Fresken in der St.-Johannes-Kappelle von Pürgg

unten: Wegkreuz

tergegangen waren und die Völkerwanderung sich ihrem Ende zuneigte.

Die Slawen selbst nannten sich Slowenen, die benachbarten Völker führten die Bezeichnung »Winden« oder »Wenden« ein, die noch heute im Ausdruck »Windische« erhalten ist (s. S. 44 ff.).

In der Ober- und Mittelsteiermark erinnert außer diesen Orts- und Flurnamen nichts mehr an die Anwesenheit der Slawen; sie assimilierten sich und sind seit dem 14. Jahrhundert kaum mehr faßbar. In der Untersteiermark verlief die Entwicklung anders: Hier gingen im 14. und 15. Jahrhundert verstreute deutsche Siedlungen im Slawentum auf. Es existierten zwar deutsche Sprachinseln, die Slowenen stellten aber die Mehrheit der Bevölkerung.

Als »Öst'reich« noch bei Bayern war

Eindeutig – wer aus Miesbach, Landshut oder München kommt, ist im steirischen Alltag dem Lübecker, Kölner oder Frankfurter gegenüber im Vorteil. Das fängt schon in der Früh beim »Semmel«-Kauf an, geht beim Biertrinken weiter, wo der »Foam« für den Bayern problemlos als »Schaum« zu identifizieren ist, ebenso wie er den »Göid«, den Paten, vom »Fota«, dem Vater, zu unterscheiden versteht und weiß, daß »a schiachs Luoder« das Gegenteil von einer liebreizenden Maid ist.

Dieses Privileg hat der Bayer den Bajuwaren zu danken; sie kamen, von den Slawen gegen die Awaren zu Hilfe gerufen, um die Mitte des 8. Jahrhunderts in die Steiermark und nahmen ihren Auftrag so ernst, daß sie die Hilfesuchenden gleich mitverschluckten: Das Gebiet wurde Teil des Herzogtums Bayern und ging mit ihm im fränkischen Reich auf.

So sprechen die Steirer – wie übrigens fast alle Österreicher – eine bairische Mundart. Die Steiermark bildet ein sprachliches Ausgleichsgebiet, in dem sich das Südbairische und das Mittelbairische überschneiden, wobei das Südbairische dominiert – so sagen die Sprachforscher und nennen als allgemeingültiges Merkmal des steirischen Dialekts die Neigung, aus einfachen Lauten Diphthonge (Zwielaute) zu machen (z. B. denk > deink).

Hier schweigt die Chronik

»Oh, könnte St. Johann im Felde doch reden!« Ja, könnte es das doch! Dann hätten wir alle es leichter, und die Frage, ob es sich bei dieser Kirche in Knittelfeld um »Ad Undrimas« handelt, wäre vom Tisch.

Andererseits, könnte die Kirche sprechen, hätte Reg. Rat Leopold Regner, der diesen Ausruf an den Anfang seines Artikels im Kirchenführer setzt, keinen Grund mehr gehabt, zur Feder zu greifen und uns wissen zu lassen, wie »stolz die Kirche in ihrem erneuerten Putzkleid ins weite Aichfeld strahlt«, und das wäre doch nun wirklich schade.

»Ad Undrimas« ist das älteste Gotteshaus auf steirischem Boden, 755 geweiht. Das Bistum Salzburg hatte, kaum war das Gebiet unter bayerischer Oberhoheit, Modestus als einen der ersten Missionare entsandt. Systematisch setzte die Missionierung zwar erst im 9. Jahrhundert ein, Modestus konnte aber immerhin schon drei Kirchen weihen. Zwei davon liegen heute in Kärnten, die Lokalisierung der dritten auf steirischem Boden bereitet Probleme. Wobei es, trotz der mangelnden Eloquenz von St. Johann im Felde, Beweise und Gründe genug gibt, in dieser hübschen, im Kern romanischen Kirche (wunderschöne spätgotische Fresken!) die Nachfolgerin von »Ad Undrimas« zu sehen.

Grenzfälle

»Die einen führten sie als Gefangene weg, andere metzelten sie nieder, viele ließen sie in Fesseln verhungern und verdursten, unzählige Leute, edle Männer und Frauen, schleppten sie in die Sklaverei. Die Kirchen haben sie angezündet und alle Gebäude in Flammen aufgehen lassen, so daß in unserer so großen Provinz Pannonien auch nicht eine Kirche mehr zu sehen ist.«

Die da so wüteten, waren die Magyaren. 899 fielen sie bereits zum zweiten Mal innerhalb von fünf Jahren in der Oststeiermark, die damals Teil von Pannonien war, ein, und 907 gelang es ihnen gar, die ganze Provinz in ihren Besitz zu bringen. Erst Mitte des 11. Jahrhunderts, nach dem Sieg Heinrichs III. über die Ungarn, wurde die Oststeiermark wieder Teil des Deutschen Reichs, und dann dauerte es noch etwa 80 Jahre, bis unter Leopold I. (1122–1129) die deutsche Besiedlung des Gebiets begann.

Das war kein rauschender Beginn, und auch die nächsten 600 Jahre brachten nicht viel Positives für die oststeirische Bevölkerung: Immer wieder kam es zu Rückschlägen, immer wieder fielen die Ungarn ein, seit dem 15. Jahrhundert zusätzlich die Türken, fast jährlich, dann Heiducken, Kuruzzen. Bei jedem Angriff auf Wien litt die Oststeiermark als Aufmarsch- und Rückzugsgebiet, jeder Konflikt, den die Ungarn mit dem Hause Habsburg hatten, wurde auf Kosten der steirischen Bevölkerung ausgetragen: im Jahr 1605 Heiduckeneinfälle, 1683 Kuruzzen, die sich mit Türken verbinden, 1704–1711 Kuruzzen . . .

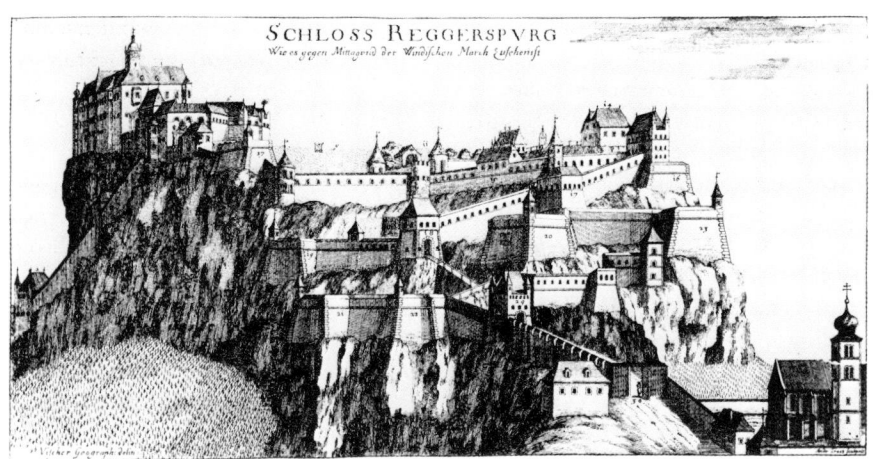

Riegersburg – die »stärkste Festung der Christenheit«

955 Die Schlacht am Lechfeld bannt die Ungarngefahr. Südlich von Graz bildet die Mur die Grenze zu Ungarn. Erst zwei weitere Feldzüge gegen die Magyaren (1020 und 1043/44) verschieben diese Grenze weiter nach Osten und erlauben eine Besiedlung der Oststeiermark. Nach 955 beginnt Otto I. den südöstlichen Markengürtel aufzubauen. Keimzelle der Steiermark ist die Karantanische Mark (Mark an der mittleren Mur, 970 erstmals urkundlich genannt) mit der Hengistburg als Mittelpunkt.

1020 Göß wird als erstes steirisches Kloster gegründet. Es folgen Admont (1074) und St. Lambrecht (1096/1103).

1053 Die Ungarn zerstören die Hengistburg, Graz wird in

»Die einen führten sie als Gefangene weg, andere metzelten sie nieder...« schreiben die bayerischen Bischöfe an Papst Johannes IX. (898–900) über den Ungarneinfall. »Sie haben mir großen Schaden mit Rauben und Brennen, Verheeren und Entführung des Volks getan und besonders meinem gnädigen Herrn etliche seiner besten Höfe verbrannt«, berichtet der Verwalter von Schloß Thalberg über den Türkeneinfall 1532. »Haben die Hungerische Rebellen alle Umbligente Pfarn mit Sengen und Brennen/ Dergestalten angegriffen daß vill Taußent Heusser Dardurch in Aschen gelegt worden ...«, hält der Pfarrer von Stainbach über den Kuruzzeneinfall 1704 fest. Wie sich die Berichte gleichen!

Materielle Zeitzeugen einer Epoche der Zerstörung zu suchen, ist ein Widerspruch in sich. Die harten Zeiten dokumentieren nur die, die sie überdauert haben: die vielen Burgen – bereits 1165 wurde mit der Anlage eines Burgengürtels begonnen, dazu gehörten u. a. Kornberg, Kapfenstein, Bertholdstein und die Riegersburg –, die Wehrkirchen und

Schutzbauten, in denen die Bevölkerung Zuflucht fand.

Am deutlichsten wird die Geschichte der Oststeiermark in dem, was man hier *nicht* findet: prächtige, alte Höfe wie im Murtal, reiche Trachten und gepflegtes Brauchtum wie in Bad Aussee.

Noch heute ist ein Fluch gebräuchlich: »Kruzitürken!« – Kuruzzen und Türken. Vielleicht ist er der beste Zeitzeuge.

Bereinigte Feuerordnung für den Panther

Wappentiere haben es nicht leicht. Zwar steht ihnen auf Fahnen, Siegeln, Briefköpfen mehr Platz zur Verfügung als dem deutschen Huhn in der Legebatterie, was ihre Bewegungsfreiheit betrifft, geht es ihnen aber kein bißchen besser: Heraldische Regeln, so streng wie das spanische Hofzeremoniell, legen jede Haltung genau fest, bestimmen, wie sie sich zu wenden haben, wen sie anschauen müssen, wenn sie im Verband mit anderen Wappentieren auftreten, was anzuziehen es sich geziemt und – wie feurig sie sein dürfen.

Ein tragisches Opfer dieser Reglementierung wurde der steirische Panther, und es ist eigentlich ein Wunder, daß er seine Repräsentationspflichten noch immer so aufrecht und korrekt versieht. Ein bißchen steif zwar, geschlechtslos, aber, mein Gott – jeder andere wäre nach einer so gravierenden Einschränkung der persönlichen Freiheit auf der Couch gelandet: Man hat ihn seines intimsten Feuers beraubt.

»Das Wappen des Landes ist in grünem Schild der rotgehörnte und gewaffnete silberne Panther, der aus dem Rachen Flammen hervorstößt. Das Wappenschild trägt den historischen Hut«, so lautet die heute gültige Verordnung.

der Folge Verwaltungsmittelpunkt. Der 1074 einsetzende Investiturstreit, Thronwirren und die ständigen Grenzfehden mit den Ungarn verhindern die Besiedlung der 1043/ 44 gewonnenen Gebiete in der Oststeiermark.

1122 Ende des Investiturstreits und Veränderung der Besitzverhältnisse in der Mark durch das Aussterben der Eppensteiner. Die Traungauer, seit Mitte des 11. Jahrhunderts Markgrafen der Karantanischen Mark, verfügen damit erstmals über eine ausreichende Machtbasis, die sie im Lauf des 12. Jahrhunderts noch erweitern.

1128 Graz wird in den Jahrbüchern des Stiftes Rein zum ersten Mal erwähnt.

Türken, Kuruzzen, Heiducken – v. a. die Oststeiermark war ständig von fremden Völkern bedroht

1180 Erhebung der Steiermark zum Herzogtum unter dem Traungauer Otakar IV.

1186 In der Georgenberger Handfeste legt der letzte Traungauer Landesfürst fest, daß nach seinem Tod alle Herrschaftsrechte an die Babenberger überzugehen hätten. Das Dokument sichert den steirischen Ständen große Privilegien zu.

Nur noch aus dem Rachen! Und das ihm, über den noch in Quellen aus dem 16. Jahrhundert zu lesen ist: »Nemo Styrorum Pantheram tangere tentet / Ructat ab ore ignem posteriusque cacat.«

»Niemand wag' es, den Panther der Steirer mit Arglist zu reizen, / Feuer versprüht sein Maul, Feuer der Hintere auch.«

Und wie er sprüht! Auf dem Titelblatt des Kalenders, den Johannes Kepler 1598 herausgegeben hat. Auf der Titelseite der »Topographia ducatus Stiriae« von Georg Matthäus Vischer aus dem

Jahr 1681, auf einer Fahne von 1708, die im Landeszeughaus in Graz aufbewahrt wird – was für ein fröhlicher, lustiger Panther kommt uns da entgegen! Halb aufgerichtet, die rechte Tatze wie zum Gruß erhoben, verschmitzter Blick aus kleinen Augen. Da ist noch nichts zu spüren von der Steifheit seines verbeamteten Alter ego aus dem 20. Jahrhundert, er steht in voller Mannesblüte, schlägt

Flammen, sprüht aus allen Leibesöffnungen!

Daß sich gerade im 16. Jahrhundert die Flammen des Panthers überschlagen, mag das neue Selbstbewußtsein und Selbstverständnis der Landstände dokumentieren, auch die Wehrhaftigkeit der Steirer betonen, denen nach der Schlacht bei Mohacs 1526 die Sicherung der windischen und kroatischen Grenze oblag. Zu dieser Zeit setzten die Landstände ihrem Panther auch eine königliche Krone auf, ein Signum, das der Grazer Panther schon seit 1261 trug, allerdings aus Laub.

Als Wappentier ist der Panther älter als das Herzogtum Steiermark – er ist 1160 erstmals überliefert im Reitersiegel von Markgraf Otakar III. Als dessen Sohn 1180 zum ersten Herzog der Steiermark avancierte, stieg auch der Panther auf: Er wurde zum Wappentier des Landes. Jahrhundertelang zog er dem Heer voraus in Schlachten, wurde besungen, besiegelte Urkunden und Verträge, prangte auf Münzen und mauserte sich zusehends: aus dem lindwurmartigen Jüngling wurde ein feuriger, flammensprühender Mann.

Das ging gut bis 1926. Dann kam die Abgeordnete Frieda Mikola. Sie war sehr fromm. Daß der Panther aus allen Leibesöffnungen Flammen schlug, erregte sie. Leider ist der Wortlaut ihrer Rede im Gemeinde- und Verfassungsausschuß des Landtags nicht erhalten. Berief sie sich darauf, daß der Panther ein anderes Zeichen für Christus sei, wie es die Deutung im Physiologus nahelegt? Demnach schläft er drei Tage in seiner Höhle, schreit beim Erwachen laut und verbreitet mit seinem Atem einen ungemein süßen Wohlgeruch, der alle Tiere anlockt außer dem Drachen, dem Bösen. Argumentierte sie damit, daß die Darstellung

der Flammen auf einen Schreibfehler in der lateinischen Quelle zurückzuführen sei (fragrat = riecht, flagrat = flammt) und eigentlich der Duft symbolisiert werden sollte? Oder war sie einfach nur moralisch und drehte und wand sich, weil sie das, was sie ansprechen wollte, ja nicht aussprechen konnte?

Wir wissen es nicht. Wir wissen vom Hohnlachen der Männer und den Folgen: der bereinigten Feuerordnung für den steirischen Panther.

Minnedienst und Faustrecht

Daß sich einer eine Hasenscharte operieren läßt, sichert ihm noch keinen Platz in der Geschichte, auch wenn dies im Jahr 1224 noch ein recht gewagter und außergewöhnlicher Eingriff war. Auch 13 Jahre lang vergeblich an eine Dame hinzuminnen, macht zwar unglücklich, aber noch nicht unsterblich. Außer man faßt sein Leid in stumpfe Reimpaare, diese wiederum zu 1850 achtzeiligen Strophen zusammen, dazu ein fingierter Brief, 56 in die Handlung eingestreute Lieder: »Frauendienst« von Ulrich von Liechtenstein.

Der »Frauendienst« ist eine Autobiographie, allerdings nicht im modernen Sinn. Ulrich stellt zwar die historischen und politischen Begebenheiten zwischen 1222 und 1255 korrekt dar, erzählt von seinem eigenen Leben aber nur soweit, als es dem Frauendienst gewidmet war. Dabei sind seine Liebesabenteuer, dem Muster des Artusromans folgend, oft recht unglaubwürdig – zumindest hofft man, daß es sich um Übertreibung handelt, wenn man liest, er trinke das Wasser, in dem die Angebetete ihre Hände wasche und hacke sich einen im Turnier gebrochenen Finger ab, um ihn ihr zum Präsent zu machen.

Ulrich von Liechtenstein

1192–1246 Unter der Herrschaft der Babenberger wird das Rodungs- und Siedlungswerk besonders in der Oststeiermark fortgesetzt, und es kommt zu neuen Markt- und Städtegründungen, Förderung des Bergbaus (Erz und Salz).

1218 Das Seckauer Chorherrenstift wird bischöfliche Residenz und damit zum ersten steirischen Bistum.

1246 stirbt der letzte Babenberger. Böhmen und Ungarn kämpfen um die Steiermark: 1254 sind die Ungarn erfolgreich, deren Herrschaft die steirischen Adeligen aber wieder abschütteln können, 1260 tritt Ottokar II. Přemysl, der den Ungarnkönig in der Schlacht bei Kroißenbrunn besiegt hatte, die Herrschaft an.

1276 Der steirische Adel erhebt sich gegen Ottokar und schließt sich dem 1273 zum deutschen König gewählten Rudolf von Habsburg an (Reiner Schwur). Rudolf besucht 1281 Graz und versucht, die Stadt durch Bestätigung ihrer Freiheiten an sich zu binden.

Um 1300 ist der Landausbau abgeschlossen.

Ebenso wie das devote Verhalten der Weiblichkeit gegenüber, gehörte auch der ritterliche Sport zur höfischen Inszenierung: Ulrich unternahm zwei große Turnierfahrten, eine in Frauenkleidern, wobei er allein 307 Speere im Kampf verstochen haben will, eine andere als König Artus, bei der der Adel die Ritter der Tafelrunde darstellte.

Ulrich war nicht nur Minnesänger, er war auch Politiker, Führer des steirischen Adels in der Zeit des Interregnums, als die Steiermark 1246 nach dem Tod Friedrichs des Streitbaren, des letzten Babenbergers, zum Zankapfel zwischen Böhmen und Ungarn wurde. Diese Zeit des »Faustrechts« bekam er am eigenen Leib zu spüren, als man ihn in seiner Feste, der Frauenburg bei Unzmarkt, deren Ruinen noch heute zu sehen sind, über ein Jahr lang gefangensetzte. Um freizukommen, mußte er

1379 Teilung der Erblande unter den Erzherzögen Albrecht III. und Leopold III. Die Steiermark wird zusammen mit Kärnten, Krain, Tirol und den Vorlanden Erbteil der leopoldinischen Habsburger-Linie.

1411 Neuerliche Teilung unter den jüngsten Söhnen Leopolds III.: Erzherzog Ernst der Eiserne erhält mit der Steiermark auch Kärnten, Krain, die Windische Mark, Triest, Inneristrien, Pordenone. In der innerösterreichischen Ländergruppe nimmt die Steiermark als größtes Gebiet eine führende Stellung ein, neben Graz dient Wiener Neustadt (heute Niederösterreich) den Habsburgern als Residenz.

Friedrich III.

zwei Söhne und zwei Töchter als Pfand lassen.

Mag vieles in seinem Werk, dem höfischen Ideal der Zeit entsprechend, überhöht sein, was er über die Jahre nach Friedrichs Tod schreibt, ist bestimmt nicht übertrieben: »Nach ihm hob an viel große Not./ In Steier und auch in Österreich/ ward mancher arm, der eh' war reich. Glaubt mir, was ich euch sagen will:/ Nach ihm geschah an Unrecht viel...«.

Friedrich III. – ein Spinner politischer Fäden

A E I O U. Im Gewölbe des Chors der Domkirche zu Graz. An der Ostfront der Grazer Burg. In der Stiftskirche von Neuberg: Fridericus Tertius Romanos Imperator A E I O U 1461.

Dem Mann hat die Nachwelt keine Kränze geflochten. »Problematisch und eigentümlich« lautet das Urteil der Historiker, als »Mystiker, Spinner« qualifizieren ihn viele ab und spielen damit auf seine Neigung zum Okkulten an, einen Hang, der den Habsburgern eignet und seine wohl tragischste Ausformung im Ururenkel Friedrichs III., Rudolf II., fand.

Welche Bedeutung das A E I O U hat, das Kaiser Friedrich III. auf Bauwerken und all seinen persönlichen Gegenständen anbringen ließ, weiß man nicht. Die den Machtanspruch Österreichs unterstreichende Auslegung, die man im 17. Jahrhundert propagierte – »Austriae est imperare orbi universo«, »Alles Erdreich ist Österreich untertan« –, entspricht wohl kaum der ursprünglichen Bedeutung. Obwohl das Vokalsymbol

Gotische Doppelwendeltreppe in der Grazer ▷ Burg

1424 stirbt Ernst der Eiserne, 1435 wird sein ältester Sohn Friedrich V. volljährig und übernimmt die Regierung. 1440 wird er als Friedrich III. deutscher König und 1452 Römischer Kaiser. Streitigkeiten, chronischer Geldmangel, Pestepidemien, Türken- und Ungarneinfälle kennzeichnen seine Regierungszeit bis 1493.
Die Stadt Graz gewinnt in dieser Zeit als Kaiser-Residenz überregionale Bedeutung, rege Bautätigkeit setzt ein (u. a. die heutige Domkirche), die Befestigungsanlagen werden verstärkt.

1471 Die Türken überfallen das Unterland – fortan kommen sie fast alle Jahre wieder.

1480 Das Jahr der »Landplagen«: Mit 30 000 Mann ziehen die Türken mordend und sengend von der Obersteiermark aus murabwärts, Heuschreckenschwärme fallen ein, die Pest wütet.

1493–1519 Maximilian I. reformiert Recht und Verwaltung, unter seiner Ägide werden die Juden 1496 aus der Steiermark vertrieben.

1521 Karl V. übergibt Ferdinand I. den Großteil der österreichischen Lande. Die Regierungszeit Ferdinands I. wird

bereits 100 Jahre früher auf dem Leichengewand der ersten Frau Ludwigs des Bayern auftaucht, scheint Friedrich es für sich auf einer Reise nach Jerusalem 1436 entdeckt zu haben.
Interessant ist in diesem Zusammenhang, was der Musiker Peter Michael Hamel in seinem Buch »Durch Musik zum Selbst« schreibt, nämlich daß »… auch im Westen ein praktisches mantrisches Üben bekannt ist, zumal in den Kreisen mystischer Eingeweihter. So hat sich auch eines der ältesten Mantras ägyptischer Abstammung erhalten, das nur die Vokale unserer Sprache verwendet:

A

E E

Ä Ä Ä

I I I I

O O O O O

U U U U U U U

Den Schlüssel zu einer solchen Überlieferung hätte jedoch nur ein wirklich Eingeweihter, der die bis ins letzte exakte Aussprache von einem Meister erhalten hat, und dieser einer Schule angehört, die aus ältesten Zeiten stammt. Es gibt diese Schulen im Osten und im Westen. Nur sind sie im Westen wegen der allgemeinen materialistischen Einstellung noch geheimer als im Osten.«
Mag sein Okkultismus eine persönliche Marotte gewesen sein, die Vorwürfe, die man Friedrich als Politiker macht, wiegen schwerer: Versagen sowohl als innerösterreichischer Herrscher als auch als deutscher Kaiser, Unentschlossenheit, Passivität, mangelnde Durchsetzungskraft. Seine größte Leistung habe im Überleben bestanden – ähnliches hat man auch vom vorletzten österreichischen Kaiser Franz Joseph gesagt.

Adam Wandruszka, einer der wenigen Historiker, die sich um ein ausgewogenes Urteil über den Herrscher des 15. Jahrhunderts bemühen, schreibt in »Das Haus Habsburg«: »Der politische Realismus der frühen Habsburger steigerte sich bei Friedrich III. bis zu einem manchmal fast pathologisch anmutenden Immobilismus, der als oberstes Ziel aller Politik das Überleben der Gegner erblickte und über dem als Motto das Rilke-Wort stehen könnte ›Wer spricht von Siegen? Übersteh'n ist alles‹. In den Wirren jener chaotischen Zeit des ausgehenden Mittelalters, in den unzähligen Fehden, in die Friedrich verwickelt wurde und von denen oft die eine aus der anderen erwuchs, in den Kämpfen mit den Führern der Ständemacht, mit den aufständischen Wienern, mit den eigenen Söldnerführern, denen er den versprochenen Lohn schuldig geblieben und die ihm zur Eintreibung ihrer Forderungen die Fehde ansagten, in der kriegerischen Auseinandersetzung mit dem eigenen, ihm so ungleichen, viel energischeren Bruder Albrecht VI., ebenso aber auch als Oberhaupt des Reichs hat Friedrich bis zum Extrem jene Politik des Beharrens und Überdauerns praktiziert, die später eine Grundmaxime habsburgischer Politik geworden ist.«

Einer jener Söldnerführer, die sich wegen rückständiger Soldforderungen gegen Friedrich erhoben, war Andreas Baumkircher. Er setzte sich an die Spitze eines Adelsaufstandes und sagte dem Kaiser 1469 die Fehde an. Der Kampf währte zwei Jahre, große Teile der Steiermark wurden verwüstet. Schließlich bat Friedrich Baumkircher unter Zusicherung freien Geleits nach Graz, wo er ihn gefangen nahm und noch am selben Tag ohne Gerichtsverhandlung zwi-schen den beiden Murtoren hinrichten ließ.

Dieser Hinterhalt trug nicht dazu bei, des Kaisers Popularität zu erhöhen, zumal sein Verrat – so sieht es zumindest die romantische Heldenverehrung, die Baumkircher als Symbol der Eigenständigkeit hochstilisiert – um so schwerer wog, als der Söldnerführer seinen Kaiser vor Jahren bei der Verteidigung von Wiener Neustadt gerettet hatte.

1471 wurden Baumkircher und sein Mitkämpfer Greissenegger in Graz hingerichtet.

Mystizismus, Passivität und schlechter Charakter – Friedrich III. ist ein Stiefkind der Geschichtsschreibung. Daß er es als einziger Habsburger geschafft hat, in Rom zum Kaiser gekrönt zu werden, daß es seine kluge Heiratspolitik war, die durch die Verbindung seines Sohnes Maximilian mit der burgundischen Maria den Grundstock für die künftige Größe und weltpolitische Geltung Habsburgs legte, wird kaum ge-

gekennzeichnet durch das Eindringen der Reformation und die wachsende Türkengefahr nach deren Sieg bei Mohacs 1526. Innerösterreich muß den Schutz der windischen und kroatischen Grenzgebiete übernehmen, hohe Steuerlasten drücken die Bevölkerung.

würdigt. Dazu noch einmal Adam Wandruszka:

»Seine Stärke war das beharrliche und geduldige Spinnen politischer Fäden... Das Bild der geduldigen, auf ihre Beute lauernden Spinne drängt sich bei der Beschäftigung mit der Gestalt Friedrichs immer wieder auf und da die meisten Menschen Spinnen gegenüber Ekel und Abscheu empfinden, ist es nicht unverständlich, daß Friedrich bei der Nachwelt wenig Fürsprecher gefunden hat.

Zur Landesverteidigung richteten die Stände das Zeughaus ein

Vom Standpunkt der Geschichte des habsburgischen Hauses ist er dennoch zweifellos eine Gestalt von richtungweisender Bedeutung; nicht zuletzt deshalb, weil er mit unerhörter Zähigkeit an allen seinen Ansprüchen festgehalten hat, auch wenn sie im Augenblick, angesichts der tatsächlichen Machtverhältnisse, völlig illusorisch und wertlos schienen. So hat er im Westen wie im Osten die Grundlagen teils bewahrt, teils selbst geschaffen für den neuerlichen Aufstieg seines Hauses, vielfach wohl ohne selbst die letzten Folgerungen ahnen zu können . . . «.

Arsen und Judenhäubchen

Dort, wo die Mur aus dem engen Tal zwischen Wölzer und Seetaler Tauern ins Aichfeld tritt, wurde auf einer steil nach drei Seiten abfallenden Anhöhe die Stadt Judenburg erbaut. Vom Turm der Stadtpfarrkirche, einem freistehenden, klobigen Bau, der fast wie ein Teil einer Wehranlage wirkt, überblickt man das ganze weite Feld, das sich nach Westen bis Knittelfeld erstreckt. Hier war der Murgletscher tätig, schliff die Kanten ab, formte ein Becken wie eine Schüssel, dessen Rand, sanft auslaufend, das Hochgebirge bildet.

Das Aichfeld ist alter Kulturboden: hier fand man den Kultwagen, im Westen vermutet man die älteste Kirche der Steiermark. Seit alters kreuzten sich hier die Handelswege: Die »Eisenstraße« verband Judenburg mit Venedig und Wien, über die Triebener Tauern erreichte man Rottenmann, wo die »Salzstraße« verlief, die von Leoben kommend über Aussee die Verbindung nach Salzburg herstellte.

Aus Venedig kamen Fässer mit Öl, Südfrüchte, süße Weine und die Düfte des Orients; die Steirer lieferten dafür einheimische Wohlgerüche: Speik, eine Pflanze, die auf den obersteirischen Almböden gedeiht und von den Venezianern als Parfüm und Heilmittel geschätzt und teuer bezahlt wurde. Noch ein Heilmittel, das sich bei Erbstreitigkeiten, ehelichen oder politischen Machtspielen sehr bewährt hat, fand den Weg nach Italien: Arsen, in der Steiermark »Hüttrach« genannt, ein Nebenprodukt bei der Verhüttung von Eisenerz.

Wappen der Stadt Judenburg

Im Mittelalter war Judenburg das mächtigste Handelszentrum in der Steiermark. Das im Italienhandel erworbene Kapital investierten die Judenburger Bürger im 14. Jahrhundert in die Erschließung der Goldbergwerke in den Tauern, 1460 ließen sie sich gegen eine hohe Pachtsumme von Friedrich III. das Monopol im Speikhandel zusichern.

Wie der Name verrät, existierte hier eine ansehnliche Niederlassung von Juden – selbst im Wappen der Stadt ist einer abgebildet; er trägt als Identifikationszeichen einen spitzen Hut. Juden durften sich nicht überall ansiedeln, sie wurden »gehalten« – diesen Ausdruck findet man tatsächlich noch in der heutigen Literatur: »...das Judenregal bestand in dem Recht, Juden zu halten, sie in Schutz zu nehmen und für die Gewährung des Schutzes ausgiebig zu besteuern.« (Ferdinand Tremel, Land an der Grenze)

Handel, Gewerbe und Geldverleih waren im Mittelalter ihre Domäne, die einzige, die ihnen blieb, da sie weder Grundbesitz noch Leibeigene erwerben durften und auch keinen Platz in der feudalen Lehensordnung fanden. Den Christen war Zinsgeldleihe verboten – hier konnten sich die Juden betätigen. Seit dem 13. Jahrhundert setzten sich allerdings auch christliche Bankiers durch, und ihnen war natürlich daran gelegen, die Konkurrenz auszuschalten.

Das gelang in der Steiermark 1496. In diesem Jahr erreichten die verschuldeten Stände bei Maximilian die Ausweisung aller Juden – wirtschaftlich wie intellektuell ein gigantischer Verlust für das Land. Für den König, für die Stände – ein Gewinn. 38 000 Gulden für den König, zusammengelegt vom Adel, den landesfürstlichen Städten und Märkten, und ein Vielfaches mehr für die Kaufleute und Bankiers, die nun nur noch mit ihren eigenen Glaubensgenossen unchristliche Geschäfte machten, und für die, die Hab und Gut der Vertriebenen einzogen. Selbst als Joseph II. 1781 das Toleranzpatent erließ, das den Juden im Reich einige Erleichterungen gewährte, durften sie sich in der Steiermark nach wie vor nicht ansiedeln.

Erst 1848 öffnete man ihnen hier wieder die Türen – 90 Jahre später gab es für die 2 000 Mitglieder der Grazer Kultusgemeinde Anlaß, über dieses »Willkommen« nachzudenken: In der Kristallnacht wurde ihre Synagoge zerstört, dafür schufen ihnen die Christen ein Jahr später ein Denkmal ganz besonderer Art: Die Ziegeln des Gotteshauses stecken in einer Garage in der Alberstraße.

Fedo Ertl, ein junger Grazer Künstler, nahm sich dieser »Klagemauer« vor ein paar Jahren an: Er entfernte einen schmalen, vertikalen Streifen des Verputzes, faßte die Kanten mit rostenden Eisenbändern, zwischen denen die dunkelroten Bausteine zum Vorschein kommen. An der Mauer ein Schild: »Sie wurde mit den Ziegeln der 1938 zerstörten Grazer Synagoge 1939 errichtet. Ein Tempel für die heute in Graz lebenden siebzig von ehemals zweitausend Juden.«

Stadt – Markt – Stadt

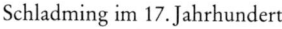

Schladming ist eine sehenswerte alte Bergbaustadt. Schladming ist auch die Stadt der Skiweltmeisterschaft 1982. Schladming ist die bedeutendste Stadt im oberen Ennstal. Schladming ist eine *Stadt* – und das ist, so lächerlich es klingt, sehr wichtig. Denn wenn man 400 Jahre lang ohne Stadtrecht leben mußte, legt man Wert darauf, richtig tituliert zu werden: Von 1529 bis 1925 durfte der Ort nur als Markt firmieren

1525 Aufstand der Bauern und Bergknappen der Obersteiermark.

1544–1620 Die Stadt Graz wird zur Hauptfestung Innerösterreichs ausgebaut.

1564 Nach der habsburgischen Länderteilung wird Karl II. Herrscher von Innerösterreich und baut sich Graz als Residenz aus. Die Stadt erlebt damit ihre zweite Blütezeit.

1557–1565 Als Zeichen ihrer Macht und im Wettstreit mit dem katholischen Hof lassen sich die evangelischen Landstände das Landhaus in Graz

Schladming im 17. Jahrhundert

bauen; die Pläne stammen von Domenico dell' Allio.

1595 Fünf Jahre nach dem Tod seines Vaters besteigt Erzherzog Ferdinand, unerbittlicher Gegner der Protestanten, den Thron.

1605 Heiducken (ungarische Aufständige) verwüsten die Oststeiermark.

1614 Ferdinand gibt den Auftrag zum Bau des Mausoleums in Graz.

1619 wird Ferdinand zum Kaiser gewählt. Er verlegt seine Residenz nach Wien; Graz bleibt aber bis 1749 Hauptstadt von Innerösterreich.

1625 Ulrich von Eggenberg, der Vertreter des Kaisers in Graz, beginnt mit dem Bau des Schlosses Eggenberg bei Graz.

1637 Todesjahr Ferdinands. Die Gegenreformation ist abgeschlossen, in einigen obersteirischen Orten allerdings kann sich der Protestantismus im Verborgenen halten.

17. Jahrhundert Obwohl der Dreißigjährige Krieg die Steiermark nur indirekt betrifft, hat man während des ganzen 17. Jahrhunderts mit

und das, nachdem er bereits über 200 Jahre Stadt gewesen war.

Das Stadtrecht wurde den Schladmingern 1525 entzogen, und zwar zur Strafe wegen ihres aufmüpfigen Verhaltens in den Bauernkriegen. Die von Deutschland ausgehende, religiös und sozial motivierte Bewegung erreichte über Salzburg auch die Steiermark und fand dort vor allem in den Bergbaugebieten Anhänger, wo sich die Knappen – viele von ihnen waren mit der Lehre Luthers vertraut – mit den Bauern solidarisierten. Es gelang den Aufständischen, Schladming zu erobern und den Landeshauptmann gefangenzunehmen – bei der Rückeroberung wurde die Stadt niedergebrannt und all ihrer Rechte beraubt. Die Landsknechte des kaiserlichen Söldnerführers zogen mordend und rächend durch die Schladminger Seitentäler, die Ramsau und das ganze obere Ennstal. Waffen wurden eingezogen, Häuser verbrannt, Strafen erhoben. Der Widerstand der Bauern war gebrochen – erst mehr als 300 Jahre später, 1848, regte er sich wieder.

Eine Kinderstube zum Wiehern!

Wenn man zu Höherem geboren ist, dazu ausersehen, Ballett zu tanzen in der Wiener Hofburg, bewundert, millionenfach auf Film gebannt, Devisenbringer ohnegleichen, wenn man zudem zurückblicken kann auf edelste Verwandtschaft spanischen Gebluts, ein Geschlecht, das seit über 400 Jahren in Innerösterreich ansässig ist, hat man Anspruch auf eine standesgemäße Erziehung, eine Jugend im angemessenen Rahmen: für den Sommer hochgelegene Koppeln auf einer Alm, sonst Quartier in den Stallungen eines ehemaligen Militärgestüts aus dem vorigen Jahrhundert, anbei ein barockes

Schloß und eine im Kern romanische Kirche.

Das ist Piber, die Heimat der Lipizzaner, jener berühmten Pferde, die in der Spanischen Reitschule in Wien auftreten, elegante, schön gewachsene Tiere, das Fell von so makellosem Weiß, daß sich die Tautologie vom »weißen Schimmel« direkt aufdrängt.

Den Lipizzanern geht es wie dem »Häßlichen Entlein« im Andersen-Märchen: Sie werden schwarz, grau oder braun geboren, mit jedem Haarwechsel ändert sich die Schattierung, richtig weiß werden sie erst im zehnten Jahr. Die Fohlen bleiben in Piber, bis sie dreieinhalb Jahre alt sind. Dann beginnt für die Hengste die Arbeit, die strenge Schulung und die Auslese. Piber sehen sie nur noch als Sommerfrische wieder. Wer sich nicht für Wien qualifizieren kann, wird verkauft, v. a. in Amerika ist die Nach-

frage groß – auch Ronald Reagan besitzt einen Lipizzaner.

Der erste Herrscher, der sich der Zucht der edlen Warmblüter widmete, war Erzherzog Karl von Innerösterreich. Ihm war bei der Erbteilung von 1564 die Herrschaft über die Steiermark, Kärnten, Krain, Görz, Triest und das österreichische Istrien zugesprochen worden. Graz wurde Residenz und erlebte prachtvolle Tage mit Festen, Turnieren und prunkvollen Empfängen ausländischer Potentaten. Ein Hof, der etwas darstellen wollte, brauchte zu jener Zeit repräsentative Pferde – und so gründete Karl 1580 ein Gestüt im Dorf Lipizza bei Triest.

Nach dem Ersten Weltkrieg ging Lipizza verloren. Erst an Italien und dann an Jugoslawien. Die Lipizzaner zogen nach Laxenburg bei Wien. Aber da fühlten sie sich nicht wohl, die eingefleisch-

Schwierigkeiten zu kämpfen. Zu den wirtschaftlichen Problemen kommen das mehrmalige Auftreten der Pest – 1680 wird ein Viertel der Grazer Bevölkerung von der Seuche dahingerafft – und wiederholte Türkeneinfälle. Nachdem die Türken 1664 bei Mogersdorf geschlagen worden sind, suchen Kuruzzen, ungarische Aufständige, Ende des 17. und Anfang des 18. Jahrhunderts v. a. die Oststeiermark heim.

1740–1780 Maria Theresias Verwaltungsreformen schaffen die Grundlage für den absolutistischen, von Wien aus regierten Staat. Die Macht der Stände ist gebrochen, innerösterreichische Behörden in Graz werden zugunsten der zentralistischen Macht aufgelöst, der Grazer Magistrat verliert einen Teil seiner Selbständigkeit.

1780–1790 Joseph II. geht in seinen zentralistischen Bestrebungen noch weiter als seine Mutter: Er setzt den Landeshauptmann ab, der steirische Herzoghut muß nach Wien gebracht werden, und die Steiermark wird zusammen mit Kärnten und Krain von einem Gouverneur regiert.

Im Rahmen einer Rechtsreform schaffte Joseph II. u. a. die Todesstrafe ab, 1781 wurten Innerösterreicher vertrugen das Klima nicht. Seit 1920 leben sie in Piber. Und hier, in der Nähe von Graz, sind bislang noch keine Fälle von klimatischen Störungen bekannt geworden.

Wo Keplers Stern nicht leuchten durfte

Ende des 16. Jahrhunderts war Bergwandern noch kein Massensport, und der Schöckel, der 1445 Meter hohe Hausberg von Graz, noch nicht Wochenend-Tummelplatz der Städter. Der Mann, der als einer der prominentesten Schökkel-Bezwinger in die Geschichte einging, unterzog sich der Strapaze auch nicht aus Fitnessgründen, sondern aus naturwissenschaftlichem Interesse. Es war Johannes Kepler, der von 1594 bis 1600 in Graz lebte und an der protestantischen Stiftsschule Mathematik lehrte. Sein erstes Werk, »Mysterium Cosmographicum«, in dem er noch von einem geographischen Ordnungssystem der Gestirne ausging, erschien 1596. Naturbeobachtungen, die er in Graz und vom Aussichtspunkt Schöckel anstellte, bildeten die Grundlage seiner späteren Arbeiten, die allerdings nicht mehr in Graz verlegt wurden, sondern in Prag: Kepler wurde am 30. September 1600 aus der Steiermark ausgewiesen.

Immerhin nur ausgewiesen. Ein anderer, Giordano Bruno, brannte im selben Jahr in Rom als Ketzer, weil er darauf beharrte, daß das Universum unendlich und ohne Mittelpunkt sei. Erzherzog Ferdinand, dem Sohn Karls von Innerösterreich, ging es bei der Ausweisung Keplers nicht um den Inhalt seiner Lehre, im Gegenteil, man hätte den damals schon berühmten Mann gern in Graz gehalten, hätte er sich nur zu dem Glauben bekannt, der für Ferdinand der einzig rechte war: zum Katholizismus.

Die Reformation war in der Steiermark auf überaus fruchtbaren Boden gefallen; zwei Drittel aller Steirer, so das Ergebnis einer kirchlichen Visitation im Jahr 1561, bekannten sich zum protestantischen Glauben. Ein erschütterndes Ergebnis für den katholischen Landesfürsten, zumal der Großteil der Adeligen der neuen Lehre anhing und die Stände es verstanden, jede Situation, in der der Herrscher Geld brauchte, auszunützen und Zugeständnisse in Sachen Religion zu fordern. Karl von Innerösterreich befand sich finanziell in besonders mißlicher Lage, nicht nur seiner aufwendigen Hofhaltung wegen, sondern vor allem deshalb, weil die Türken vor der Tür standen und er die Grenzsicherung übernehmen mußte. Wollte er die Steuern erhöhen, mußte er in Glaubenssachen nachgeben: 1572 erhielt der Adel Kultus-

Johannes Kepler

de die Leibeigenschaft aufgehoben.

1781 Das Toleranzpatent gestattet Lutheranern, Calvinisten und Orthodoxen die private Religionsausübung. Klöster, die ihre Daseinsberechtigung weder durch Lehre noch durch Krankenpflege unter Beweis stellen können, werden aufgehoben.

1797–1809 In dieser Zeitspanne besetzen französische Truppen die Steiermark viermal. Napoleon verlangt Kontributionen, die von dem ausgebluteten Land nicht aufzubringen sind. Im Januar 1810 verlassen die Franzosen Graz nach siebenmonatiger Besatzung. Erst 1815, nachdem die Napoleon-Gefahr endgültig gebannt ist, kann sich das Land wirtschaftlich erholen, nicht zuletzt durch die Anregungen und Initiativen von Erzherzog Johann, dem das Land entscheidende wirtschaftliche, kulturelle und politische Impulse verdankt.

1811 vermacht Erzherzog Johann den Ständen der Steiermark eine umfangreiche Sammlung und legt damit den Grundstock zum Joanneum in Graz – Museum, Forschungs- und Bildungsanstalt. 1819 ruft er die Landwirtschaftsgesellschaft ins Leben, er fördert

Bergbau und Hüttenwesen, leitet die Industrialisierung des rückständigen Gebiets ein und sorgt für seine Verkehrserschließung.

1844 Graz erhält Anschluß ans Eisenbahnnetz; die Strecke Wien – Graz – Triest ist 1857 vollendet.

1848 wird Erzherzog Johann von der Deutschen Nationalversammlung in Frankfurt zum Reichsverweser (Inhaber der Zentralgewalt für Deutschland, der eine provisorische Reichsregierung bildet) gewählt; ein Jahr später legt er das Amt nieder. Das Jahr '48 bringt auch die Abgeordnetenwahl und die Befreiung der Bauern aus dem Untertanenverhältnis.

Im 19. Jahrhundert wurde u. a. auch der Bergbau intensiviert. Hier der stillgelegte Förderturm von Fohnsdorf

freiheit, das heißt, er konnte seine Religion ungehindert ausüben, die Bürger der landesfürstlichen Städte erreichten nur die Zusicherung der Gewissensfreiheit – sie durften sich zwar zu ihrem Glauben bekennen, ihre Religion aber nicht praktizieren. Den Bürgern der Städte dieselben Rechte zu verschaffen wie dem Adel, gelang den Ständen 1578, als der Erzherzog wieder eine größere Summe zum Schutz der Grenze brauchte.

Getrieben von seiner Frau Maria Anna von Bayern, der der Protestantismus ein Dorn im Auge war, hatte Karl schon 1572 die ersten Jesuiten nach Graz geholt, 1573 eröffneten sie eine Lateinschule, 1585 wurde ihnen die neugegründete Universität anvertraut, die ein Gegengewicht zu der protestantischen Stiftsschule bilden sollte. Größere Schritte gegen seine Geldgeber konnte Karl nicht wagen, sie waren seinem Sohn Ferdinand vorbehalten, der 1596 die Huldigung der Stände entgegennahm, ohne daß die Religionsfrage angesprochen worden war.

So fühlte sich Ferdinand an nichts gebunden als an seinen Gott, dem er ab 1598 die höhere Ehre erwies, indem er protestantische Kirchen und Friedhöfe zerstören ließ, den Andersgläubigen alle Rechte nahm zu lehren und ihre Religion auszuüben, Bücher verbrannte und die auswies, die nicht den Weg zum rechten Glauben finden wollten. So auch Johannes Kepler.

Nur dem Adel gewährte er vorläufig noch eine Gnadenfrist; sie lief 1620 ab, nach dem Sieg der katholischen Liga am Weißen Berg. Nach 1628 hieß es dann auch für die Hochwohlgeborenen: konvertieren oder emigrieren. Über 750 Adelige wählten die zweite Möglichkeit.

Um das dadurch entstandene Vakuum zu füllen, holte Ferdinand Adelige aus den katholisch gebliebenen Teilen Innerösterreichs, wie Krain und Friaul, an den Hof. Der geistige Verlust, den die Steiermark durch die Abwanderung ihrer kritischen Köpfe, ihrer besten Wissenschaftler erlitt, war dadurch allerdings nicht wettzumachen und ist sicherlich auch dafür mitverantwortlich, daß das Land im 17. und 18. Jahrhundert in einen Dornröschenschlaf fiel, aus dem es erst Erzherzog Johann wieder wachküßte.

Erzherzögliche Aircondition

Aus Ziegeln geformte Gitter, die kunstvoll in rund- oder spitzbogige Fensteröffnungen gepaßt sind, kennt man in allen Kulturen. So häufig und variantenreich wie im Südosten Österreichs allerdings sind sie nirgends zu finden. Sie zieren landwirtschaftliche Gebäude oder die Giebelwände von Wohnhäusern, manche enthalten Zeichen und Symbole, immer folgt die Ornamentik der Funktion: die Öffnungen so zu verschließen, daß einerseits der Regen abgehalten wird, andererseits die Beleuchtung und vor allem die Belüftung der Räume gesichert ist.

Die meisten Ziegelgitter in der Steiermark sind nicht älter als 150 Jahre und ein indirektes Zeichen des Wirkens von Erzherzog Johann (s. S. 67 ff.). Er hatte sich die Steiermark Anfang des vorigen Jahrhunderts zum Adoptivkind auserkoren und wandte fortan all seine Energie und Liebe darauf an, das kulturell, technisch und landwirtschaftlich rückständige Gebiet auf den Stand der Zeit zu bringen.

Kein Lebensbereich war ihm zu gering, sich darum zu kümmern – da die Bauern immer wieder unter Brandschä-

1850 Selbstverwaltung für die Stadt Graz. Erzherzog Johann wird erster gewählter Bürgermeister von Stainz.

1848–1916 Die Regierungszeit von Kaiser Franz Joseph I. In der zweiten Hälfte des 19. Jahrhunderts erlebt durch den Eisenbahnbau vor allem die steirische Eisen- und Stahlindustrie einen Aufschwung, Kohle wird verstärkt abgebaut.

1881 Die sechs bedeutendsten Eisen- und Stahlwerke schließen sich zur österreichischen Alpine-Montan-Gesellschaft zusammen.

1899 Johann Puch gründet im Süden von Graz die »Johann-Puch-Fahrradwerke«. 1987 wurde die Zweiradproduktion an den italienischen Konzern Piaggio verkauft.

1918 Ende des Ersten Weltkriegs. Der Kaiser dankt ab. Der Platz in Graz, an dem die Demokratie ausgerufen wurde, wird in »Freiheitsplatz« umbenannt. Ein Wohlfahrtsausschuß, der v. a. die Versorgung mit Lebensmitteln sichern soll, ruft zur Bildung von paramilitärischen Heimwehrverbänden auf.

1919 Im Frieden von St. Germain verliert die Steiermark das Gebiet südlich der Mur mit den Städten Marburg, Pettau, Cilli.

Nationalitätenprobleme, Inflation, Unterversorgung mit Lebensmitteln, Arbeitslosigkeit, wirtschaftliche Rückschläge, wie sie vor allem die Eisenindustrie hinzunehmen hat, führen zu Polarisierung und Radikalisierung: Immer häufiger kommt es in den folgenden Jahren zu Zusammenstößen zwischen Gruppierungen aus den verschiedenen politischen Lagern: kommunistische und deutschnationale Studenten, Arbeiter und Gendarmerie, Streikende und Heimwehrverbände.

1922 Walter Pfriemer, ein Judenburger Rechtsanwalt, geht mit seinem Selbstschutzverband gegen streikende Stahlarbeiter vor und kann durch diesen Erfolg zahlreiche Orts- und Bauernwehren auf seine Seite ziehen. 1931 unternimmt er einen Putschversuch.

1933 Karl Maria Stepan, Symbol des Widerstands gegen den Nationalsozialismus, wird Landeshauptmann (abgesetzt 1938). Es kommt zum Verbot der Nationalsozialistischen Partei. Mit 30 000 illegalen Nationalsozialisten weist die Steiermark nach Kärnten

den zu leiden hatten, gründete er 1829 die »Wechselseitige-Brandschaden-Versicherungsanstalt«. Holzbauten wurden mit wesentlich höheren Prämien belegt als Ziegelgebäude und so erfolgte landesweit die Umstellung. Das Problem der Belüftung, das sich dabei stellte, löste man nach norditalienischem Vorbild: durch Ziegelgitter.

Winden, Wenden, Windisch

»Überhaupt läßt sich ein merklicher Unterschied zwischen den Sitten der beiden Volksstämme, die in diesem Kreis zusammen wohnen, nicht wegleugnen, und daß der Vergleich der Deutschen mit den Wenden größtenteils zum Vorteil der ersteren ausfalle, drängt sich dem Fremden ebenso unwillkürlich auf, als daß es der deutsche Bewohner selbstgefällig geltend macht. Man hört gar manchmal Äußerungen, die weit weniger nachbarlich klingen, als es freundliche Schonung forderte, und es ist nichts Seltenes, von einem deutschen Bauern, wenn man ihn um fernere Aussichtspunkte befragt, die fast höhnisch klingende Antwort zu erhalten: ›Von diesen weiß ich nichts; die sind schon im windischen Land!‹«

Mitte des vorigen Jahrhunderts, als Johann Gabriel Seidl durch die österreichischen Kronländer wanderte und diese Zeilen schrieb, war das »windische Land« noch Teil der Steiermark. Die reichte damals »Hoch vom Dachstein an,/ Wo die Aar noch haust,/ Bis zum Wendenland am Bett der Sav'/ Und vom Alptal an,/ Das die Mürz durchbraust,/ Bis ins Rebenland im Thal der Drav'«, wie der Grazer Buchhändler Jakob Franz Dirnböck so fleißig reimte. Daß der Ausdruck »windisch« diskriminierende Bedeutung hat, bemerkt der Wan-

den relativ höchsten Anteil aller Bundesländer auf.

12. Februar 1938 Nach dem Treffen von Hitler und Kanzler Schuschnigg, bei dem u. a. auch die Nationalsozialisten Österreichs legalisiert wurden, kommt es in Graz zu Aufmärschen und Begeisterungskundgebungen.

24. Februar 1938 Fast zwei Wochen bevor deutsche Truppen die österreichische Staatsgrenze überschreiten, findet die »Grazer Volkserhebung« statt: Zum ersten Mal wird vor einem Amtsgebäude die Hakenkreuzfahne gehißt.

11. März 1938 Schuschnigg gibt den Rücktritt der österreichischen Regierung bekannt. Auf dem Grazer Hauptplatz feiern 60 000 Menschen.

1938–1945 Zum Reichsgau Steiermark gehört das südliche Burgenland. Das Ausseer Land wird abgetrennt und kommt zum Reichsgau Oberdonau.

1943 Flächenbombenangriffe, unter denen besonders Graz und Knittelfeld leiden.

1945 Sowjettruppen besetzen im April die Oststeiermark und marschieren im Mai

derer Seidl ganz richtig: Die »Windischen« waren die slowenischen Bewohner der Untersteiermark, überwiegend Bauern, denen sich die Deutschen haushoch überlegen dünkten. Bereits in der zweiten Hälfte des vorigen Jahrhunderts wurden Forderungen nach der Abtrennung der slowenisch sprechenden Bezirke laut: Ihre Vertreter fühlten sich zu Recht durch die Mandatverteilung im Landtag benachteiligt, konnten sich aber gegen die deutschnationalen Kreise nicht durchsetzen.

Nach der Auflösung der Donaumonarchie, dem Zusammenbruch der Mittelmächte und dem Ende des Ersten Weltkriegs legten die Siegermächte die Grenzen Österreich-Ungarns neu fest. »Autonome Entwicklung für die Völker der Donaumonarchie« war eine Forderung des »14-Punkte«-Programms von US-Präsident Wilson, »Ordnung der balkanischen Verhältnisse« eine andere. Bei der Frage, welcher Teil der Steiermark dem Königreich der Serben, Kroaten und Slowenen zuzuordnen sei, orientierten sich die Großmächte an der slowenisch/deutschen Sprachgrenze; im Friedensvertrag von St. Germain-en-Laye (1919) wurde das Gebiet südlich der Linie Soboth – Poßruck – Mur – Radkersburg abgetrennt.

Die Wiener Delegation unter Leitung von Staatskanzler Renner hatte zwar versucht geltend zu machen, daß nicht die ganze Untersteiermark slowenisches Siedlungsgebiet sei, daß Teile von Deutschen bewohnt würden. Da die Abgesandten der Besiegten aber zu den Ver-

in Graz ein. Das Land wird erst in Besatzungszonen aufgeteilt und dann etappenweise britischen Truppen übergeben.

Fazit des Zweiten Weltkriegs für die Steiermark: Etwa 27 900 Gefallene. 12 400 Vermißte. 9 000 Zivilisten kamen ums Leben. 8 000 Steirer wurden aus politischen Gründen liquidiert. In der Steiermark gab es sechs Konzentrationslager. 2 500 steirische Juden wurden ermordet, 300 Zigeuner starben in den KZs.

1948 Das Ausseer Land wird wieder der Steiermark zugeteilt.

1955 Nach dem Abschluß des Staatsvertrags ziehen die britischen Truppen ab.

1960 Abkommen über den kleinen Grenzverkehr mit Jugoslawien.

1968 Der erste »steirische herbst« findet statt.

1980 Die Steiermark erhält eine ständige Vertretung in Wien.

1986 Die Stahlkrise führt zu hoher Arbeitslosigkeit in der Mur-Mürz-Industriezone.

1987 Im Konflikt um die Stationierung von Abfangjä-

handlungen nicht herangezogen wurden, hatten sie wenig Chance, ihr Anliegen zu vertreten. Auch die Hoffnung auf eine Volksabstimmung in den betroffenen Gebieten, wie dies zum Beispiel für Kärnten akzeptiert wurde, scheiterte – Frankreichs ablehnende Haltung setzte sich schließlich durch.

Der Umstand, daß in der Untersteiermark kaum Widerstand gegen die slowenische Besetzung geleistet wurde, mag die Entscheidung der Alliierten beeinflußt haben; immerhin ist auffällig, daß Radkersburg und einige andere Orte auf dem linken Murufer, in denen die Bevölkerung zu den Waffen griff, Österreich zugesprochen wurden.

Widerstand hätte sich 1918/19 durchaus auch in anderen untersteirischen Städten geregt, nur ließen sich die Steirer von der Wiener Regierung zurückpfeifen: Die Wirtschaftskommissäre befürchteten in der ohnehin schwierigen Nachkriegssituation eine Sperrung der Lebens- und Nahrungsmittelzufuhr aus der besetzten Untersteiermark. Eine berechtigte Sorge, wie sich nach der endgültigen Abtrennung des Unterlands (Juli 1920) herausstellte – die wirtschaftlichen Folgen waren verheerend: Die Steiermark mußte ein Drittel ihres Gebiets abtreten und verlor damit bedeutende landwirtschaftliche Nutzflächen – die Untersteiermark hatte als Überschußgebiet den Norden und den Grazer Raum versorgt –, wichtige Rohstoffressourcen und traditionelle Absatzmärkte. Graz, bislang Handels- und Verkehrsknotenpunkt im Südosten des Reichs, fand sich plötzlich in eine Randposition gedrängt, funktionslos ohne Hinterland.

Arbeitslosigkeit, Versorgungsschwierigkeiten, Hungersnot – und dazu noch das Flüchtlingsproblem: Das Land mußte mit dem Zustrom der Deutschen fertig werden, die aus der Unter- in die Mittel- und Obersteiermark flohen, eine Bevölkerungsgruppe, die für die weitere politische Entwicklung insofern Bedeutung erlangte, als sie für deutsch-nationales Gedankengut besonders anfällig war. Für kurze Zeit sah es dann auch direkt so aus, als hätte sich der übergroße Eifer der Steirer gelohnt: 1941 holte ihnen der Führer die abgetrennten Gebiete noch einmal heim ins Reich und scheute keine Germanisierungsmaßnahme, den »Windischen« das edle Deutschtum einzubleuen.

Seit 1945 sind die Grenzen von 1919 wieder akzeptiert – wenn auch mancherorts nur schweren Herzens. So steht in der Schule von Spielfeld noch immer zu lesen:

»Südmark, wache, walte, wehre,
Daß kein Fremdling je versehre
Deutsche Erde, deutsche Ehre!

Dr. Ottokar Kernstock 1936«

gern des Typs »Draken« droht die steirische ÖVP mit der Abspaltung nach dem Muster der CSU.

Geschichtskorrektur

»Als Hitler nach Graz kam, war von der Stadt nichts mehr zu sehen. Alle Häuser und Plätze verschwanden hinter tausenden und abertausenden Hakenkreuzfahnen. Damals standen alle Wohnungen in Graz leer, weil die Grazer ausgezogen waren, um ihrem Führer zuzujubeln. Dafür verlieh der Führer das einmalige Prädikat ›Stadt der Volkserhebung‹.

Nach dem Krieg verwiesen die Grazer darauf, daß alles nur ein Irrtum gewesen sein könne: 1.) sei von der Stadt damals nichts zu sehen gewesen, betonten sie, und 2.) seien sie überhaupt nicht zu Hause gewesen.«

Reinhard P. Gruber, Vom Dach der Welt

Dichtergarten im Park des Grazer Rundfunkhauses

Ausseerland

Zwischen Pathos und Sanftmut

Bad Aussee, vom hochgelegenen Bahnhof umständlich und mühsam zu erreichen, ist Kern und Zentrum eines weiten, reichgegliederten, blühenden, dem Hochgebirge schon stark angenäherten Gebiets. Wir befinden uns wieder einmal in der Steiermark. Wo die überall hinkommt!

Hans Weigel, O du mein Österreich

Mut haben sie, die Ausseer. Andere verregnete Feriengebiete verbergen ihr Haupt schamhaft in den Wolken und halten die Zahl ihrer Regentage so geheim, als handle es sich um Meßergebnisse von Giftmülldeponien auf Gemeindegrund – die Ausseer dagegen kokettieren mit ihrem schlechten Wetter: Neben Blitzblankblau-eitel-Sonnenschein-Postkarten verkaufen sie ein »Ausseer Regenbüchlein«. Auf dem Titelbild Myriaden von Regenschirmen, auf der Rückseite über Narzissenwiese, Wald und schroffem Fels ein bewölkter Himmel.

Nun muß man gerechterweise zugeben, daß Niederschläge die Ausseer weniger treffen als beispielsweise den Bürgermeister eines verregneten Kaffs im Münsterland, den seine Gemeinde am Ende jeder Saison mit den Gästestatements konfrontiert: »14 Tage nichts als Regen! Nie wieder! Familie Köbke, Gummersbach.«

Damit natürlich lassen sich keine Bücher füllen, nicht mal Regenbücher. Die Klagen, die die Ausseer gesammelt haben, kommen aus berufenem Mund – wird man im steirischen Salzkammergut naß, befindet man sich in guter Gesellschaft: Franz Grillparzer, Nikolaus Lenau, Hugo von Hofmannsthal, Richard Strauss, Rainer Maria Rilke, Jakob Wassermann, Hermann Broch, Friedrich Torberg, Hans Weigel... Sie alle verkehrten hier – vor allem Altaussee, der kleine Ort zu Füßen des Losers, hatte es ihnen angetan –, verbrachten die Sommermonate in dem Dorf am See und kamen immer wieder, jedes Jahr, trotz, oder vielleicht sogar wegen des Regens, wie Raoul Auernheim vermutet:

»Wien hat wie New York kein angenehmes Sommerklima. Man verließ es, nicht um müßigzugehen, sondern um unter günstigeren Voraussetzungen entschlossen weiterzuarbeiten. Zumal von uns Schriftstellern galt dies und der von uns ein für allemal bevorzugte Sommeraufenthalt kam unserem Vorhaben entgegen. Denn die wochenlangen Regenperioden, die den Ausseer Sommer fast wie den schottischen auszeichnen, wiesen uns allenthalben auf uns selbst zurück und steigerten die literarische Betriebsamkeit. Der Regen, der die Waldwege vermurte, segnete unsere Felder. Es lag nahe, in solchen Zeiten, die allsommerlich wiederkehrten, den schwarzen See mit einem riesigen Tintenfaß zu vergleichen, in das die im Kreise herumsitzenden Dichter ihre Federkiele tauchten.«

◁ Altausseer See

Bad Aussee

Was ist an diesem See, das so fasziniert? Ist es die Kraft, mit der er sich gegen jede Zähmung wehrt? Die abweisende Schönheit, die im Grunde keinen Menschen duldet? An Gewittertagen hängen die Wolken in den See, Blitze zucken, der Donner verdoppelt sich an den Felswänden. Das Wasser tiefschwarz, und die Enge! Gustav Mahler, so wird berichtet, fiel nach einer Wanderung von Grundlsee nach Altaussee in Ohnmacht – Klaustrophobie! Die kann einen schon packen, die Angst, nie wieder auszukommen, eingeschlossen zu bleiben in diesem Felskessel, so hoch, so weitab, daß einen die Welt bestimmt schon vergessen hat in dem Moment, wo der Regen einsetzt, der tagelang herabfließen wird, gleichmäßig, dicht, unaufhörlich.

An solchen Tagen beleben sich die Wiesen und Felsen, und die Feen und Berggeister, Wildfrauen und Elfen kommen hervor, die Barbara Frischmuth, eine geborene Altausseerin, in ihrem Roman »Die Mystifikation der Sophie Silber« beschworen hat. Amaryllis Sternwieser, Hauptfigur und Fee seit Generationen, hat auch die Gabe, kleine weiße Narzissen aus der Erde zu zaubern, und alljährlich Ende Mai gibt sie ein Beispiel ihrer Feen-Kunst: Zu Tausenden und Abertausenden streut sie sie aus, wie weißer Staub, gepudert über Hänge und Wiesen, und das ganze Tal ist erfüllt von Duft – herb, frisch und gerade so süß, daß man nicht satt wird und den Kopf in die Wiese stecken und ihn nie mehr herausnehmen möchte. Dann feiern die Ausseer ihr Narzissenfest: Aus Drahtgestellen schafft man Menschen, Tiere, Zaubergestalten, bedeckt sie mit den weißen Blüten und führt sie auf Autos und Booten über Land und die Seen.

Daß sich Narcissus angustifolius, ein Relikt aus einer Warmzeit zwischen zwei alpinen Eiszeiten, trotz der Erfolge der Unkrautvernichtungsindustrie erhalten konnte, daß die Feen noch nicht von Betonsauriern verschlungen wurden und das Ausseerland so weitgehend unberührt blieb, ist um so erstaunlicher, als es schon zu Beginn des 19. Jahrhunderts entdeckt wurde: Erzherzog Johann machte es populär. 1819 lernte er am Toplitzsee Anna Plochl, die Tochter des Ausseer Postmeisters, kennen, die er später ehelichte – wie man sich denken kann, nicht zum Entzücken seiner Familie. Diese Geschichte allein war dazu angetan, zwischen Dachstein und Totem Gebirge einen Hauch von Southfolk-Ranch-Feeling zu verbreiten, das Ausseerland wurde salonfähig. Im Gefolge des Erzherzogs kamen Adelige und Höflinge, in seinem Auftrag schwärmten die Kammermaler aus, die die Bergwelt von ihrer romantischsten Seite zeigten. Bereits Mitte des vorigen Jahrhunderts bezogen die ersten Literaten Quartier im Ausseerland – das Literatur- und Heimatmuseum in Altaussee nennt die Namen, führt mit liebenswerter Akribie Titel, Familienstand, Publikationen und Zahlen auf, Lebenswerk eines Dorfgendarmen, Hommage an die, die den Ruhm des Ausseerlandes über die Grenzen getragen haben.

Weit über die Grenzen, denn ein Großteil derer, die hier den Sommer verbrachten, waren jüdische Intellektuelle, die in den dreißiger Jahren emigrieren mußten. Friedrich Torberg schrieb die wohl schönste Liebeserklärung, »Sehnsucht nach Alt-Aussee«, 1942 aus dem kalifornischen Exil:

Gelten noch die alten Strecken?   Bot sich einst dem Blick entgegen
Streben Gipfel noch zur Höh?   spiegelschwarz und wunderbar.
Ruht im bergumhegten Becken   Himmel war nach manchem Regen
noch der Altausseer See?   bis zum Dachsteingletscher klar.

Kulm und Kuppe: noch die kleinern
hielten Wache rings ins Land.
Aufwärts ragten grün und steinern
Moosberg, Loser, Trisselwand.

Wie es wohl um die Hommage an die jüdischen Gäste bestellt war, damals, in den dreißiger Jahren? Anzunehmen, daß in dem Bauern- und Salzarbeiterdorf lang angestauter Haß ein Ventil fand, Mißgunst den »Reichen und Großkopferten« gegenüber, die den ganzen Sommer nichts taten als reden, spazierengehen und schreiben. Ja, eingeworfene Scheiben und verschmierte Hauswände habe es schon gegeben, erfährt man, wenn man hartnäckig genug nachfragt.

Das Klima änderte sich im Ausseerland, als das Tausendjährige Reich anbrach. Am 13. März 1938, dem Tag des sogenannten Anschlusses, wird der Schriftsteller Hermann Broch ins Altausseer Gefängnis eingeliefert – der Dorfbriefträger hatte

Altausseer See ▷

ihn denunziert, vaterländisch stramm gemeldet, daß Broch eine Zeitschrift aus Moskau beziehe. Wo sich Künstler und Intellektuelle getroffen hatten, machten sich nun die breit, die intensiv an deren Vernichtung arbeiteten: Goebbels verkehrte hier und Ernst Kaltenbrunner, ehemaliger Chef der österreichischen SS, der 1938 nach Berlin gerufen wurde und dort 1941 nach der Ermordung Heydrichs Chef des berüchtigten Reichssicherheitshauptamtes wurde. Damit gehörte er, wie Karl Bracher in »Die Deutsche Diktatur« schreibt, zu den »Spitzenfunktionären der expandierenden SS-Bürokratie der KZ- und Besatzungsherrschaft, die faktisch über Leben und Tod von Millionen verfügten«.

Als sich die tausend Jahre rapide ihrem Ende näherten, sollte die Deutsche Wehrmacht, bzw. das, was von ihr übriggeblieben war, hier in der »Festung Alpen« letzten Widerstand leisten. 1943 hatte man bereits damit begonnen, im Salzbergwerk von Altaussee Kunstgegenstände einzulagern, Bücher, Gemälde, Plastiken, sogar die »Führersammlung« vertraute Hitler den von Temperatur und Feuchtigkeit her zur Lagerung ideal geeigneten Stollen an.

Im Toplitzsee, der geheimnisvoll und schwer zugänglich in einem Felskessel noch hinter dem Grundlsee liegt, hat man lange Nazigold vermutet – als der »Stern« dann allerdings 1959 eine großangelegte Tauchaktion startete, kamen – anscheinend standen derartige Unternehmungen der Illustrierten noch nie unter einem guten Stern – nur Fälschungen heraus: 19 Kisten mit englischen Pfundnoten im Wert von 600 Millionen Schilling. Die Blüten werden heute schon zu Liebhaberpreisen gehandelt; sie sehen so echt aus, daß sich selbst Spione täuschen ließen: Mit diesem Geld hatten die Nazis ihre Agenten finanziert, hergestellt wurde es von Häftlingen des KZs Ebensee.

Der Toplitzsee gehört zu jenen Gewässern, die »Rittersmann oder Knapp« immer wieder herausfordern, »zu tauchen in diesen Schlund«, und wenn's auch nur sei, um einen augenlosen Wurm herauszuziehen. Einen doppelten Boden soll er haben, organisches Leben nur in der obersten Schicht und dann, in der Tiefe, soll die konservierende Wirkung des Wassers zum Tragen kommen, soll eine Schicht Baumstämme liegen, und »da drunter aber ist's fürchterlich«! Damit der Mensch die Götter nicht versuche, »zu schauen, was sie gnädig bedecken mit Nacht und Grauen«, gibt es inzwischen eine Sperre für Amateurtaucher.

Über die Tiefe des Toplitzsees kursieren die unterschiedlichsten Angaben, sie bewegen sich zwischen 109 und 160 Metern, seine Länge wird exakt mit zwei Kilometern festgeschrieben, und über die anderen Seen heißt es in einer Beschreibung aus dem Jahr 1892: »Von den Seen liegen sämmtliche größere im Gebiete der Kalkalpen. Im Becken von Aussee der Altausseersee, 2,6 km lang, 1 km breit, der Grundlsee, 6 km lang, 1 km breit, und mit diesem communicierend der Toplitz- und Kammersee.«

Seen kommunizieren durch Flüsse: in diesem Fall ist es die Traun, sie entspringt dem nur 350 Quadratmeter großen Kammersee. Dort, wo sie sich in Bad Aussee mit der Altausseer Traun vereint, steht das Alte Kurhaus, 1870 seiner Funktion zugeführt, zwei Jahre, nachdem Aussee Kurort geworden war. Als Bad, so darf es sich seit 1911 nennen, lebt der Ort von der Substanz, die dem Ausseerland seit

Jahrhunderten Wohlstand und Bedeutung bringt: Salz. Hier kann man in Sole baden, sie inhalieren, sich in ihrem Schlamm suhlen, eine Glaubersalzkur antreten.

Salz wird im Ausseerland nachweislich seit 1147 abgebaut – damals übergab Markgraf Otakar III. dem Stift Rein zwei Salzpfannen bei Altaussee –, es ist aber anzunehmen, daß bereits die frühgeschichtlichen Bauern die Solequellen nutzten, um ihren Eigenbedarf zu decken. Ein Wassermann, so heißt es, machte die ersten Siedler auf die Salzstellen aufmerksam, und das ist durchaus glaubwürdig, denn es scheint zum Berufsbild steirischer Wassermänner zu gehören, den Landbewohnern die Schätze der Erde zu entdecken: Der Herrscher des Leopoldsteiner Sees verriet den Erzberg s. S. 204f. an die Menschen, die diesen daraufhin so zurichteten – Stufen in seine Flanken schnitten und ihn mit Dynamit bearbeiteten –, daß Wassermann und Berggott seitdem bestimmt Todfeinde sind.

Ausseer Salzarbeiter

Im Gegensatz zum Erz wurde Salz, nachdem die ersten Quellen erschöpft waren, unterirdisch abgebaut, so daß es zu geringeren Veränderungen im Landschaftsbild kam.

Leiden mußte nur der Wald: Holz zum Stollenbau, Holz zum Anheizen der Siedepfannen, in denen die Sole – das Wasser-Salz-Gemisch, das man aus dem Berg herausschwemmt – erhitzt wurde, Holz für die Trockenhäuser, für die Rohrleitungen – der Großteil der Berge des Salzkammerguts muß damals kahl gewesen sein. Bereits Ende des 13. Jahrhunderts stand in der Umgebung von Altaussee kein Baum mehr, und die Salzpfannen wurden nach Aussee verlegt, dorthin, wo die beiden Flüsse sich treffen und auf dem Wasserweg die Holzzufuhr gesichert war.

Hier entstand der untere Markt, das »Industriegebiet« von Aussee, mit dem Kammerhof, dem Sitz der Salinenverwaltung. In dem mächtigen Bau mit den herrlichen Fenster- und Türrahmen aus Rotmarmor (1530) ist heute das Kammerhofmuseum (Chlumecky-Platz 1) untergebracht, das umfassend über die Geschichte des Ortes und die Salzgewinnung informiert.

Die Hauptstraße, die den Kurhausplatz mit dem Meranplatz, dem Zentrum des ehemaligen oberen Markts, verbindet, ist so schmal, daß eine Ampel die abwechselnde Durchfahrt regeln muß, die steilen, engen Straßen, die von hier zum Chlumecky-Platz führen, trauen sich im Winter nur die Einheimischen zu befahren. Wie müssen sich die Fuhrleute an diesen Engstellen früher beschimpft haben, als es

noch keine Ampeln gab und, wie im 15. Jahrhundert, etwa 160 Tragtiere täglich durch den Ort zogen, die verpflegt, beschlagen und beladen werden wollten, um das Salz nach Lauffen, Rottenmann, Schladming und Bruck an der Mur zu transportieren; von dort gelangte es auf dem Wasserweg nach Süden – und damit in Konkurrenz zum Meersalz. Gab es Absatzschwierigkeiten, hatten besonders die Salzarbeiter zu leiden, die 1497 in einem Brief an Kaiser Maximilian I. ihre Not schilderten:

»Unser Lohn ist wie vor 100 Jahren klein, da man 1 Metzen Korn um 10 Pfennig gegeben hat, den wir jetzt um 1 Pfund (240 Pfennig) nicht kaufen mögen. Um solches begehren wir um Gottes Willen, Eure Königliche Majestät wolle uns den Lohn vermehren ... Dazu feiert man all Jahr mit beiden Pfannen bei 13 Wochen, weil man das Salz nicht mag loswerden, aus den Ursachen, daß das Halleiner Salz und das Meersalz in das Land Kärnten geht.«

Wenn die Pfannen »feierten«, gab es für die Arbeiter keinen Grund zum Lustigsein; »feiern« hieß nicht produzieren, nicht arbeiten und damit: »In derselben Feier haben wir Arbeiter im Pfannhaus keinen Lohn.«

Kaiser Maximilian war nicht sehr beeindruckt. Er schickte zwar eine Kommission, an der Lage der Salzarbeiter aber änderte sich wenig, so daß sie zur Selbsthilfe griffen: Sie gründeten Bruderschaften und waren nachweislich auch am Bauern- und Knappenaufstand 1525 (s. S. 37 f.) beteiligt.

Seit Menschengedenken bedeutet Salz Wohlstand – zwar nicht für alle, wie man sieht, und am wenigsten für die, die es aus dem Berg herausholen und bearbeiten, einige aber konnten sich auch hier im Ausseerland daran gesundstoßen. Das waren erst einmal die Hallinger, Ausseer Bürger und Adelige, private Unternehmer. »Diese schlossen sich zu Beginn des 14. Jahrhunderts zu einer Genossenschaft

---

Worin besteht der unvergleichliche Reiz dieses verzauberten Erdenwinkels? Ich rationalisiere:

Anders als die übrigen »Perlen des Salzkammerguts« ist Alt-Aussee keine Durchgangsstation. Hier bildet die Natur gewissermaßen eine Sackgasse. Wer nach Alt-Aussee kommt, will nirgendshin als nach Alt-Aussee, und wollte er's, so könnte er's nicht. Von hier aus geht's nicht weiter. Alt-Aussee ist ein Abschluß, ein krönender Abschluß ...

Was ich sonst noch zu sagen und zu preisen wüßte: die selbstverständliche Ausgewogenheit der Landschaft; die Balance zwischen dem Pathos der Berge und der Sanftmut des Sees, jene sind nicht zu hoch (wie etwa in der Schweiz) und dieser ist nicht zu lieblich (wie so viele andere im Salzkammergut); die vornehme Distanz, mit der sich vom Gegenhorizont her der Dachsteingletscher in die Kette aus Hängen und Gipfeln hereinhebt, bitte sehr, wir haben auch ewigen Schnee, wir machen nur kein Aufhebens davon ...

Friedrich Torberg, Alt-Aussee, in: Auch Nichtraucher müssen sterben

zusammen, deren Mitglieder das Recht erhielten, ihre Anteile zu vererben, zu verkaufen und zu verpfänden, und im Jahre 1360 bekamen sie die Saline unter so günstigen Bedingungen in Pacht, daß dem Herzog fast der ganze Unternehmergewinn entzogen wurde. Die großen Gewinne, die die Hallinger aus dem Salzsieden zogen, wurden ihnen jedoch zum Verderben, denn sie weckten die Mißgunst des Landesfürsten, der die Erträgnisse des Salzwesens für sich beanspruchte. Friedrich III. zog daher im Jahre 1449 die Hallämter gegen eine Geldentschädigung ein und übernahm Berg- und Sudwesen in eigene Regie. Es war der Anfang des österreichischen Salzmonopols.« (Ferdinand Tremel, Land an der Grenze)

Nicht, daß die Ausseer nun verarmten, die meisten Hallinger traten in den Dienst des Landesfürsten, das »weiße Gold« warf immer noch genug für sie ab, auch wenn der Kaiser nun seinen Schnitt machte. Einen Beweis ihres Reichtums und ihrer Macht liefern die Bad Ausseer Bürger noch heute alljährlich, wenn die Flinserl durch den Ort ziehen und ihre Gaben verteilen (s. S. 216 ff.).

Als »Kammergut« unterstand das Ausseerland direkt der »Hofkammer«, die ihre lukrative Einnahmequelle streng bewachte: Außenseiter durften das Gebiet nur mit einer Bescheinigung vom Salzamt betreten, die bestimmt nicht leicht zu bekommen war, denn noch heute empfiehlt man jemandem, der die Mühlen der Bürokratie mit einem aussichtslosen Begehren in Bewegung setzen will, er solle »zum Salzamt gehen«.

Verglichen mit der übrigen Steiermark ist das Salzkammergut ein Vorzugskind. Von den Grenzwirren, den vielen Einfällen fremder Völker aus dem Osten blieb es weitgehend verschont. In der Abgeschiedenheit konnten sich Kultur, Tracht und Brauch ungestört entfalten. Die Fremden, die im letzten Jahrhundert ins steirische Salzkammergut kamen, gaben sich in der Sommerfrische rustikal und hüllten sich in

Altausseer See

Am nächsten Morgen wollten wir heimfahren..., aber an einer Straßenkreuzung sahen wir einen Wegweiser nach Aussee. Dort war Robert Neumann, und er hatte mich immer gedrängt, nach Aussee zu kommen und den Ort kennenzulernen. Wir fuhren hin.

Es regnete in Strömen, als wir ankamen, und Aussee sah aus wie jedes Dorf im strömenden Regen. Nach kurzem Zusammensein mit Robert Neumann wollten wir weiterfahren, aber er beschwor uns, seinem geliebten Aussee eine Chance zu geben und die Nacht dort zu verbringen.

Am nächsten Morgen schien die Sonne strahlend, und wir sahen noch immer nichts Unvergleichliches an dem kleinen Ort. Robert Neumann bewog uns, um den See herum zu gehen; das war ein gemütlicher Weg von etwa zwei Stunden und führte über Wiesen und durch die Wälder. Von der gegenüberliegenden Seite bot sich eine umfassende Aussicht über die Berge bis an den Dachstein. Das alles klingt nicht überwältigend. Wiesen und Wälder und Ausblicke gibt es allenthalben im Salzkammergut. Aber nichts war mit Aussee zu vergleichen. Selbst der Waldboden war anders und schöner als irgendwo sonst. Vielleicht erlebt das jeder irgendeinmal, die völlige Übereinstimmung mit einer Landschaft. Lange bevor wir zurück in unser Hotel kamen, wußte ich: dies ist meine wahre Heimat.

Ich ging fortan jeden Sommer mit meiner Familie nach Aussee, bis zu meiner Flucht im Jahre 1938. Wenn ich in Amerika Heimweh habe, ist es niemals Heimweh nach Wien, immer Heimweh nach Aussee, nach einem bestimmten Waldweg, einer bestimmten Aussicht, nach dem Geruch.

Gina Kaus, Und was für ein Leben...

die Landestracht, die in der Folge, auch durch den Einfluß des Erzherzogs, salonfähig wurde. Johann trug, »um ein Beispiel der Einfachheit in Sitte zu geben«, wie er 1824 an seine Anna schrieb, mit Vorliebe das Kleid der Hochgebirgsjäger. Durch ihn wurde der »graue Rock« in ganz Österreich und auch in Bayern populär und als »Steirerrock« zum Marken- und Gesinnungszeichen. »An seinem Anzug magst du den Steirer erkennen«, schrieb Peter Rosegger, und das konnte natürlich Reinhard P. Gruber in seinem »Hödlmoser« nicht kommentarlos hinnehmen:

»neben anderen merkmalen unterscheidet den steirer von anderen menschen der steireranzug. er ist so HERRLICH wie sein land.

der steireranzug hat vor allem für den anderen menschen große bedeutung; an ihm erkennt er den steirer.

es ist zwar zuzugeben, daß der steirer seinen siegeszug durch die welt mit dem steireranzug an seinem STEIRISCHEN KÖRPER angetreten hat – deswegen hat schließlich auch der steireranzug seinen siegeszug durch die welt angetreten –, doch ist der steireranzug heute schon so profaniert worden, daß er ohne allgemeine rechtsfolgen auch schon von nichtsteirern getragen werden darf. sogar bei der

Der Altausseer See, das »riesige Tintenfaß«, in das die »Dichter ihre Federkiele tauchten« (J. Wassermann, R. Auernheim, H. v. Hofmannsthal, A. Schnitzler)

> Altaussee ist kein Dorf, sondern eine Krankheit, die man nicht los wird.
>
> Jakob Wassermann

letztjährigen sozialistischen internationale soll er schon gesehen worden sein. vor dem betreten der steiermark durch nichtsteirische typen, deren körper vom steireranzug bedeckt wird, ist jedoch abzuraten.«

Tracht ist in der Steiermark noch nicht zur Maskera für Touristen verkümmert, sie gehört zum Alltag, wird von Politikern oftmals zur Schau getragen, ist auch im städtischen Leben so sehr integriert, daß man bei gesellschaftlichen oder kulturellen Ereignissen mit Dirndl oder Steireranzug nie fehlgekleidet ist. Wenn der Landeshauptmann einlädt, heißt es ausdrücklich »Abendkleidung/Landestracht«, und wenn man sich am Eröffnungsabend des »steirischen herbstes« dann zum Empfang in Schloß Eggenberg trifft, sieht man Londoner Punks mit Gelatine-Haaren durch die Barocksäle schwirren, Damen und Herren in Abendgarderobe, in Schwarz gehüllte New Yorker Intellektuelle, Jeans und Breitcordhosen. Und dazwischen immer wieder, wie ein Fels in der Brandung, ein strammer Steirer, in dem Gewand, an dem man ihn erkennt, an seiner Seite die Steirerin mit Dirndl und Gretelfrisur.

»Mit weltoffenem Blick immer zuhaus...«, so hat Hanns Koren, einer der Mitbegründer des »steirischen herbstes«, die Weltsicht seiner Landsleute beschrie-

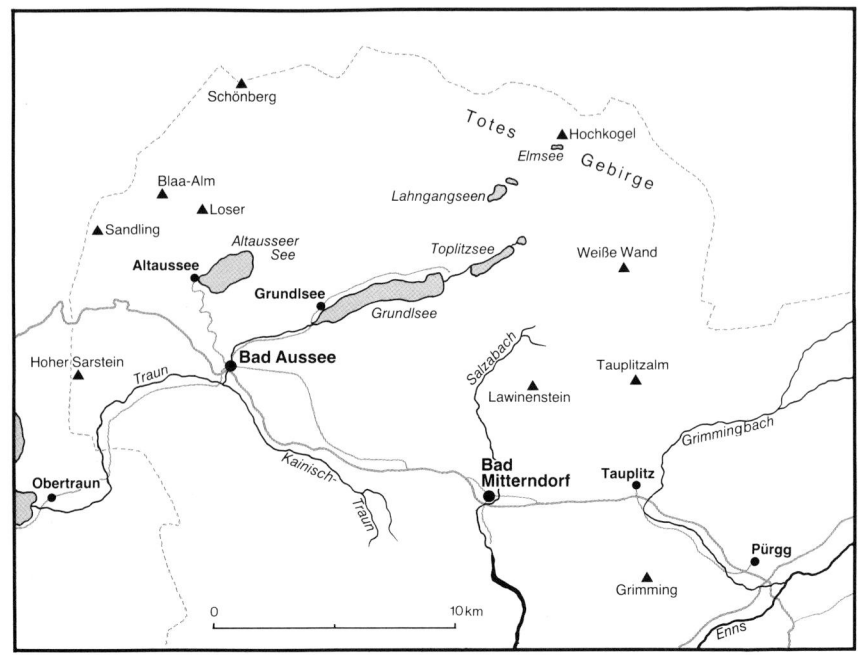

ben, diese Mischung aus Beharren und Offenheit, die das Land so interessant, die Provinz kulturell so aufgeschlossen macht.

Oder sollte man hier nicht von der Steiermark als Ganzem sprechen? Von Aussee aus gesehen ist Graz sehr weit, »ein ›richtiger‹ Ausseer ist eben kein Steirer, sondern ein Ausseer, und sonst nichts. Für ihn gibt es ›Hinterberger‹ (Mitterndorfer), Ennstaler und solche, ›die her san von der Steiermark‹. Das ist der Rest. Er fühlt sich den Goiserern mehr verbunden als den Mitterndorfern. ›Nach Österreich fahren‹, das heißt, einen Abstecher ins Oberösterreichische machen«, schreibt Elisabeth Welzig in einem Artikel in der »Kleinen Zeitung«. Verständlich, daß sich dieser eigene, selbstbewußte Menschenschlag auch durch die Sommergäste und den Tourismus der Nachkriegszeit nicht korrumpieren ließ. Hier buhlt man nicht um Gäste, man toleriert sie, wahrt Distanz, ohne dabei allerdings arrogant zu sein – noch in keinem Ferienort habe ich so viele Schilder »Privatweg«, »Zutritt verboten«, »Kein Durchgang« gesehen wie in Altaussee, noch nie hat man mir, in der toten Saison wohlgemerkt, so freundlich und bestimmt versichert, für eine Nacht werde ich hier kein Zimmer finden, ich solle doch in Bad Aussee schauen. Das große, traditionsreiche Seehotel von Altaussee ist seit Jahren geschlossen. Versuche, einen Minigolfplatz einzurichten, scheiterten, im Sommer 1986 bestand die Flotte des Bootsverleihers aus genau drei Schiffchen.

Was Hans Weigel vor 20 Jahren über Grundlsee schrieb, trifft, nur geringfügig modifiziert, noch heute zu: »Grundlsee wirbt nicht um Gäste, Grundlsee beantwortet bestenfalls Anfragen mit Rückporto, und dies zögernd und lässig. Ein Aufenthalt dort ist nicht einfach durchzusetzen, ist wie der Zutritt in einen Orden, eine geheime Brüderschaft. Komfort und Bequemlichkeit finden sich nur in Spuren. Die wohlhabenden Leute leben hier in Bauernhäusern ohne Fließwasser, führen selbst Haus oder legen weite Strecken zum nächsten Gasthaus zurück, die Post funktioniert mit allen erdenklichen Hemmungen, Boote überqueren gelegentlich den See und bringen Briefe oder Botschaften.«

Es muß sich um eine persönliche Bosheit der Geographen handeln, daß sie die Gegend um Mitterndorf noch zum steirischen Salzkammergut rechnen, denn mit den »Hinterbergern« haben die Ausseer nun wirklich nichts zu tun. Das spürt man, sobald man das Becken zwischen Dachstein und Totem Gebirge verläßt, diese

Im oberen Ennstal

hermetische Landschaft mit ihren Nadelwäldern, über die horizontal der kahle Fels geschichtet ist, ihren engen Tälern, den dunklen, kalten Seen.

Richtung Bad Mitterndorf öffnet sich das Tal, werden wohl auch die Menschen aufgeschlossener – modernen Immobilienhändlern und Bauherrn gegenüber auf jeden Fall, die hier ihre Appartement-Pyramiden in die Landschaft würfeln durften. Ein Abstecher nach Pürgg lohnt sich, um die herrlichen romanischen Fresken in der St.-Johannes-Kapelle zu bewundern, dann erreicht man das Ennstal. Der kürzeste Weg nach Graz führt entlang der Enns, dann über Rottenmann, Trieben, St. Michael – eine Strecke, die allerdings nur bedingt zu empfehlen ist: Hier verläuft die sogenannte Gastarbeiterroute, übermüdete Familienväter eilen in überladenen Autos der Heimat entgegen, schwere Lastwagen schleichen Richtung Griechenland, Türkei. Überholen ist riskant, jedes Jahr in den Ferienmonaten steigt die Zahl der Verkehrstoten.

Es gibt eine Alternative, allerdings nur im Sommer, und nur für den, der nicht in Zeitdruck ist: Auf der Landstraße erreicht man über Irdning und Öblarn Stein an der Enns, ein Schleichweg, der fernab vom Fernverkehr einen Eindruck der Schönheit des oberen Ennstals vermittelt, seiner Weite, den Wiesen und Feldern, aus denen wie Pilze kleine Holzhäuser wachsen. Von Stein an der Enns führt eine gut ausgebaute Straße über den Sölker Paß, 1790 Meter hoch, weit über die Vegetationsgrenze hinaus, quer durch die faszinierende Welt der Tauern. Und mündet auf der anderen Seite im Tal des steirischen Hauptflusses: der Mur.

Erzherzog Johann:

Alpenkönig und Menschenfreund?

Erzherzog
JOHANN VON ÖSTERREICH

Am meisten geht es wohl zu Herzen, wenn er seine Anna zu sich hochhebt in die Kutsche – obwohl natürlich auch die Bergmassen, die tiefeingebetteten Seen und vor allem die »stummen« Jodler den Empfindsamen nicht kalt lassen: wie sich die Münder karpfengleich öffnen unter den bestickten Hauben, wie die Zöpfe bei jedem unhörbaren Juchzer fliegen!

Ein Prinz springt über Berge, ein Prinz tanzt mit dem Volk, ein Prinz lernt eine fünfzehnjährige Postmeisterstochter kennen und hält ihr die Treue bis zum Tod. 13 Jahre dauert es, bis der Kaiser seine Zustimmung zur Hochzeit gibt. Und in den sechs Jahren, die sie unverheiratet unter einem Dach verbringen – »größte Selbstverleugnung«. »Peinliche, schmerzliche Geduld.« Dazu der böse intrigierende Metternich – was für ein Thema! Max Neufeld war der erste, der es verfilmte. »Erzherzog Johann«, 1929 uraufgeführt – ein Stummfilm, in dem gejodelt wird.

✳

Gerecht ist es nicht, daß des »steirischen Prinzen« Popularität hauptsächlich auf seiner Mesalliance beruht, hat er doch für die Steiermark wesentlich mehr getan, als eine ihrer vielen Postmeisterstöchter in den Grafenstand zu erheben. Andrerseits läßt sich das Rührstück »Johann und Anna« halt besser inszenieren als beispielsweise die Intensivierung des Kartoffelanbaus auf landwirtschaftlichen Mustergütern und Versuchshöfen, der Aufbau der »Bruderlade der Berg- und Hüttenarbeiter« – einer ersten Sozialversicherung – oder die Gründung der Vordernberger Radmeistercommunität, der Wechselseitigen-Brandschaden-Versicherungsanstalt, des

Schloß Stainz, hier lebte der Erzherzog

Historischen Vereins für Innerösterreich..., um nur einige der über 20 Institutionen zu nennen, die Johann ins Leben rief.

Ein Vereinsmeier? Ein Wichtigtuer? Einer jener Politiker, die ihren Namen gar nicht oft genug auf Tafeln, Dokumenten und in Geschichtsbüchern sehen können? Im Gegenteil. Als die Stände 1811 darauf drängten, im Joanneum die Büste des Stifters aufzustellen, lehnte der Erzherzog dankend und mit den edlen Worten ab: »So lange ich lebe bin ich ja da, nach meinem Tode das Andenken im Lande, wenn etwas Gutes aus dem Ganzen erfloß!«

Das war klug kalkuliert. Das Denkmal errichtete man doch, 1878, 19 Jahre nach seinem Tod, wurde es auf dem Grazer Hauptplatz enthüllt, und des Andenkens im Lande konnte er auch gewiß sein. Die einen rühmen ihn als Landwirt, die anderen sehen in ihm den Schutzpatron der Bergsteiger, für die Volkskundler ist er einer der ihren, Bildungsreformer und Umweltschützer rufen ihn an, und in den letzten Jahren hat ihn der Zeitgeist sogar zum Grünen gemacht. Nur die fanatischen Datenschützer können den Erzherzog nicht im Banner führen – die Fragebogenaktionen, die er durchführen ließ, würden heute reihenweise Bürgerinitiativen auf den Plan rufen. Dreimal – 1802, 1810 und 1836 – ließ der Erzherzog fragen: »Ob Geburten verheimlicht werden? – Ob sich Cretinen und Kröpfe in bedeutenderer Menge finden, und wo? – Welche Hauptleidenschaften, Meinungen, Gebrechen, Vorurtheile, Aberglauben vorhanden sind?« und in was für einer »religiös-sittlichen Verfassung« sich die Bevölkerung befinde. Das Ergebnis diente ihm zur »Darstel-

lung des Charakters, der Sitten und Gebräuche aller deutschen Alpenbewohner«
und lieferte Daten, die die Grundlage für sein Reformwerk bildeten.

✳

Johann wurde 1782 in Florenz geboren, vier Jahre nach dem Tod von Jean Jacques
Rousseau, acht Tage nach der Uraufführung von Schillers »Räubern«. Als er sieben
war, brach die Französische Revolution aus, vier Jahre später wurde seine Tante,
Marie Antoinette, in Paris zum Schafott geführt. Aufklärung und Idealismus, die
Idee, daß der Mensch von Natur aus gut sei, Gleichheit, Brüderlichkeit – vor diesem
geistigen Hintergrund agierte Johann. Sein Vater hatte die Toskana zu einem
Musterstaat ausgebaut, Johann suchte sein Utopia zuerst in Tirol, wo er die Sache
des Andreas Hofer unterstützte, und fand es schließlich, nachdem Tirol verloren,
Hofer hingerichtet war, in der Steiermark.

In der Geschichte des Hauses Habsburg gibt es immer wieder Ereignisse, die zu
ganz unwissenschaftlichem Spekulieren hinreißen, zum Spiel mit der Frage: Was
wäre aus Mitteleuropa geworden, wenn... Wenn, beispielsweise, nicht Franz, ein
nach Wandruszka »enger, trockener, verschlossener und in keiner Hinsicht sonder-
lich begabter Mensch« die Nachfolge von Kaiser Leopold II. angetreten hätte,
sondern der jüngere Bruder Johann. Wenn es im Revolutionsjahr 1848 einen Kaiser
Johann gegeben hätte, der seine Sympathie für die deutsche Demokratisierung und
Einigung mit ganz anderen Mitteln in die Tat hätte umsetzen können als der

Der Stoff, aus dem die Schundromane sind: Johann und seine Anna

Trautes Familienglück

Erzherzog Johann, der in Frankfurt zwar zum Reichsverweser gewählt und damit mit der Regierungsbildung beauftragt wurde, aber keine Vollzugsgewalt besaß...

Andererseits, was wäre aus der Steiermark geworden, wenn Johann sein Reformwerk von Wien aus durchgeführt, seine Energie nicht ausschließlich auf das Land jenseits des Semmering gelenkt hätte? Kritiker werfen ihm vor, daß er zu zaghaft, zu idealistisch war, um in die große Politik einzusteigen – die Steirer profitierten davon. Ganz Aufklärer, erkannte er den Wert von Bildung und Ausbildung: die Bauern erhielten Anregungen durch seine Mustergüter, Fachschulen, wie die für Bergbau, entstanden, er setzte eine Dienstboten- und eine Winzerordnung durch, sorgte für Verkehrsverbindungen – ihm ist zu verdanken, daß die Bahnstrecke Wien – Triest über den Semmering und nicht durch Westungarn führt – kurz: er ebnete dem rückständigen Agrarstaat den Weg ins industrielle Zeitalter.

Er wiegt mehr, als sie alle!

Steirisches Selbstbewußtsein: Der Herzogshut wiegt schwerer als die Kaiserkrone

»Die Einfachheit und Schlichtheit der unverdorbenen Menschen im bewußten Gegensatz zur ›verfaulten‹ Hofgesellschaft hat dieser Habsburger bei den Bewohnern der Alpenländer... in bewußter enger Verbindung mit Bauern und Bürgern gesucht und gefunden, er hat als Landwirt und ›Radmeister‹ am steirischen Erzberg in Landwirtschaft und Bergbau vorbildlich gewirkt, alle Wissenschaftszweige gefördert, die auf seinen Studienreisen, vor allem auf jener von 1815 in England, gesammelten Erfahrungen der österreichischen Wirtschaftsentwicklung nutzbar gemacht und ist, als ungekrönter ›Alpenkönig‹ in der ersten Hälfte des 19. Jahrhunderts ebenso in ganz Europa bewundert worden, wie in der zweiten Hälfte des vorhergehenden Jahrhunderts sein Vater Leopold als Muster-Herrscher von Toscana.«

Adam Wandruszka, Das Haus Habsburg

71

Graz im Abseits oder

In Pastell kann man nicht blenden

Sagen wir doch gleich, wie es ist: Man muß Graz nicht gesehen haben. Wird keine scheelen Blicke ernten auf Parties, wenn man freimütig zugibt, noch nie einen großen Braunen in der Herrengasse getrunken zu haben – höchstens mitleidige. Von denen, die sich an die kleinen Tische erinnern, mitten auf der Straße, mitten im Getriebe, wo die Trambahn so eng und mit viel Gebimmel vorbeifährt, an den Eisstand gegenüber vom Landhaus, den Gastgarten beim Laufke mit den Rosen und dem kleinen Springbrunnen, die blätternde Pracht des Innenhofs vom Krebsen-keller... Erinnerungen, die man nicht laut ausspricht auf solchen Parties zwischen »Harry's« und dem Pariser »Costes« – Grazer Impressionen sind zu pastell, um zu blenden.

Auch in den andern Kreisen, denen, wo man die Kultur hochhält, reisend antike Tempel ausmißt und in langen Diavorträgen Bildung zeigt, wird einem dieselbe nicht abgesprochen werden, wenn man das Landhaus in Graz nicht kennt, wird man sich andererseits aber auch kein Fleißbildchen damit verdienen, daß man es kennt, weiß, daß es doch immerhin der imposanteste Renaissancebau in unseren Breiten ist. Dennoch – zum Thema Renaissance nicht diavortragfähig. Die Stan-dardkunstwälzer nennen Italien, nicht Graz. Graz muß man nicht gesehen haben.

*

»Graz zählt zweifellos zu den unbesuchtesten Städten Österreichs.«

Peter Daniel Wolfkind

Graz biedert sich nicht an. Es hat nichts von der vollbusigen Lieblichkeit Salzburgs, nichts von der schroffen Dramatik, mit der sich Innsbruck in Szene setzt. Heiter, charmant, selbstbewußt wirkt es, fast ein bißchen italienisch – der Schloßberg mit dem Uhrturm, der unter seiner übergroßen Haube beinah verschwindet, am Murufer die Kette dichtgedrängter Häuser, eine Kirche mit barockem Zwiebeltürmchen.

»Graz ist eine der schönsten großen Gegenden, die ich bis jetzt gesehen habe; die Berge rund umher geben die herrlichsten Aussichten, und müssen in der schönen Jahrszeit eine vortreffliche Wirkung tun«, schwärmte Johann Gottfried Seume, der sich der Stadt 1802 auf dem Weg nach Syrakus zu Fuß näherte, auch vom Schloß berichtete er, das man »sehr weit« sehen konnte.

Wer heute im Auto unterwegs ist, verbindet mit Graz alles andere als schwärmerische Erinnerungen. Die Berge mit den »herrlichsten Aussichten« lernt er nur von innen kennen, ihre »vortreffliche Wirkung« ist darauf reduziert, Tunnel zu beherbergen. Eingekeilt zwischen Lastautos und Sonnenhungrigen, die es nach Jugoslawien, Griechenland drängt, rast man durch die Dunkelheit, nur weg von hier, nur raus aus diesem Schlauch. Kein Wunsch zu verweilen, kein Gedanke daran, dem Schild »Graz Zentrum« zu folgen. Wieder im Freien, gibt man Gas, eilt, um die Warteschlange am Grenzübergang Spielfeld nicht zu verpassen, und Graz bleibt eine der unbesuchtesten Städte Österreichs.

Das hat Vorteile, zweifellos. Täglich Tausende von Touristen, und die Hausbesitzer würden Schlösser an die Türen legen, hinter denen die verwunschenen Höfe ruhen. Busladungenweise Besucher, und es wäre geschehen um die Stille im

Kreuzgang der Franziskanerkirche. Warteschlangen vor der schmalen Tür zur Doppelwendeltreppe, Fremdenführersprachgewirr im Innenhof des Landhauses und die Cafés besetzt von Gruppenreisenden mit den Zugehörigkeitsmützchen. Nicht auszudenken. Besucht, beachtet und konsumiert verlöre Graz, was den Großteil seines · Charmes ausmacht: die Selbstverständlichkeit, mit der die Museumsstadt bewohnt wird, die Natürlichkeit, mit der sich in den jahrhundertealten Gassen und Häusern modernes Leben abspielt.

✳

»Das Schloß, auf einem ziemlich hohen Berge«, das Seume schon von weitem sah, wurde 1809 dem Erdboden gleichgemacht: Im Schönbrunner Frieden hatten sich die Franzosen das Recht zur Schleifung erwirkt, späte Rache dafür, daß es ihnen nie gelungen war, die Schloßbergfestung einzunehmen. Einzig der Glocken- und der Uhrturm konnten von der Grazer Bürgerschaft ausgelöst werden, klägliche Reste der einst so wuchtigen Anlage.

Das erste Gebäude, das auf dem 473 Meter hohen Dolomitfelsen stand, muß nicht sehr beeindruckend gewesen sein – »gradec« nannten es die Slowenen, »kleine Burg«. Aus der kleinen wurde im 12. Jahrhundert eine große Burg, aus »gradec« Graz. 1128 wurde die Stadt erstmals urkundlich erwähnt, strategisch günstig gelegen, wuchs sie schnell, erhielt im 13. Jahrhundert Handels- und Münzrechte sowie das Stadtrecht.

In dem ständig von fremden Völkern bedrohten Gebiet war der Ausbau der Burg zu allen Zeiten ein Anliegen der Landesfürsten. Aeneas Sylvius de Piccolomini, Berater Friedrichs III. und späterer Papst Pius II., konnte Mitte des 15. Jahrhunderts über die »hübsche Stadt Graz am Ufer der Mur« berichten: »Hier strebt mitten aus der Ebene ein ungemein hoher Berg auf, der allenthalben felsig abfällt. Auf seiner Spitze ist ein Schloß, sowohl durch die natürliche Lage fest, als durch Menschenwerk befestigt, so daß der Kaiser darauf stolz sein kann.«

Hundert Jahre später klang das ganz anders: Türme, Wehren und Gräben seien zerfallen, das Holz verfaule und überhaupt befinde sich die ganze Anlage in einem jämmerlichen Zustand, klagten Vertreter der steirischen Landschaft 1543 Ferdinand I. Der war darüber sicher nicht erbaut, weniger wegen des

Hof des Deutschritterordenshauses

Innenhof des Landhauses

Stolzes seines kaiserlichen Bruders Karls V. als der Verantwortung wegen, die dieser ihm mit der Übergabe der alpenländischen Herzogtümer im Südosten übertragen hatte: Er hatte für die Sicherung der windischen und kroatischen Grenze und damit für den Schutz des Reiches zu sorgen – seit dem Fall von Konstantinopel waren die Türken zur ständigen Bedrohung geworden. Eine bröckelnde Festung, eine ungesicherte innerösterreichische Hauptstadt konnte sich Ferdinand nicht leisten: Er begann, Graz zur Hauptfeste auszubauen, zur wichtigsten Bastion innerhalb des südöstlichen Verteidigungsgürtels.

Domenico dell' Allio, ein italienischer Festungsbaumeister, der gerade Wien sicher machte, wurde nach Graz gerufen: Auf dem Schloßberg sollte eine neue Burg entstehen, auch die Ummauerung nach modernsten festungstechnischen Gesichtspunkten war geplant. Und die Landstände beauftragten ihn, im Stadtzentrum einen prachtvollen Repräsentationsbau zu errichten, das Landhaus.

Ein Stich, der sich selbst als »Wahre Abbildung der Kayserlich= und Lands = Fürstlichen Haubtstadt Graz, wie selbe von auf gegen den Untergang zu sehen ist« bezeichnet, zeigt die Situation im Jahr 1699: Sternförmig läuft eine hohe Mauer um die Stadt, Bastionen sind vorgelagert und auf dem Felsen eine befestigte Burg, so trutzig und dräuend, daß potentiellen Angreifern bestimmt schon bei ihrem Anblick die Lust auf Scharmützel vergangen ist. Deutlich ist der Uhrturm zu erkennen, auch Hauptplatz und Herren- und Sporgasse, um nur einige zu nennen, verlaufen noch immer so wie vor Hunderten von Jahren. Am Umfang der Grazer Innenstadt hat

Am Grazer Hauptplatz

sich seit 1630 nichts geändert – Graz besitzt die größte im deutschsprachigen Raum erhaltene mittelalterliche Altstadt.

Ende des 18. Jahrhunderts dehnte sich die Stadt ringförmig aus, die Festungswerke wurden aufgelassen, wo früher das Glacis war, entstand der Stadtpark. Mit der Schleifung des Schlosses verlor Graz zwar den Wehrcharakter, gewann aber Lebensqualität: einen Park, einen begrünten Berg mitten in der Innenstadt. Mitte des vorigen Jahrhunderts begann man, den kahlen Felsen aufzuforsten, 4 300 Bäume und Sträucher wurden gepflanzt, die Wege extra sanft ansteigend angelegt, um »auch das bequeme Volk von Graz auf den Schloßberg zu locken«.

Die Bequemen haben es heute noch einfacher: Sie setzen sich in die Schloßbergbahn und lassen sich zur Aussichtsterrasse transportieren. Von dort hat man den herrlichsten Blick über die Stadt, kann mit den Augen über eine Dachlandschaft spazieren, deren Konturen noch genau denen auf alten Stichen entsprechen. Nur die Farben haben sich geändert: Wo damals Schindeln waren, leuchten heute die warmen Rottöne der Ziegeldächer. Wie weite übereinandergefaltete Flickerlteppiche sehen sie aus – immer wieder ausgebessert, nach jedem Brand, Krieg, Unwetter andersfarbig ergänzt. Kaum ein Giebel ist gerade, kaum ein First exakt gezogen, so, als seien die Häuser im Lauf der Zeit zusammengewachsen, neigten sich, vom Alter gebeugt, einander zu – jahrhundertealte Lebenslinien einer Stadt.

✳

Mit lautem Gebimmel überquert die Trambahn Nr. 1 die Mur und taucht hinein in eine enge Gasse. Früher stand hier ein Stadttor, und noch heute ist der Durchgang so schmal, daß es für einen Augenblick merklich dunkler wird im Inneren des Triebwagens. Vorgebeugt erkennt man ein lichtes, stuckverziertes Haus, dann – erneutes Bimmeln und eine Rechtskurve – einen Platz.

»Hauptplatz«, ruft der Schaffner, und da sich, nach Aussage eines freundlichen Mitreisenden, hier »die Altstadt abspielt«, hüpft man hinaus und landet zwischen Obst- und Würstelständen, Blumen und Tauben und zu Füßen des Erzherzogs, der gütig von seinem Sockel blickt. Ihn umgeben vier Damen, die – ebenso allegorisch wie anachronistisch – daran erinnern, daß es eine Zeit gab, als nicht nur Mur und

Enns, sondern auch Drau und Sann zur Steiermark gehörten. Auf den Stufen des Brunnen-Denkmals türmen sich bunte Schultaschen, lagert eine Gruppe schnatternder Teenager, auf der Straßenbahninsel drängen sich plastiktütenbehängte Hausfrauen.

Es ist Mittag. Erst zeigt die »Weikhard-Uhr« am Hauptplatz zwölf, dann tönt es vom Turm des Rathauses. Die Angestellten strömen über den Platz, die Kaffeehäuser füllen sich, auf schwarzen Tafeln geben die Wirte ihre Tagesmenüs bekannt. Die grün-weiße Trambahn verschwindet bimmelnd in der Herrengasse, teilt die Flanierenden, Eilenden wie Moses das Meer, drückt sich haarscharf an Kaffeehaustischchen vorbei – nur ein Plastikzaun scheidet das Terrain der Bahn von dem der Genießer.

Allmählich schließen die Geschäfte.

Graz bewegt sich ganz im Rhythmus südlicher Städte: Mittags verlangsamt sich das Leben. Klimatische Gründe gibt es dafür nicht – es wäre wirklich übertrieben zu behaupten, man müsse vor der Grazer Mittagshitze fliehen. Wie anders aber ist es zu erklären, daß man sich hier um Breitengrade südlicher fühlt als man ist? Daß man in einem der Straßencafés auf der Spor- und Herrengasse sitzt oder bei einem Viertel am Mehlplatz, schaut, das Treiben auf den Gassen beobachtet und sich plötzlich auf einer norditalienischen Piazza wähnt? Nur die Palmen fehlen – die Menschen passen, die Bewegungen stimmen, das lebendige Nebeneinander in dem engen Rahmen, den die alte Stadt vorgibt.

In der Herrengasse

Dazu die bröckelnde Pracht, der Wechsel zwischen den tristen Grau- und Brauntönen an Regentagen und dem freundlichen Leuchten, wenn die Sonne das Gelb, Rosa, Lichtblau aus den stumpfen Fassaden kitzelt. Diese Patina gehört zu Graz, wo sie fehlt, weil gerade renoviert wurde, wo die alten Giebel, Treppenaufgänge, Mansarden frisch und bonbongleich leuchten, rümpfen die Grazer die Nasen und sagen sich tröstend: »Das gibt sich wieder.«

Ihre Stadt soll kein Museum sein, keine geschleckte Kulisse. Hier wird gelebt, und zum Leben gehört auch, daß in einem gotischen Innenhof ein Container steht, vor Renaissance-Arkaden Wäsche trocknet, Mopeds in den Laubengängen parken. Graz ist kein Disneyland, es ist eine lebendige Stadt, die zu ihren Jahren steht, weiß, daß man ein altes Gesicht pflegen, aber nicht liften sollte.

»Städte«, hat Robert Musil geschrieben, »lassen sich an ihrem Gang erkennen wie Menschen.« Graz bewegt sich elegant, südlich grazil, wie jemand aus gutem Haus, dem man, trotz hohen Alters, anmerkt, daß er in der Jugend Ballett-Unterricht hatte. Und der, wenn er mit den Enkeln tobt, auch mal ganz unwürdige Geißensprünge macht. Kurz nur, allerdings. Dann geht ihm die Luft aus.

✳

Grazens Geißensprünge dauern alljährlich sechs Wochen. Von Mitte September bis Ende Oktober darf die Ehrwürdige toben, wehen Fahnen von den alten Gebäuden, wachsen moderne Kunstobjekte zwischen den Kastanien im Stadtpark, sitzen

Maler, Literaten, Musiker, Filmer, Fotografen … aus aller Welt im Krebsenkeller, beim Bachwirt, im Braun de Praun und nachts natürlich im Theatercafé. Konzerte, Ausstellungen, Symposien, Diskussionen, Lesungen, Experimentelles auf der Bühne, in den Rundfunkstudios – Graz im »steirischen herbst«.

Anfang November schüttelt sich die Stadt wie eine Hausfrau nach dem Maler, und alles geht wieder seinen gewohnten Gang. Die Moderne wird verpackt, eingemottet und in den Speicher gestellt. Bis nächstes Jahr.

Sicher, da gibt es noch immer ein paar Unentwegte, wie den Galeristen Bleich-Rossi und den Verleger Droschl, die glauben, man müsse zeitgenössischen Künstlern auch das Jahr über ein Forum bieten, aber das stört den Rest der Bevölkerung nicht. Ein Museum – die Neue Galerie in der Sackgasse platzt aus allen Nähten –, ein Ausstellungsort für die Stücke, die im Rahmen des »steirischen herbstes« gesammelt wurden, ist »im Gespräch«, soll aber nicht vor 1990 Wirklichkeit werden.

Und wenn die Stadtväter tatsächlich mal auf die verwegene Idee kommen, so ein modernes Ding stehenzulassen, einen »rostenden Nagel« und noch dazu im Stadtpark bei dem hübschen Brunnen aus dem vorigen Jahrhundert, dann bitte nur auf Zeit und nur gegen den massiven Widerstand bestimmter Kreise!

Der umstrittene »rostende Nagel« im Stadtpark

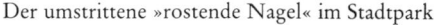

Daß uns bloß nichts bleibt von unserm jährlichen Fehltritt ... Sechs Wochen lang die Oper entweiht, sechs Wochen das ehrwürdige Schauspielhaus von den Wilden besetzt – das genügt.

Wenn man im November in den Stephaniensaal zum Abonnentenkonzert kommt, ist es wieder wie immer: als habe jemand Silberpuder über die Reihen gestreut, je weiter vorne, je teurer und renommierter die Plätze, desto heller das Grau.

63 400 der 243 000 Einwohner von Graz sind Pensionisten, immerhin stattliche 26 %. Zum Glück gibt es aber auch eine Universität, eine Technische Universität, eine Hochschule für Musik und Darstellende Kunst – 35 000 Studenten, die das Stadtbild beleben und das Durchschnittsalter senken.

Wären sie nicht, könnte man glauben, der Ausdruck »Pensionopolis« wäre vielleicht doch nicht nur eine Reminiszenz an die Zeit, als Graz beliebtester Alterssitz der hohen Militärs war, die in der Monarchie Dienst getan hatten. Ob in der Bukowina, in Galizien, dem Banat oder Siebenbürgen – im Alter zog man sich ins billige, klimatisch angenehme und kultivierte Graz zurück, die Stadt, in die man auch die Kinder zum Studium schickte, letzte deutschsprachige Bastion im Südosten des riesigen Reiches.

Im Stadtpark

Dieses Bastionsdenken, das Gefühl, den fremden Nachbarn und Kommilitonen gegenüber das eigene Deutschtum unter Beweis stellen zu müssen, dürfte auch dafür mitverantwortlich sein, daß sich das Verbindungswesen in Graz so überdurchschnittlich großer Bedeutung erfreute und noch immer eine verhältnismäßig wichtige Rolle spielt.

Ihren jüngsten bemerkenswerten Auftritt lieferten die deutschnationalen schlagenden Verbindungen anläßlich der 400-Jahr-Feier der Grazer Universität: Auf einer Tafel, die sie der Alma mater schenkten und die diese mit unkritischer Mütterlichkeit auch annahm, gedachten sie der Opfer »politischer Willkür zwischen 1934 und 1955«. Proteste, daß »der Text der Tafel die Zeit des Ständestaates 1934 bis 1938 und die später wegen Kriegsverbrechen Verurteilten in einem Atem nennt«

(Kleine Zeitung), konnten Rektor und Akademischer Senat anfangs gar nicht verstehen – erst auf massiven Druck der Öffentlichkeit wurde die Inschrift schließlich geändert.

Dieses mit so dunklen Schatten unterlegte Jubiläum fand 1985 statt; da gedachte man auch des Gründers der Universität, Erzherzog Karls II., der Ende des 16. Jahrhunderts die Jesuiten ins Land gerufen und ihnen Seelsorge und Bildung anvertraut hatte.

Im Zug der Gegenreformation wurde die protestantische Stiftsschule im Paradeis geschlossen, eine ganze Reihe nicht-katholischer Wissenschaftler und Intellektueller mußte die Stadt verlassen, unter ihnen auch Johannes Kepler (s. S. 40f.).

Die neue Universität entstand gegenüber dem Dom, der damaligen Hofkirche, angeschlossen ein Jesuitenkollegium. Wer höflich – und bitte ohne die Rückenstärkung einer lauten, fröhlichen Gruppe – um Einlaß bittet, kann die wunderschöne barocke Prunkstiege besichtigen, das Refektorium und eine recht interessante moderne Kapelle im zweiten Stock.

Nebenan, im Landesarchiv, das in die Räume der Alten Universität gezogen ist, hilft kein noch so höfliches und devotes Buckeln vor den gestrengen Beamten: Der Blick von der Empore in die ehemalige Aula, die den Jesuiten auch als Theatersaal diente, ist nur Auserwählten vorbehalten. Und das ist schade. Der reich dekorierte, zweischiffige Raum wurde im 18. Jahrhundert zur Bibliothek ausgebaut. Schwere klassizistische Bücherregale reichen fast bis zur Decke, bilden Gänge, lange Reihen angestaubter, mit Schnüren zusammengehaltener Archivalien – eine kafkaeske Szenerie, was für ein Drehort für den »Prozeß«!

Graz...

Mit der Auflösung des Jesuitenordens 1773 erlosch auch das Bildungsmonopol der Gesellschaft Jesu. Joseph II. degradierte die Universität 1782 zum Lyzeum, erst Kaiser Franz I. liftete sie wieder in akademische Höhen, und das dankte man ihm durch Namengebung: Karl-Franzens-Universität. Das 1890 bis 1894 errichtete Hauptgebäude steht im Stadtviertel Geidorf, die Institute dagegen sind in Gründerzeithäusern und Villen untergebracht.

Alberstraße

Herrliche Villen gibt es in Geidorf, Herrschaftshäuser aus dem vorigen Jahrhundert, Gärten mit altem Baumbestand, an der Schubertstraße der üppige Botanische Garten, der Hilmteich mit den dicken Karpfen, ein Restaurant am Wasser, der Leechwald zum Spazierengehen, all die Cafés in der Innenstadt, die Kneipen und Wirtshäuser bei Nacht ... kann man in einer so verführerischen Stadt überhaupt ernsthaft studieren? Man kann, das beweisen unter anderem die vielen Promotionen, die zu Semesterende in den Zeitungen angekündigt werden, wobei die Zeiten, da der »Doktor Graz« als Synonym für einen besonders

... Pensionopolis und Studentenstadt

einfach erworbenen Titel galt, vorbei sind.

Andererseits, daß sich die Beschaulichkeit der Stadt auch auf das Temperament der Studenten auswirkt, ist nicht zu übersehen. Es ist mit ihnen wie mit wohlerzogenen Kindern: Man sieht sie, aber man hört sie nicht. Sie passen sich dem gemäßigten Schritt der Murstadt an – selbst in den aufgepeitschten 60er Jahren schlugen die Wogen in Graz nie höher als es der Schloßberg erlaubt. Trotzdem konnten die fortschrittlichen Kräfte damals durchaus Erfolge verbuchen – bevor man sich mit Steinen bewirft, findet man in Graz noch immer einen Kompromiß.

»Graz galt immer als verträumte Stadt, viel zu ruhig, viel zu schön, um sich Dingen zuzuwenden, die das Lebensgefühl stören, die unruhig machen, die das Gewohnte auflösen, die Schwerkraft verändern. – Graz war eine Stadt der Stadtpoeten, für sentimentale Bewunderer, für feines Schrifttum oder für nationale Blut- und Bodenparolen, mit denen man das Lokale ins Völkische hochstilisierte und so überlokal zu werden gedachte.«

Alfred Kolleritsch

Frau Grete gehört zu den Frauen, deren Alter man nicht schätzen kann. Sicher, zwanzig ist sie nicht mehr, trotz der (wasserstoffsuperoxyd?-)blonden Haare, auch wohl nicht mehr dreißig, aber um wie viele halbe, viertelte oder ganze Dekaden sie sich vom Dreißiger entfernt hat, darüber gibt es heiße Diskussionen in dieser Nacht zwischen 2 und 3 Uhr, leise natürlich, denn Frau Grete ist eine Respektsperson, da traut sich keiner so leicht, frech zu werden und dumme Fragen zu stellen. Grazil balanciert sie Tabletts, bewegt sich jungmädchenhaft durch die Reihen, umschifft geschickt die Tanzenden und Torkelnden, nimmt Bestellungen auf – konzentriert, ernst und gerade so kokett, wie es der Anstand erlaubt.

Frau Grete liebt rot. Die Kniestrümpfe, die Pullover so rot wie die Polster und Tischdecken des Etablissements, in dem sie allnächtlich regiert: des Theatercafés.

Frau Grete gehört zum Theatercafé so unbedingt wie der klavierspielende Herr Albin, der zurückhaltende, korpulente Wirt und der Mythos, daß von den Gästen mehr schreiben als lesen können, ein Mythos, der sich aber heute nur noch in manchen Nächten aufrechterhalten läßt. Bei »herbst«-Premieren etwa, wenn sie alle zurückkehren an die Stätten ihres einstmaligen Wirkens: H. C. Artmann, umflort von einer Schar junger Mädchen, Gerhard Roth, Reinhard P. Gruber ... In den übrigen Nächten bildet nicht die literarische Ambition den gemeinsamen Nenner

Frau Grete, Herr Albin und der Wirt des Theatercafés

der Theatercafé-Besucher, sondern die Liebe zur Nacht und der Wunsch, diese trinkend, tanzend und die Probleme der Welt lösend zu verbringen. Die Liebe vielleicht auch zum »Mozart«, einem Schnapscafé, Spezialität des Hauses, und zu den Eierspeisen, von denen die Nachtschwärmer behaupten, es seien die besten in Graz, was sich aufgrund der mangelnden Vergleichsmöglichkeiten auf dem Grazer Eierspeisenmarkt zwischen 2 und 4 Uhr auch nicht widerlegen läßt.

Das Theatercafé ist keine schmierige Absackerkneipe von Bahnhofsniveau, dazu sind die Preise viel zu hoch. Es ist auch kein schummriges Knutschlokal für die, die kein gemeinsames Zuhause haben. Das verbietet schon das grelle Licht – zu grell für manche alternde Diva, die sich nach Mitternacht lieber bei Kerzenlicht zeigen würde –, dafür sorgen auch Frau Gretes Redlichkeit und, last but not least, Herr Albin.

Herr Albin ist im Sitzen so groß wie Frau Grete im Stehen. Das Phänomen bei Herrn Albin ist nur, daß er nichts an Höhe gewinnt, wenn er vom Klavierhocker aufsteht und sich neben den Flügel stellt. Aber das tut Herr Albin sehr selten, denn Herr Albin gehört ans Klavier, und da sitzt er, von 22 bis 4 Uhr, und spielt. Den Oberkörper gerade, die Krawatte korrekt gebunden, dunkles Sakko, das graue Haar zurückgekämmt. Er spielt Caféhausmusik, leicht, zeitlos, läßt die Hände über die Tastatur laufen, als wäre es nicht 2 oder 3 oder 4 Uhr nachts, sondern 16 Uhr und er säße auf einem sonnigen Boulevard in einer Nobelsommerfrische.

Der junge Mann, der am Flügel lehnt und so vollkommen falsch mitsingt, die zwei auf der Tanzfläche, die vermutlich umfallen würden, wenn sie sich nicht aneinander festhielten, die Geschäftsleute, die in bunter Reihe mit jungen Männern

Jazz in der »Grünen Spinne«

mit frischem Schmiß sitzen und laute Trinksprüche anbringen, die Damen, gekleidet nach der Mode des letzten Jahrzehnts, gepflegt gelangweilt mit ihren Herren über den Opernabend parlierend, und am Nebentisch die Diskussion über den Grazer Kulturbetrieb – auch der Schriftsteller Wolfgang Bauer ist beteiligt –, bei der immer wieder laute Verbalinjurien fallen – all das erschüttert Herrn Albin nicht. Er spielt. Ginge das Theatercafé unter wie weiland die Titanic – Herr Albin würde spielen. Stoisch, freundlich neutral, distinguiert. Bis die Wogen über ihm zusammenschlügen.

»A ziemlich lange Nacht war's wieda amol im Theatercafé. Die Glasl wern leer, die Köpf die wern schwer, und immer älter wird der Schmäh. Die begnadeten Dichter und Trinker san scho ziemlich müad...« singen STS, die steirische Gruppe, die die Hitlisten mit ihrem Heimweh nach Fürstenfeld stürmte, »da kommt die Frau Grete und sagt ›jetzt is aba Schluß‹...«.

So groß Frau Gretes Autorität auch sein mag – in Graz ist noch lange nicht Schluß, wenn das Theatercafé seine Pforten schließt. Erfahrene Nachtschwärmer wenden sich dann instinktiv nach rechts und wieder nach links und kommen zum Jakominiplatz. Einer der Stände dort hat sich auf die Bedürfnisse der Zielgruppe »Spätheimkehrer/Frühaufsteher« spezialisiert und serviert entsprechend heißen Kaffee, die ersten warmen Semmerl und – Bier.

Hier kreuzen sich die Wege der frisch rasierten Munteren und der ausgelaugten Übernächtigten – und trennen sich wieder, denn während die einen der Pflicht nachgehen, streben die anderen ihrem letzten Ziel zu: es »bleibt nur mehr das SPORBUFFET, ein frühbeisel, das um 4 uhr morgens die reste der nacht zu

87

verdauen beginnt.... es passiert dort eigentlich nichts besonderes, weil alle durch die bank besoffen sind und keiner mehr eigentlich echt aufmerkt, was ihm da entgeht.... irgendwann einmal, wenn überhaupt kein geld mehr aufzutreiben ist, sagt der erfahrene und gütige ober paul: ›heute ist es aber genug‹. ›manst‹, zweifelt der zugedeckte schriftsteller schmähhalber. finally, nachdem man das schicksal sämtlicher anwesender gastarbeiter und rinnen beklagt hat, wegen die human relations, läßt man seine leiche per taxi nach hause überführen. zum postskriptum des GRAZER KLASSIKERS gehört ein schreckgespenst von kater mit nerventremolobegleitung, sowie der einsicht eine herrliche nacht mit herrlichen menschen verlebt zu haben, von denen man so gut wie nichts mehr weiß. deshalb bleibt dem grazer schriftsteller nach wie vor nur die erfindung übrig.« (Alfred Paul Schmidt, A Hard Days Night oder Der große GRAZER KLASSIKER)

✳

Daß Graz heute so reich ist, daß es sein mittelalterliches Stadtbild und menschliche Dimensionen bewahren konnte, verdankt es im Grunde seiner Armut.

Sie geht zurück auf den Ersten Weltkrieg und den Verlust der Untersteiermark. Des Hinterlands beraubt, stand Graz plötzlich im Abseits – Handelsstadt, Brücke zum Südosten, Verkehrsknotenpunkt, all das war einmal... Die ökonomische Basis zum Expandieren, auch städtebaulich, war nicht mehr gegeben, zudem strömten Flüchtlinge aus den verlorenen Gebieten nach Norden, Wohnraum war knapp – da hatte man andere Sorgen als die Modernisierung der Stadt.

Dann kam der Zweite Krieg. Es kamen die Luftangriffe – 42 % der Gebäude wurden beschädigt – zum Glück blieb die Altstadt weitgehend verschont – es kam der Wiederaufbau, es kam das Wirtschaftswunder, halt – das Wirtschaftswunder kam eben nicht bis Graz. Und während unzählige andere Städte darangingen, Altes wegzufegen, klassizistische Fassaden abzuschlagen und ihren Zentren den Einheitsstempel der 50er Jahre aufzudrücken, war in Graz einfach kein Geld da, die Altstadt in eine Neustadt zu verwandeln.

Und dann arbeitete die Zeit für Graz. Als man Anfang der 70er Jahre meinte, ohne Autobahn durch die Stadt ginge es nicht, waren die Bürger bereits wach genug, diesen und weitere Angriffe abzuwehren. Probebohrungen im Hof des Landhauses – geplant war der Bau einer Tiefgarage – lösten einen derartigen Proteststurm aus, daß die „Kleine Zeitung" in einundhalb Monaten 107 065 Unterschriften sammeln konnte. Im Herbst 1972 schlossen sich der Rundfunk und alle großen Grazer Zeitungen – ungeachtet ihrer politischen Couleur – zu dem Aktionskomitee »Rettet die Grazer Altstadt« zusammen, zwei Jahre später verabschiedete der steirische Landtag – einstimmig – ein »Grazer Altstadterhaltungsgesetz«, das Abbruch strikt verbietet und jede bauliche Veränderung vom Placet einer Kommission abhängig macht.

Wer möchte in diesem Fall die Sturheit der Grazer beklagen, ihre Tendenz zum Beharren anprangern? Ihr ist es zu verdanken, daß nicht nur repräsentative Prunkbauten erhalten blieben, sondern jedes scheinbar noch so unbedeutende Handwerker- und Bürgerhäuschen. Daß es zwischen den Streben der Franziskanerkirche noch kleine Läden gibt und im Palais Khuenburg keine Hochgarage. Daß die schwenkbare Lampe am Kapaunplatz noch funktionsfähig ist: Mit einem Stab zieht man sie zu sich her und zündet sie vom Fenster aus an. Daß alles, was nach Beton klingt, in dieser Stadt Historie ist: das Landeskrankenhaus ein Bau mit Jugendstilelementen in einer Parkanlage, der Congress ein prachtvolles, modernsten Bedürfnissen angepaßtes Gebäude aus dem vorigen Jahrhundert mitten in der Altstadt. Statt Rolltreppe Prunkstiege, statt Aircondition Fenster. Im Keller eine moderne Galerie, im Erdgeschoß das Casino, die allerliebste, freundlichste Spielhölle, die man sich vorstellen kann – Graz hält Maß, sogar in seinen Lasterhöhlen.

✳

Was man in Graz gesehen haben muß, wenn man glaubt, Graz gesehen haben zu müssen: Den Schloßberg mit dem Uhrturm. Das Landhaus und seinen Innenhof. Das Landeszeughaus, ein Waffenarsenal. Dom und Mausoleum. Die Burg mit der Doppelwendeltreppe. Schloß Eggenberg.

Was man in Graz tun sollte, wenn man weiß, daß man es nicht gesehen haben muß: Am Morgen über den Markt am Kaiser-Josef-Platz spazieren, wo die Bauern der Umgebung ihren Reichtum ausbreiten: frisches, zartes Gemüse, Gselchtes aus der Räucherkammer, duftendes Kernöl, pralle Kürbisse, Kastanien . . .

Details entdecken – ein gotisches Fenster, ein üppiges barockes Portal, dräuende drachige Wasserspeier, den rüsselschwingenden Elefanten, Panther, feuersprühend, im Herbst das rote Weinlaub auf dem bröckelnden Gelb des Reinerhofs –, Details, die nicht unbedingt im Dehio stehen müssen, denn der kennt nur ein »bmkw.« (bemerkenswert), »lbsw.« (liebenswert) führt er nicht auf.

Den Weg zum Ziel machen. In enge, dunkle Gassen tauchen, Türen öffnen und Innenhöfe entdecken: elegante mit schlanken Arkaden, verwunschene, wo Efeu und wilder Wein wuchern, glatt boutikisierte und graue gammelige. Manche wirken, als hätte die Zeit stillgestanden, so verzaubert, daß man glaubt, Dornröschen schlafe zwischen den Rosenbeeten, andere wieder sind voll Leben, wie der vom Krebsenkeller, wo die Wachgeküßten unter Weinlaub sitzen, auf Arkaden schauen und ein Viertel nippen. Bekannt der Landhausinnenhof – eine Symphonie aus Laubengängen, südliche Leichtigkeit gepaart mit nordischer Solidität, klar und ausgewogen wie kein anderer Renaissancebau in unseren Breiten –, weniger bekannt der Innenhof des Deutschritterordenshauses in der Sporgasse mit dem Kopfsteinpflaster und den Geranien in den Loggien. Gotische Pfeiler geben Rhythmus und Schwere, darüber, wie die Oberstimme einer Melodie, die weite, triumphierende Leichtigkeit der Renaissance-Arkaden. Da, noch eine Tür. Eisenbeschlagen und schwer aufzuziehen. Dahinter? Barockes Tonnengewölbe? Ein keulenschwingender Herkules? Ein kleiner Weg, der weiterführt zum nächsten Platz, zum nächsten Hof?

Graz von innen. Wer die Stadt so entdeckt, wird vielleicht zu dem Schluß kommen, man müsse sie doch gesehen haben. Aber das sollte er tunlichst für sich behalten.

Drei Tage Graz

Erster Tag

Ausgangspunkt: Büro des Landesfremdenverkehrsverbands Steiermark in der Herrengasse 16 (geöffnet ab 9 Uhr, Karten und Informationen aller Art).

Durch die **Herrengasse** (Hauptgeschäftsstraße, Cafés; Nr. 3 »Gemaltes Haus«, ehemaliger Herzogshof, Fassadenfresken Mitte des 18. Jahrhunderts) zum **Hauptplatz** (1160 angelegt, wichtigster Marktplatz; Häuser im Kern mittelalterlich; in der Mitte Erzherzog-Johann-Brunnen-Denkmal 1878; Rathaus Ende des vorigen Jahrhunderts im Stil des Historismus umgebaut; Innenhöfe: Nr. 15, Nr. 13, Nr. 12).

Ecke Sporgasse »Luegg« (Fassade mit Stuckornamenten Ende des 17. Jahrhunderts). Rechts in die **Sporgasse** (im Verlauf noch immer so, wie sie Mitte des 14. Jahrhunderts angelegt wurde; Nr. 3 Jugendstilfassade, Nr. 5 und 7 sezessionistische Elemente; Nr. 13 Rokokofassade, Wasserspeier, Innenhof; Nr. 12 gotische Fenster; an der Ecke Hofgasse das ehemalige Deutschritterordenshaus, wunderbare Hofanlage; gegenüber Aufgang zur »Stiegenkirche«, die auf einem Felsvorsprung des Schloßbergs erbaut wurde. Neubau Anfang des 17. Jahrhunderts; Nr. 25 Palais Saurau-Goeß, 1564 erbauter Stadtpalast. Portal mit barokkem Oberlichtgitter, Garten zum Schloßberg hin. Hölzerne Halbfigur eines Türken aus dem 16./17. Jahrhundert).

Von der Sporgasse rechts in die Ballhausgasse zum **Freiheitsplatz** (1824 angelegt, 1838 erweitert, einheitliche Biedermeier-Verbauung; Denkmal von Kaiser Franz I., enthüllt 1841; an der Südostecke das Schauspielhaus, 1824/25 erbaut). Nach rechts in die **Hofgasse** Richtung Sporgasse (hübscher Blick auf die Stiegenkirche; Nr. 6 Hofbäckerei mit geschnitztem, intarsiertem Portal). Hofgasse Nr. 10 ist der sogenannte »Taubenkobel«, das 1618/19 von den Jesuiten erbaute Gymnasium. Ein hübscher Schleichweg führt in den Hof der ehemaligen Schule, dann links an einem Zaun entlang und in den Hof der Alten Universität (gegründet 1585, s. S. 82 ff.), den man via Bürgergasse wieder verläßt. Schräg über den kleinen Platz Richtung Burgtor und **Burg** (1438 vom späteren Kaiser Friedrich III. begonnen und von seinen Nachfolgern systematisch erweitert. Wichtigste und interessanteste Teile leider Mitte des vorigen Jahrhunderts zerstört; heute Residenz des Landeshauptmanns; unbedingt sehenswert: die Doppelwendeltreppe aus dem Jahr 1499!).

Von der Burg führte früher ein Verbindungsweg zum **Dom** (1438–1462 durch Friedrich III. erbaut [s. a. S. 30 ff.], die Christophorus-Figur über dem ehemaligen Südeingang trägt seine Züge; die Kirche wurde barockisiert, als sie im Zug der Gegenreformation den Jesuiten übergeben wurde; Tafelbild Kreuzigung Christi von Conrad Laib 1457; Hochaltar 1730–1733; Kanzel 1709/10; am Triumphbogen zwei Reliquienschreine aus Ebenholz mit Reliefschnitzereien aus Bein und Elfenbein nach den »Trionfi« von Petrarca. Vor 1477 als Brauttruhen angefertigt, gelangten sie mit den Jesuiten nach Graz). Man verläßt den Dom durch den Südausgang. An der Außenwand das »Landplagenbild«, ein Fresko, das an die Katastrophen des Jahres 1480 erinnert: Türken, Heuschrekken und Pest.

Das **Mausoleum** Kaiser Ferdinands II. ist Montag bis Samstag von 11 bis 12, im Sommer auch von 14 bis 15 Uhr geöffnet (etwaige Wartezeiten lassen sich mit einem Mittagessen beim Stainzerbauer in der Bürgergasse 4 überbrücken). Es zählt zu den bedeutendsten Baudenkmälern des Manierismus; als

Jugendstilfassade des Hauses Sporgasse Nr. 3

Getürkt

Im Jahr 1532 soll es gewesen sein. Die Türken hatten die Stadt erobert, nur der Schloßberg war noch fest in steirischer Hand. Im Palais Saurau lagerte der Pascha mit seinem Gefolge und speiste. Da feuerten die Grazer vom Schloßberg eine Kanonenkugel ab, die traf den Palast, traf den Speisesaal und flog dem Pascha direkt in den Braten. Der, erbost, hob Tafel wie Belagerung auf und ging dorthin, wo er in Ruhe essen konnte: nach Hause. Die triumphierenden Grazer aber schnitzten einen hölzernen Türken und brachten ihn am Palais Saurau an, was schon deshalb eine Leistung war, weil das Palais 1532 noch gar nicht stand. Die hübsche Geschichte ist getürkt – die Muselmanen sind nie in die Stadt eingedrungen.

Wahrscheinlicher, inzwischen von der Wissenschaft aber auch nicht mehr akzeptiert, ist die Deutung, der Türke habe den Hausbesitzer vor der Zwangseinquartierung höfischer Beamter oder Militärs geschützt. Heute favorisiert man eher die Erklärung, die Figur habe bei Geschicklichkeitsübungen, etwa im Rahmen von Turnieren, Verwendung gefunden. Da steckte man den Mann ohne Unterleib – ansonsten ein fescher Kerl mit stechenden Augen, weißem Turban und einem Schwert im ausgestrecken rechten Arm – auf ein Gestell. Gelang es einem der Vorüberreitenden, das Schild des Muselmanen exakt und kräftig genug zu treffen, drehte sich der wie wild um die eigene Achse – ein morgenländischer Urahn der Schießbudenfigur.

Repräsentationsbau im Rahmen der gegenreformatorischen Politik des Hofes kam ihm ähnliche Bedeutung zu wie dem Landhaus, mit dem die protestantischen steirischen Stände sich ein Denkmal gesetzt hatten. (Pläne von Pietro de Pomis, Baubeginn 1614, Vollendung erst 1686; der Bau besteht aus der Katharinen-Kirche und der südlich anschließenden Gruftkapelle – elliptischer Grundriß hier erstmals in diesen Breiten nachweisbar; Ende des 17. Jahrhunderts Innenausstattung nach Plänen des Grazers Johann Bernhard Fischer von Erlach; auch der Entwurf des großartigen Hochaltars wird ihm zugeschrieben; in der Mitte des Gruftraums Rotmarmor-Sarkophag von Karl II. und Maria von Bayern, den Eltern des Kaisers – nur die Erzherzogin liegt hier, Karl wurde in Seckau [s. S. 121 f.] bestattet; Ferdinands Grab rechts vom Altar.)

Über die breite Treppe wieder zurück zur **Bürgergasse** (Nr. 1 Domherrenhof, wunderbare Einfahrt, Innenhof, Herkules-Brunnen; Nr. 2 ehemaliges Jesuitenkollegium, erbaut ab 1572 [s. S. 84]; durch den Hof, rechter Hand ein liebes Weinstüberl, links eine Verbindung zu einem weiteren Hof, Reste der Stadtmauer). Rechts in der Abraham-a-Santa-Clara-Gasse, die auf den **Glockenspielplatz** führt (an der Ecke – Nr. 4 – »Glockenspielhaus« mit hübschem Café. Fas-

Sporgasse

sade späthistoristisch, sezessionistisch. Glockenspiel um 11 und 18 Uhr). Gleich anschließend der **Mehlplatz** (besonders sehenswert die Häuser Nr. 1, 2 und 4). Im Sommer stellen die vielen Restaurants Tische und Stühle ins Freie. Die Gegend um den Mehlplatz heißt das Grazer »Bermudadreieck«, weil schon mancher Alkoholbenebelte in der Nacht hier die Orientierung verloren hat (besonders urig die Schnapsstube Haring).

Abstecher für Innenhof- und Gasserl-fans: Am Ende der Prokopigasse ist eine Buchhandlung, in der man den Schlüssel zu einer Tür bekommen kann, die den Weg zu einer kleinen, vergammelten Gasse öffnet. Man kann nur hinein, aber nicht durchgehen, weil sie leider zur Engen Gasse hin auch durch eine Tür verschlossen ist. Romantiker sollten einen Blick hineinwerfen. Wer's geschleckter mag, überquert, den Mehlplatz im Rücken, die Prokopigasse und kommt in eine boutikisierte Passage, von der links ein frisch renovierter Innenhof abzweigt – durch diesen hindurch erreicht man einen Hof, der der Revitalisierung noch harrt, und kommt wieder auf die Herrengasse. Wendet sich rechts und nochmal rechts (in die zweite Passage) und taucht in einen Durchgang ein, der zurück zur Prokopigasse führt.

Durch die Prokopigasse zum **Färberplatz** (Kunsthandwerksmärkte, s. S. 290). Die schmale Pomeranzengasse (rechts gotischer Innenhof) stellt die Verbindung zum Hauptplatz her, den man Richtung **Schmiedgasse** (westliche Begrenzung des Rathauses) überquert (herrlicher Blick über den Hauptplatz zum Schloßberg). In dem Komplex

Blick auf den Uhrturm, das Wahrzeichen von Graz

94

Schmiedgasse, Landhausgasse, Sparkassenplatz, Albrechtgasse sind in historischem Ambiente der Grazer Congress, Kammermusiksaal und Stephaniensaal, die Galerie CC und das Spielcasino untergebracht.

Schmiedgasse Nr. 5–9 gehört zum **Landhaus,** das man, links abbiegend, von hinten betritt (bedeutendster Renaissancebau in unseren Breiten; im 16. Jahrhundert von den protestantischen steirischen Ständen errichtet, Ausdruck ihrer Macht und ihres Selbstbewußtseins; Haupttrakt – zur Herrengasse zu – mit dem großartigen Arkadenhof nach Plänen von Domenico dell' Allio 1557–1565; im Hof Brunnen aus dem Jahr 1590; Landstube aus der ersten Hälfte des 18. Jahrhunderts, mit Erlaubnis des Portiers zu besichtigen).

Mit dem Landhaus verbunden und durch den Innenhof zu erreichen ist das **Landeszeughaus** (Eingang Herrengasse. 1642–1644 errichtetes Arsenal der steirischen Landstände; April bis Ende Oktober Montag bis Freitag 9 bis 17 Uhr, Samstag, Sonntag und Feiertag 9 bis 13 Uhr).

Wieder auf der Herrengasse wendet man sich nach rechts, schräg gegenüber die **Stadtpfarrkirche** (Erweiterung einer 1440 erbauten Kapelle, Ende des 15., Anfang des 16. Jahrhunderts als spätgotische Hallenkirche ausgebaut, barocke Fassade Mitte des 18. Jahrhunderts; im Chor nach dem Krieg restaurierte Glasfenster, Darstellung der Passion – unter denen, die Christus verspotten, findet man Hitler und Mussolini; im südlichen Seitenschiff Hochaltarbild von Tintoretto).

Durchs südliche Seitenschiff in den Innenhof, von dort durch die Verlängerung der Mesnergasse am Bischöflichen

Wehrhafter Grazer

»Waffen anschauen, um Gottes Willen«, wird sich so mancher denken, der, von Haus aus Pazifist und zudem durch ein gutes Mittagessen und die Atmosphäre von Graz alles andere als martialisch gestimmt, liest, er »müsse« das Landeszeughaus besuchen.

Als Autorin darf man nicht so denken, da treibt einen die Recherchierpflicht, und hinterher ist man froh darüber.

Wer sich unter dem Begriff »Arsenal« nicht viel vorstellen kann, wer sich auch nicht davon beeindrucken läßt, daß diese Sammlung 29 000 Stück – Rüstungen, Helme, Pulverflaschen, Hellebarden, Schilde, Säbel, Musketen, Waffen aller Art aus dem 15., 16. und 17. Jahrhundert – umfaßt und einzigartig ist in der Welt, dem sei diese Rüstkammer der Landstände als ästhetischer Genuß ans Herz gelegt: Pistolen, so wunderbar verziert aus Ebenholz mit Elfenbeineinlagen, Harnische mit Brustätzungen, Roßharnische, samtbezogene Pulverflaschen ... Auch die weniger fein gearbeiteten Waffen des einfachen Kriegsvolks faszinieren durch die Fülle, die unendliche Reihung glitzernder Helme, Säbel, Helmbarten, Morgensterne ...

Welche Liebe man darauf verwandte, Tötungsinstrumente zu verzieren! Wie verspielt man ins Detail ging, weit über die Funktionalität hinaus – Atombomben, die man mit bunten Feuerwerkskörpern bestückt, damit sie uns den Abendhimmel verzieren, bevor sie die Erde vernichten? Fast ist man versucht, von der »guten alten Zeit« zu schwärmen, als eine Rüstung noch Überleben, ein Schwert noch Sicherheit bedeutete ...

Palais vorbei auf den Bischofsplatz (Nr. 1 Palais Inzaghi). Links und wieder links in die Stempfergasse (Nr. 1 besonders schöne Fassade, Nr. 3 Palais Katzianer, Innenhöfe Nr. 5, Nr. 6, Nr. 7), die in die Herrengasse mündet.

Zweiter Tag

Ausgangspunkt Hauptplatz. Durch die schmale Franziskanergasse zum **Franziskanerplatz** und dem anschließenden **Kapaunplatz** (Nr. 2 in einer Nische Marienfigur, darüber schmiedeeiserne schwenkbare Lampe), der Gegend, die man das »Kälberne Viertel« nannte – hier hatten die Metzger ihre Stände. Vom Franziskanerplatz aus (Nr. 14) betritt man das **Franziskanerkloster** (Baukern 13./14. Jahrhundert, im frühen 16. Jahrhundert umgebaut; wunderschöner Kreuzgang; Jakobi-Kapelle aus dem 13. Jahrhundert). Ans Kloster anschließend die **Franziskanerkirche** (im frühen 16. Jahrhundert in dreischiffige Hallenkirche umgebaut, Chor aus dem 14. Jahrhundert erhalten; an der Nordseite des langgestreckten Chors moderne Glasfenster der Schwester Basilia).

Man verläßt die Franziskanerkirche durch den Hauptausgang (Blick auf die Murvorstädte), wendet sich rechts Richtung Kapaunplatz und gleich wieder links, überquert die Murgasse und gelangt ins »Paradeis« – das Viertel um die Franziskanerkirche wurde früher »In der Höll« genannt, wohl deshalb, weil hier der tiefste Teil der Altstadt lag.

Der **Paradeishof** (Paradeisgasse Nr. 3, ehemals Spital, 1568 von den steirischen

Krebsenkeller

97

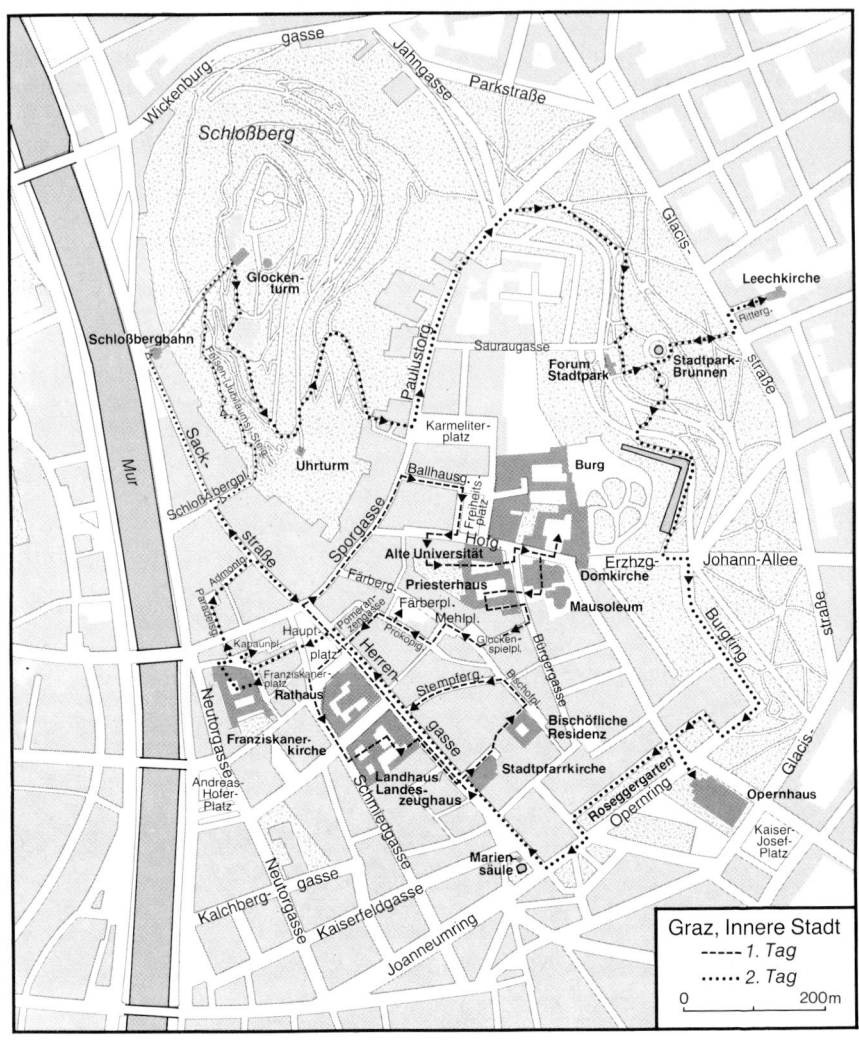

Graz, Innere Stadt
----- 1. Tag
...... 2. Tag
0   200m

Landständen gekauft und umgebaut. In der Stiftsschule lehrte Johannes Kepler.) wurde von einem großen Kaufhaus renoviert, durch dessen Passage man in die Sackstraße gelangt.

Am Sonntag ist der Durchgang gesperrt, da geht man durch die parallel zur Paradeisgasse verlaufende Badgasse zur **Sackstraße** (eine der ältesten Straßen der Stadt; rechter Hand das Hotel »Erzher-

zog Johann« – hübscher Innenhof – mit einem angenehmen Café; gegenüber Nr. 10 Innenhof; Nr. 12 »Krebsenkeller«, Wirtsgarten in einem wunderbar romantischen Hof; stadtauswärts: auf der rechten Seite keinen Innenhof auslassen: Nr. 14, Nr. 16 ehemaliges Palais Herberstein, beherbergt heute die »Neue Galerie« [Montag bis Freitag 10 bis 18 Uhr, Samstag, Sonntag und Feiertage 10 bis 13 Uhr], Prunkstiege; Nr. 18 ehemaliges Palais Khuenburg, heute Stadtmuseum [Montag bis Freitag 10 bis 18 Uhr, Dienstag 10 bis 21 Uhr, Samstag 9 bis 13 Uhr]; Nr. 20 Reinerhof, ältestes Gebäude in Graz, urkundlich 1164 erwähnt, 1346 als Stiftshof des Klosters Rein erbaut, Biedermeierfassade aus dem Jahr 1840; gegenüber – Nr. 17 – ehemaliges Palais Attems, 1702–1705 erbaut, bedeutendstes Barock-Palais in Graz, hier sind die Büroräume des »steirisches herbstes« untergebracht; Nr. 15 Kleines Palais Attems, Innenhof).

Vom Schloßbergplatz führen Treppen hinauf auf den **Schloßberg** (s. S. 76f.); wer nicht gehen möchte, folgt der Sackstraße stadtauswärts zur Schloßbergbahn (Talstation Kaiser-Franz-Josef-Kai, Bergstation Schloßbergrestaurant). Führungen beginnen beim Glockenturm, Mai bis Oktober täglich von 8 bis 17 Uhr zur vollen Stunde, Dauer etwa eine Stunde.

Vom Uhrturm ist es nur ein kleiner Spaziergang zum Karmeliterplatz. Von hier stadtauswärts in die **Paulustorgasse** (Nr. 13 Volkskundemuseum, April bis Oktober Montag bis Donnerstag 9 bis 16 Uhr, Samstag, Sonntag und Feiertag 9 bis 13 Uhr; rechts das ehemalige Palais Wildenstein aus dem frühen 18. Jahrhundert, heute Sitz der Polizeidirektion). Durch das Paulustor, das einzige Stadttor, das von dem um die Wende vom 16. zum 17. Jahrhundert angelegten Befestigungsgürtel erhalten blieb, in den **Stadtpark** (1869 auf dem Glacis angelegt; geht man rechts, erreicht man das Forum Stadtpark, 1960 erbaut, Ausstellungs- und Versammlungsort für Grazer Künstler; Stadtparkbrunnen 1873).

Vom Brunnen stadtauswärts, die Glacisstraße überqueren zur **Leechkirche**

Ausstellung im Künstlerhaus

(älteste Kirche von Graz, frühgotischer Bau, nach dem Ungarneinfall 1250 neu erbaut).

Weiter durch den Stadtpark Richtung Süden, am Burggraben vorbei (hübsch gelegenes Café), über die Erzherzog-Johann-Allee, vorbei am Künstlerhaus, über den Burgring zur Oper (Neobarock, 1898/99 erbaut, moderner Zubau 1983/84). Auf dem Kaiser-Josef-Platz hinter der Oper Montag bis Samstag von 6 bis 13 Uhr Bauernmarkt.

Den Opernring entlang durch den hübschen Rosegger-Garten bis zum Platz am Eisernen Tor mit der Mariensäule, auch »Türkensäule« genannt, da sie nach der von Montecuculi gewonnenen Schlacht bei Mogersdorf errichtet wurde. Über die Herrengasse bis zum Hauptplatz.

Dritter Tag

Murvorstadt

Leider reicht der schützende Arm des Gesetzes, das die Grazer Altstadt vor jeder baulichen Veränderung bewahrt, nicht bis in die sogenannte Murvorstadt. Obwohl auch in Lend und im Griesviertel alte Bausubstanz vorhanden ist – auf der rechten Seite des Flusses wurde seit dem 16., 17. Jahrhundert ufernah gebaut – und vieles erhaltenswert wäre, dürfen Architekten und Immobilienhändler hier sündigen und haben das mit Erfolg auch schon getan.

Im Vergleich zur gepflegten Altstadt wirken die Viertel Lend und Gries grau, leicht heruntergekommen und vergammelt. Geschäfte und Lokale sind nicht so erlesen, die Bahnhofsnähe prägt die Gegend, am Griesplatz und in der Mariahilfer Straße spielt sich der sündige Teil des Grazer Nachtlebens ab.

Trotzdem – einen Spaziergang ist die Murvorstadt wert. Noch sind hübsche Plätze, Häuser aus Barock und Biedermeier im Ensemble erhalten, gibt es Kirchen – wie die Barmherzigenkirche und die Mariahilfkirche –, die einen Besuch lohnen.

Rundgang:

Südtiroler Platz (Blick auf die Franziskanerkirche und den Schloßberg), stadtauswärts in die Annenstraße. Ecke Kosakengasse die barocke **Barmherzigenkirche** (1735). Rechts in die Kosakengasse zur Mariahilfer Straße. Links die **Mariahilfkirche** und das **Minoritenkloster** (Kirche 1607 bis 1611 von Pietro de Pomis gebaut, von ihm stammt auch das Altarblatt, das Mariahilf-Gnadenbild, Türme 1744 vollendet; im ebenfalls frühbarocken Kloster befindet sich das Diözesanmuseum, Montag bis Freitag 9 bis 16 Uhr). Die Mariahilfer Straße weiter Richtung Norden zum **Lendplatz,** einem der beiden großen Marktplätze der Murvorstadt (barocke Pestsäule, Althausbestand, Montag bis Samstag 6 bis 13 Uhr Bauernmarkt).

An der Mur entlang (Lendkai) wieder in südliche Richtung bis zur Belgiergasse (Jugendstilmosaik im Hotel Alba Wiesler). Dort rechts und gleich wieder links in die Griesgasse – Fortsetzung der Mariahilfer Straße – zum **Griesplatz,** dem zweiten bedeutenden Marktplatz auf der westlichen Murseite. Griesplatz 30: spätbarocke **Welsche Kirche** (1725 vollendet).

Durch die Grenadiergasse zur Kernstockgasse, dort links. Nr. 9: **St. Andräkirche** (frühbarocker Bau, 1627 vollen-

Erzherzog Johann-Denkmal am Hauptplatz

det, Fassade Ende 19. Jahrhundert). Rechts in die Dominikanergasse, **Bürgerspitalskirche** (spätgotischer Bau, Ende des 15. Jahrhunderts entstanden, barockisiert). Über die Annenstraße gelangt man wieder zum Südtirolerplatz.

Joanneum

»Als noch Tyrol zu Österreich gehörte, hatte ich die Absicht, alles, was ich an Büchern, Naturprodukten, wissenschaftlichen Apparaten etc. gesammelt hatte, nach Innsbruck für die Universität zu geben, von welcher ich rector magnificus... Nun ging aber das Land verloren, wohin mit allen meinen Sammlungen, wo dieselben ohne Gefährdung aufstellen? ... Diese Betrachtungen brachten mich auf den Gedanken, alles jenem Gebirgslande zu geben, welches noch

Österreich geblieben, und dadurch, daß ich es den Ständen des Landes gab, es bleibend zu machen und Sicherheit zu verschaffen, zugleich aber damit nützliche Verwendung zum Unterricht zu verbinden: Dies war die Steyermark, mir bekannt durch die frühen Bereisungen...«.

Diese Tagebucheintragung stammt aus dem Jahr 1810. Ein Jahr später konnte die Steiermark ihre Erbschaft antreten: Die Sammlung von Erzherzog Johann bildete den Grundstock zum »Innerösterreichischen Landesmuseum«, kurz »Joanneum« genannt.

Die verschiedenen Abteilungen des Museums sind in mehreren Gebäuden in Graz und drei Außenstellen untergebracht (genaue Öffnungszeiten S. 299 f.).

Kulturgeschichtlich besonders interessant ist die Abteilung für Kunstgewerbe, die zusammen mit der Alten Galerie im Museumsgebäude in der Neutorgasse 45 untergebracht ist. Hier wird Wohn- und Lebenskultur seit dem 15. Jahrhundert dokumentiert – wunderschön der Rittersaal von Schloß Ratmannsdorf bei Weiz –, über 5000 Kunstschmiedearbeiten sind ausgestellt, historische Denkmäler wie eine Fahne aus dem Jahr 1708, die den flammensprühenden steirischen Panther zeigt, der steirische Herzoghut oder der gotische Reisewagen von Eleonore von Portugal, der Frau von Friedrich III.

In der Alten Galerie sind hervorzuheben: die Admonter Madonna (um 1310), der Mariazeller Wunderaltar (Anfang des 16. Jahrhunderts, s. auch S. 129 ff.) sowie Gemälde von Pieter Breughel dem Jüngeren und Jan Breughel.

Geöffnet: Dienstag bis Freitag 9 bis 16 Uhr, Samstag, Sonntag und Feiertage 9 bis 12 Uhr.

Schloß Eggenberg

Die Grundherrschaft der Eggenberger
reichte noch Mitte des vorigen Jahrhun-
derts fast bis an die Mur; die Allee, die
zum Schloß führte, begann bereits in der
Annenstraße – etwa da, wo heute der
Esperantoplatz liegt – und lief durch
Wiesen und Felder, vorbei an einem
Hof, direkt und schnurgerade auf die
Hauptfront des Schlosses zu.

Außer dem Namen hat die Eggenberger Straße heute nicht mehr viel gemein
mit ihrer Vorläuferin. Das herrschaft-
liche Grün verteilt sich auf die Vorgärten
des kleinen Mannes, hinter dem Bahnhof
Lagerhallen, Fabrikgebäude, Depots –
nachdem die Eisenbahnverbindung
Wien – Graz – Triest 1857 vollendet war,
siedelte sich hier immer mehr Industrie
an, ein riesiges Schienenwalzwerk entstand, Waggon-, Schuh- und Glasfa-
briken.

Die Eggenberger hatten bereits im
15. Jahrhundert an der Stelle des heutigen Schlosses einen befestigten Ansitz
besessen. Er wurde mehrfach erweitert –
erhalten ist ein gotischer Wehrturm mit
Kapelle –, konnte jedoch den Bedürfnissen nicht mehr genügen als Hans Ulrich
von Eggenberg 1623 in den Reichsfür-
stenstand erhoben und zwei Jahre später
zum Statthalter des Kaisers ernannt
wurde.

Hans Ulrich war nicht der erste Eggenberger von Format. Man hatte bereits
einen Münzmeister von Kaiser Friedrich III. in der Familie, einen bedeutenden Feldherrn und einen Grazer Bürgermeister. Daß Hans Ulrich sie alle überragt, daß seine Karriere so steil verlief,
verdankt er einmal der Tatsache, daß er
zur rechten Zeit zum Katholizismus
übertrat und somit in den Dienst des innerösterreichischen Hofes treten konn-

te, und zum anderen dem Umstand, daß Erzherzog Ferdinand 1619 zum römischen Kaiser gewählt wurde. Als enger Berater des Kaisers wurde er zu einem der mächtigsten Männer am Wiener Hof, kehrte aber 1625 als Statthalter Innerösterreichs nach Graz zurück.

Und nun brauchte man natürlich, den neuen Würden entsprechend, ein feudaleres Schloß. Pietro de Pomis wurde gewonnen, gemeinsam mit dem Fürsten entwickelte er die Pläne für den Neubau. Hans Ulrich war ein gebildeter, weitgereister Mann. Er kannte Italien, Spanien, er kannte den Escorial und bestimmt auch die Bauten Palladios. Das spanische Vorbild ist unverkennbar, die »strenge Unterordnung der gesamten Architektur unter ein harmonikales System, axiale Symmetrie in der Anordnung der Räume, Gänge und Stiegenläufe« zeigen die

Hans Ulrich von Eggenberg

»palladianische Baugesinnung«, die, so der offizielle Führer, »als architektonisches Novum erstmals in Österreich exerziert« wird.

Das Besondere an Eggenberg ist, daß sowohl das architektonische Konzept als auch die Innendekoration ein allegorisches Programm erkennen lassen, in dem die Orientierung in der Welt ebenso eine Rolle spielt, wie die Ausrichtung nach dem Kosmos.

So weisen zum Beispiel die vier Ecktürme des dreigeschossigen Baus genau in die vier Himmelsrichtungen. So gibt es genausoviele Außenfenster wie das Jahr Tage hat, in jedem Stockwerk liegen 31 Räume (Tage des längsten Monats). Die 24 Prunkzimmer, die sich gegenüberliegen, haben zusammen 52 Fenster, die Zahlen 60, 7 und 12 tauchen auf.

Die Prunkräume sind wunderbar erhalten, besonders großartig der Planetensaal. Auch hier ist nichts zufällig gestaltet oder dekoriert: die Decke zeigt sieben Planeten mit der Sonne im Zentrum, in den Ecken Erde, Wasser, Luft und Feuer, an den Wänden die zwölf Tierkreiszeichen.

Die Prunkräume sind von April bis Oktober täglich von 9 bis 13 und 14 bis 17 Uhr zu besichtigen, Führungen finden um 10, 11, 12, 14, 15, 16 Uhr statt. Sehenswert auch der Park (Wildpark) mit Barockfiguren und Römersteinsammlung. Im Schloß sind einige Abteilungen des Joanneums untergebracht (Münzensammlung, Jagdmuseum). Besonders interessant: Abteilung für Vor- und Frühgeschichte mit dem Strettweger Kultwagen (s. S. 20 f.). Februar bis November täglich 9 bis 17 Uhr.

Man erreicht Eggenberg mit der Trambahn Nr. 1, Haltestelle Schloßstraße.

Freilichtmuseum Stübing

Mariatrost
Die barocke Wallfahrtskirche, die auf einer Anhöhe, dem sogenannten »Purberg«, im Osten der Stadt liegt, erreicht man am besten mit der Linie 1. 1714 wurde mit dem Bau begonnen, 1799 war die Kirche vollendet. Besonders schön und strahlend kommt sie bei Sonnenuntergang zur Geltung. Im Gasthof Pfeifer am Kirchberg kann man gepflegt zu Abend essen.

Ausflüge in die nähere Umgebung
Österreichisches Freilichtmuseum Stübing
16 Kilometer nördlich von Graz. Über 70 Bauernhäuser, Originalbauten aus ganz Österreich, wurden hier wiederaufgebaut. Hübscher Spaziergang durch ein langgestrecktes, bewaldetes Tal.
   Geöffnet April bis Ende Oktober, täglich außer Montag 9 bis 17 Uhr, Einlaß bis 16 Uhr.

Maria Straßengel
Neun Kilometer nördlich von Graz. Wunderschöne, herrlich gelegene Wallfahrtskirche (verehrt werden die Madonna im Ehrenkleid und ein Wurzelkreuz). Im 14. Jahrhundert an Stelle einer Marienkapelle erbaut, dreischiffige Hallenkirche. In den Chorfenstern gotische Glasmalereien, großartiger durchbrochener Turmhelm. Ähnlichkeit mit dem Wiener Stephansdom.

Besichtigung verbinden mit einem Besuch des Stifts Rein (s. S. 118 ff.).

Lurgrotte
20 Kilometer nördlich von Graz. Tropfsteinhöhle, Gesamtlänge 7 km. Zwei Eingänge bei Peggau und Semriach. Führungen (besser nach Voranmeldung):
Peggau: ✆ (03127) 2580
Semriach: ✆ (03127) 8319

Das Forum und die Folgen

Auf, zum Steirischen Herbst !
'72

Es begann 1959 und eigentlich ganz harmlos. Damals wurde ein Verein gegründet in Graz, Künstler aller Sparten taten sich zusammen, um ihre Interessen zu vertreten: Sie wollten einen Versammlungs- und Ausstellungsort, Raum für Lesungen, Platz für die Kunst.

Ihr Anliegen war so recht und so billig – da gab es ein altes Café im Stadtpark, das man renovieren wollte –, die Reaktion der Stadtväter so überzogen – sie bestanden auf Abriß –, daß sich eine breite Welle der Sympathie erhob und durch die Bevölkerung wälzte. Es kam Geld, es kam Unterstützung von Leuten unterschiedlichster politischer Couleur und zum Schluß war es wie im Märchen: Stadt, Land, Volk und Kunst reichten sich die Hände, im Herbst 1960 wurde das neue Gebäude eingeweiht, das »Forum Stadtpark« seiner Bestimmung übergeben. Die war in den Statuten der Vereinigung § 2, Abs. 2 so festgelegt:

»FORUM STADTPARK bezweckt:

a) den schöpferischen Individualitäten des geistigen Lebens, insbesondere in Kunst und Wissenschaft eine gemeinschaftliche und freie Wirkungsstätte zu bieten;

b) die Interessen, Bedürfnisse und Forderungen der kulturell Tätigen in der Öffentlichkeit zu vertreten sowie allen Einschränkungen der Freiheit des geistigen und künstlerischen Lebens mit geeigneten Mitteln entgegenzutreten;

c) im lokalen, nationalen und übernationalen Rahmen Begegnungen von Persönlichkeiten, Ideen und kulturellen Bestrebungen anzubahnen und zu pflegen.«

Wäre es nun dabei geblieben, so gäbe das Ganze nichts weiter ab als eine hübsche Geschichte im Heimatkundebuch der Stadt Graz, mit der man Generationen von Schulkindern quälen könnte: »Wie wir einmal für alle unsere Künstler ein gemeinsames Haus bauten, in dem sie zu unser aller Freude die steirische Kunst pflegten.«

Es blieb nicht dabei. Zum Eklat kam es bereits 1961 beim Erscheinen der zweiten Nummer der Literaturzeitschrift »manuskripte«, in der Texte von Andreas Okopenko, Gerhard Rühm, Friedrich Achleitner, H. C. Artmann und anderen »Bürgerschreck-Autoren« abgedruckt waren. Diese Ausgabe »wurde von einer steirischen Sparkasse finanziert. Sie gab das Papier, die Matrizen und ließ die Zeitschrift hektographieren. Dankbar wurde der edlen Spender gedacht und ihre Großzügigkeit auf der letzten Seite des Heftes erwähnt. Als aber der Direktor der Sparkasse die Gedichte und Texte las, schlug er Krach, und die Herausgeber mußten unter einem Klebestreifen die Widmung verschwinden lassen. Die Zensur hatte eingesetzt, die Fronten zeichneten sich ab«, so der Schriftsteller Alfred Kolleritsch, der mit dem Maler Günter Waldorf die »manuskripte« herausgibt.

Von all den Referaten, die das »Forum Stadtpark« umfaßt, war es die Literatur, die seinen internationalen Ruf begründete. An den »manuskripten« kann heute kein Student der Neueren Deutschen Literatur vorbeigehen, Graz wurde zur »heimlichen Hauptstadt der deutschsprachigen Literatur«, hier unternahm Peter Handke seine ersten literarischen Gehversuche, hier wurden Barbara Frischmuth, Gerhard Roth, Wolfgang Bauer, Gunther Falk, Reinhard P. Gruber ... groß.

Wie ist es zu erklären, daß genau in dieser Stadt im äußersten Südosten Österreichs, die, seit dem Ersten Welt-

André Heller und Alfred Kolleritsch bei der Eröffnung des Grazer Dichtergartens

krieg von ihren Nachbarn isoliert, auch kulturell in einer Sackgasse steckte, eine Bewegung entstand, die einzigartig im deutschsprachigen Raum ist? Reiner Nachholbedarf in der »Stadt der Volkserhebung«? Nicht nur. Emil Breisach, erster Präsident des »Forum Stadtpark« und später Intendant des Landesstudios Steiermark des ORF, hat darauf eine sympathisch einfache Antwort: »Es war halt ein Glück, daß die Reibfläche Zündhölzer fand.«

Reibfläche in vieler Hinsicht: Rückblickend kann man sagen, daß sich der hartnäckige Widerstand, den die Grazer Bürger und die konservativen Künstler den »manuskripten« entgegensetzten, nur befruchtend ausgewirkt hat. Je mehr die Volksseele kochte, sich gegen »Pornographie« und »entartete Kunst« wandte, desto mehr internationale Unterstützung fanden die, die in dem »bodenständigen Graz«, dessen »Gei-

stesleben sanft vertrottelt ist«, so Hans Magnus Enzensberger, kämpften, desto mehr Anerkennung erhielten die »manuskripte«.

Mittler, nicht nur in den aufgeregten 60er Jahren, Zentralfigur in der steirischen Kulturszene, war der 1986 verstorbene Hanns Koren, Volkskundler und Kulturreferent der Steiermark. Er war es, der sich in Zeiten der härtesten Auseinandersetzungen immer wieder auf die Seite der fortschrittlichen Künstler stellte, durch ihn erhielt das »Forum Stadtpark« die Unterstützung des Landes. 1960 rief er die »Steirische Akademie« ins Leben, ein Forum zur Diskussion, zum Gedankenaustausch, das Wissenschaftler, Literaten, Fachleute und Laien alljährlich anhält, sich mit bestimmten Themen auseinanderzusetzen, und auch der »steirische herbst«, das alljährlich stattfindende Avantgarde-Festival, war seine Idee. »Als krönenden Bogen über der gesamten Bildungs- und Kulturpolitik des Landes« wollte er ihn gespannt sehen:

»Der ›steirische herbst‹ soll eine repräsentative Zusammenfassung der künstlerischen und wissenschaftlichen Kräfte des Landes Steiermark in einer zusammenhängenden Veranstaltungsreihe in den Monaten September und Oktober jeden Jahres sein. Sinn und Zweck des ›steirischen herbstes‹ ist die Rechenschaft über die besten im Lande möglichen Leistungen, die aus ihm selbst hervorgebracht werden können, und die im gleichen Rahmen den künstlerischen Darbietungen und wissenschaftlichen Veranstaltungen aus anderen Nationen als Ergänzung und im Wettstreit gegenübergestellt werden sollen.« (aus der Eröffnungsrede zum ersten »steirischen herbst« 1968)

Hanns Koren schuf sich viele Feinde durch sein Engagement für den »steirischen herbst«, auch aus den Reihen der eigenen Parteigenossen kamen Wider-

Reinhard P. Gruber

Der erste »steirische herbst« 1968 war kein künstlich importiertes Festival, sondern das logische Ergebnis einer jahrelangen schöpferischen Gärung in unserer Stadt, in unserem Land. Da gab es ein Forum für neue Ideen, da begann ein Spiel mit neuen Sprachen. Mit Sprachen des Wortes und des Körpers, mit Sprachen neuer Elektronik, neuer Kunststoffe, neuer Farben, neuer Videobänder, neuer Baustoffe, neuer Computer. Eine große Probebühne entstand im Handumdrehen für alle möglichen Expressionen in Musik und Literatur, Theater und Malerei, Architektur und Design, Fotografie, Video und Film, Tanz und Körpersprache, Grafik und Objektkunst. Und dazu für Kritik und wissenschaftliche Diskussion. Der »steirische herbst« ist eine Versuchsstation, eine Mustermesse für unzählige Kreationen aus Österreich und aus dem Ausland.

Nicht leicht war so etwas in Österreich zu schaffen. Dieses liebenswerte Land hat seine Geschichte urkonservativ gemacht, und seine Künstler lebten lange Zeit nur von Vergangenheit. Von einer schönen Vergangenheit: barocken Fassaden, klassischen Symphonien, Biedermeierbildern. Wie aber dem verliebten Orpheus der sehnsuchtsvolle Blick zurück seine Eurydike entzog, so ist der Österreicher immer wieder in Gefahr, durch lange Blicke in seine geliebte Vergangenheit die Gegenwart zu verlieren. Der »steirische herbst« war für Österreich notwendig.

Kurt Jungwirth, Landeskulturreferent und »herbst«-Präsident

Der »steirische herbst« ist so avantgardistisch wie die Kunst avantgardistisch ist. Der »steirische herbst« spiegelt die neue Kunst. Die Situation hat sich geändert, vor 18 Jahren war es einfach, da hat es Tendenzen und Persönlichkeiten gegeben, da war alles klar. Heute gibt es einen ungeheuren Pluralismus, es passiert überall etwas, aber nirgends soviel, daß man sagt, ja, das ist es jetzt. Und es wäre gelogen, veranstalterisch gelogen, wenn man irgendeine Sache jetzt ungeheuer forcieren und sagen würde, das ist es...

Das dem »steirischen herbst« zum Vorwurf zu machen, ist ein beliebter Reflex, außerdem ist ja der Vorwurf traditionalistisch. Die Leute wollen das Neue so, wie es vor 18 Jahren neu war. Die 68er Ideale spuken noch immer in manchen Köpfen herum, und die Leute glauben, wenn etwas nicht so ist, wie es damals war, ist es nicht neu. Das stimmt aber nicht. Weil es neu ist, ist es nicht so, wie es damals war. Es ist nur anders neu.

Peter Vuijca, Intendant des »steirischen herbstes«
in einem Interview für die Kunstzeitschrift Parnass

stände. Diejenigen, denen schon die »manuskripte« ein Dorn im Auge waren, sahen in dem Avantgarde-Festival den Ausbund an Geschmacklosigkeit und Entartung. »Volksverhetzer« und »Sittenverderber« wurde Koren von ultrakonservativer Seite genannt, man belä-stigte ihn mit Telefonanrufen und »vor allem mit Briefen, die eigentlich das ärgste waren«, wie er selbst in einem Interview sagte. Hanns Koren war kein wilder Revoluzzer, ganz im Gegenteil. Er war sehr katholisch, heimatverbunden und fest in seinem Wertesystem verankert, ein »Konservativer« im besten Sinn des Wortes, aufgeschlossen, liberal. Ein Mann, der, wie es der ehemalige Bundespräsident Kirchschläger in einem Interview formulierte, »wußte, daß man Wurzeln haben muß, um auch in die Zukunft schauen zu können«. Daß sich gerade Koren für die Moderne einsetzte, ist für Kirchschläger kein Widerspruch, sondern »vielmehr die logische Fortführung des zuvor Gesagten. Er, der seine Wurzeln so tief wie wenige andere gehabt hat, hat gewußt, daß man nicht mit den Wurzeln alleine leben kann, sondern, daß man dazu auch Blätter und junge Triebe am Baum braucht; sonst verdorrt der Baum bei den schönsten Wurzeln.«

Die Zeiten, in denen die Ultrakonservativen ihre Meinung zum »steirischen herbst« äußerten, indem sie Mist vor das Grazer Künstlerhaus kippten, die Zeiten der Aktionsgemeinschaft zur »Rettung«, sprich »Säuberung« des »steirischen herbstes« sind vorbei. Das Avantgarde-Festival hat seinen Biß verloren. Die herrschende Partei hat es akzeptiert und pflegt es als Aushängeschild für ihre fortschrittliche Kulturpolitik. Der »steirische herbst« ist eine Institution geworden, die sogar schon in Meyers Enzyklopädischem Lexikon steht, die Frauen und Männer der ersten Stunde werden langsam grau.

Was die Gemüter heute bewegt, ist – neben dem alljährlich neu diskutierten »Wie avantgardistisch ist die Avantgarde?« – die Frage, wie es weitergehen soll mit dem »steirischen herbst«. »Rückfall in die Provinz. Was ist zu unternehmen?« Mit diesem Artikel startete Emil Breisach im Januar 1986 eine Diskussion in der »Kleinen Zeitung«. Daß Wien, Linz, Salzburg und Klagenfurt in den letzten Jahren kulturell neue Wege gegangen sind, sei, so Breisach, durch die »vielfältigen Aktivitäten im ›steirischen herbst‹ maßgeblich mitbestimmt worden. Mit Betrübnis allerdings ist festzustellen, daß weltbewegende Kräfte der Kunst zusehends in Wien und Salzburg ihre Auftraggeber finden, daß sie der tradierte Ruf dieser Zentren anzieht, daß ihnen finanziell und in der Qualität der Ausführung Bedingungen geboten werden, mit denen Graz nicht mithalten kann.

Allein diese Umstände machen deutlich, daß in Graz neue kulturpolitische Intentionen fällig sind, daß die Zielsetzung im ›steirischen herbst‹ überdacht werden muß, daß sein Ruf nur erhalten bleiben kann, wenn er in Form und Inhalt, aber auch angesichts der wachsenden Konkurrenz unverwechselbar bleibt.«

Ob es dem »steirischen herbst« gelingen wird, sich neu zu definieren, ist noch nicht abzusehen. Die der Diskussion folgende Eröffnungsfeier 1986 war nicht dazu angetan, optimistisch zu stimmen: Da trat die alte Avantgarde zum langen Marsch an, tischte im wohlbekannten Rahmen Altbackenes auf. Da wurde man das Gefühl nicht los, daß die Reibfläche glatt geworden ist, die Zündhölzer feucht sind. Das Unverwechselbare am »steirischen herbst« war immer, daß er jungen Künstlern als Sprungbrett diente – wenn es den Grazern nicht gelingt, diese Tradition aufrechtzuerhalten, junge Talente anzulocken und zu fördern, dann wird aus der Geschichte vom Forum und seinen Folgen doch noch ein Histörchen fürs Heimatkundebuch.

Stift St. Lambrecht ▷

Bollwerke des Glaubens
barock verbrämt

Es ist eigentlich ganz einfach: Man muß sich nur die Engel wegdenken, die, von der Schwere ihrer Flügel fast erdrückt, exaltiert gestikulierend von den Langhauspfeilern blicken, auch die Lautsprecher drunter müssen natürlich weg. Dann stellt man sich so, daß die beiden barocken Seitenaltäre hinter den östlichen Pfeilern verschwinden, und nun muß man nur noch mit der Kanzel und dem klobigen Hochaltar fertigwerden, der sich mit seinen weinlaubumrankten Säulen in dem streng rhythmisch gegliederten Chor etwa so ausnimmt wie ein Reklameschild für alpine Gastlichkeit vor einer Felswand im Hochgebirge. Hier kann man notfalls die Hand zu Hilfe nehmen zum Verdecken, wenn die Phantasie mit so viel Barock- und Rokoko-Monströsität nicht zu Rande kommt, und dann erlebt man Maria Buch so, wie es von seinen Erbauern konzipiert war: klar und schwerelos, weit, durchsichtig. Ungebremst von Kapitellen steigen die schlanken Pfeiler, die »Dienste«, aufgesetzte halbrunde Säulen, fächern sich zum Hauptschiff hin auf, setzen sich fort in den Netzrippen des Gewölbes.

Die Gestaltung von Maria Buch, seine Leichtigkeit und Weite, die Harmonie des Raummaßes, sind typisch für die Bauten, die in der zweiten Hälfte des 15. Jahrhunderts in der Steiermark entstanden. Die mittelalterliche Ästhetik hatte eine Lichtmetaphysik entwickelt, »die nicht mehr auf dem Kontrast von Licht und Finsternis, sondern auf der universalen Verbreitung des Lichtes beruht... Die neue Auffassung der Schönheit als Licht entspricht dem mystischen Zug in der gotischen Ästhetik, während die Vorstellung der Schönheit als zur Einheit strebende Vielfältigkeit oder, wenn man will, als sich vervielfältigende Einheit ihre intellektualistische Seite ausdrückt«, schreibt Rosario Assunto in »Die Theorie des Schönen im Mittelalter«.

Mystizismus und Intellektualismus, nach Assunto typisch für die gotische Ästhetik, finden sich auch in der Person des Herrschers vereint, der als Bauherr für viele in der zweiten Hälfte des 15. Jahrhunderts entstandene sakrale Bauten – den Grazer Dom (damals Hofkirche), St. Marein bei Knittelfeld, Maria Buch und andere Wallfahrtskirchen – zeichnet: Friedrich III. Eigentümlich und nonkonformistisch, privat wie als Herrscher, ließ er sich auch künstlerisch nicht festlegen. Daß er zum Beispiel in der Hofkirche in Graz einen langen Chor mit einem breiten Langhaus kombinierte, war ein Rückschritt, das war im 13. Jahrhundert »in« gewesen, nicht aber im 15. Mit der Staffelung des Langhauses andrerseits schlug er neue Wege ein, hin zur Überwindung der traditionellen Hallenform.

Friedrichs geheimnisvolles A E I O U (s. S. 30 ff.) findet sich auch in einem der schönsten gotischen Bauten der Steiermark, der Kirche des ehemaligen Stifts Neuberg an der Mürz; hier ist Friedrich nicht Bauherr, nur Vollender. Neuberg war eine Zisterzienserabtei, wie alle Filialen dieses Ordens gegründet von zwölf Mönchen und einem Abt an einem Ort, der genau vorgegebenen Bedingungen entsprach: er mußte weitab jeder Stadt oder menschlichen Siedlung liegen, ein Talgrund sollte es sein, mit einem kleinen Fluß, von Bergen umgeben.

Für die Zisterzienser, einen Ende des 11. Jahrhunderts in Burgund gegründeten benediktinischen Reformorden, manifestierte sich die Verweltlichung der Kirche auch in ihrem Bau- und Kunstluxus; der Mönch, das Kloster und seine Kirche, so forderten sie, hatten arm zu sein und diese Armut auch zur Schau zu tragen:

schlichte Räume, einfachstes Gerät, keine bunten Glasfenster, turmlose Kirchen. »Alle Anstrengungen der neuen Ordnung richteten sich auf Vereinfachung, Verdeutlichung, Präzision. Wie aber aus dem Arbeitsgebot mit Notwendigkeit aus Armut Reichtum erwuchs, so erblühte aus dem Ordnungsverlangen Kunst. Aller Aufwand war verboten, jedoch Klarheit, Reinlichkeit, Dauerhaftigkeit anbefohlen. So wandte sich die Aufmerksamkeit dem Stein zu, seiner sorgsamen Bearbeitung, seinem Gefüge, den Proportionen der Räume, die er umschlossen hielt. Alle Gebäude wurden aus den gleichen, glattbehauenen, lichten Steinen erbaut. Stein der Fußboden, Stein Fensterrahmen und Türen, Stein die Wände und Stein die Gewölbe, die selbst für bescheidene Räume die Holzdecken ersetzten... In der steinernen Welt entfaltete sich jene Zisterzienserästhetik, die zur Gotik überleitete. Wo Farbe und Figur verboten war, drängte die Steinbehandlung zu neuer Vollendung. Schlichtheit und Klarheit der geometrischen Form wird zum Ideal erhoben.« (Wolfgang Braunfels, Abendländische Klosterbaukunst)

Die Ordensregel der Zisterzienser beinhaltete auch den Auftrag, neue Klöster zu gründen: im 12. Jahrhundert entstanden 525 Männerklöster, unter ihnen auch Stift Rein nordwestlich von Graz, 169 im 13. Jahrhundert – kein abgeschiedenes Fleckchen Europas war vor den Mönchen auf Weltflucht sicher. 1327, als sich die 13 Mönche an der Mürz niederließen, war der Höhepunkt der Bewegung schon vorüber.

Neuberg liegt herrlich. Die Mürz ist hier noch ein reißender Gebirgsfluß, so klar, daß man an einem heißen Augusttag kaum widerstehen kann, hineinzuhüpfen. Um

Neuberg an der Mürz

das Stift ist ein kleiner Ort gewachsen, das tiefgezogene Dach der Kirche ragt zwischen den Häusern empor wie der Rücken eines Reptils, ein Sporn der kleine turmartige Dachreiter. Wenn man Anfang August durch den Ort spaziert, hört man es aus allen Häusern flöten und geigen, tönen und singen: Musiker und Musikstudenten aus aller Welt kommen hier zusammen, halten Seminare ab, geben Konzerte. Dann erklingt die wundervolle Orgel im Münster, den Kreuzgang füllen die Rhythmen südamerikanischer Gitarren, Jazz im Refektorium. Besonders interessant ist das Wandelkonzert zum Abschluß der Neuberger Kulturtage, das alle Räume und Innenhöfe des ehemaligen Klosters miteinbezieht und von Volkstanz bis zu moderner Musik für jeden Geschmack etwas bietet.

Fresko von J. C. Hackhofer in Vorau

Stift Rein ▷

Wie durch ein Wunder entging Neuberg, zumindest was seine Bausubstanz betrifft, einer Barockisierung. Rein, das zweite steirische Zisterzienserstift, ist nicht so gut davongekommen, das signalisiert schon der barocke Kirchturm, der die Anlage überragt. Aus der Gotik blieb die Kreuzkapelle im Südtrakt des großen Stiftshofs erhalten, fragmentarisch, eine Andeutung nur, der Chor im 5/8-Schluß, die Fenster mit Maßwerkresten, wunderbar zart in der Ausführung.

Rein war das letzte steirische Stift, das sich zum Umbau entschloß, erst Anfang des 18. Jahrhunderts begann man, in dem Stil zu bauen, der sich mit dem Sieg über den Protestantismus durchgesetzt hatte und in dem, wie Egon Friedell in der »Kulturgeschichte der Neuzeit« schreibt, »die herrschende und triumphierende Kirche ... in rauschenden Jubelakkorden ihren Sieg feiert und dem Sensualismus

einer Menschheit, die danach begehrte, ihre Kräfte frei auszuleben, wieder vollen Lauf läßt... Der Erbfeind der Kirche war der Rationalismus. Sie macht daher, da sie ihn nicht völlig zu vertilgen vermag, den Versuch, ihn durch die andere gefährliche, aber für sie doch nicht ebenso gefährliche Großmacht der Zeit: durch den Sensualismus auszutreiben; ... Hiedurch entstand jene merkwürdige Psychose, die man Barocke genannt hat. Die Barocke ist keine natürliche normale Rückkehr zum Irrationslismus, sondern eine ausgeklügelte Therapie, ein stellvertretendes Surrogat, ein aufreizender Exorzismus. Der Mensch, unfähig, zur echten Naivität zurückzufinden, erzeugt in sich eine falsche durch allerlei Drogen, Elixiere, Opiate, Berauschungs- und Betäubungsgifte; er verzichtet nicht auf seine Vernunft, ..., er versucht bloß, sie zu benebeln, zu verwirren, zu ertränken, durch raffinierte Narkotika auszuschalten. Und hieraus, gerade aus

Ehrenhausen

ihrer Künstlichkeit erklärt es sich, daß die Barocke einen überwältigenden und vielleicht einzig dastehenden Triumph der Artistik darstellt.«

Vorau, St. Lambrecht, Stainz, Pöllau waren schon mit der Zeit gegangen, Pöllau leistete sich eine 47 Meter hohe Kuppel, die an St. Peter in Rom erinnerte, Stainz sparte nicht mit Stuck und Putten, in St. Lambrecht und Vorau baute der bekannte italienische Architekt Domenico Sciassia – in Vorau entstand ein hervorragender Freskenzyklus, erstmals im steirischen Barock ohne Stuck, »man malt Deckengewölbe, die aufs täuschendste wirkliche Architektur nachahmen, man macht die Schatten- und Lichtverhältnisse der Gebäudenischen, worein man die Skulpturen plaziert, zum integrierenden Bestandteil des plastischen Kunstwerks, man stellt dem spröden Stein Aufgaben, die man bisher kaum der Malerei zugemutet hatte, modelliert Blitze, Lichtstrahlen, Flammen, flammende Bärte, gebauschte Gewänder, die Wolken des Himmels, die Wellen des Meeres, den Glanz der Seide und die Wärme des Fleisches. Säulen und Querbalken, die bisher dazu da waren, zu tragen, verlieren ihre Funktion: man verdoppelt und verdreifacht die Pfeiler, setzt sie an Stellen, wo sie nichts zu stützen haben, und bricht die Mauerbogen in der Mitte entzwei: sie sollen ja nicht einen organischen Bauteil bilden oder auch nur vortäuschen, sondern lediglich zum rhetorischen Effekt und lärmenden Schmuck dienen; und drei Säulen reden lauter und energischer als eine, gespaltene Wölbungen origineller und frappanter als geschlossene. Logische und praktische Bedenken können sich nicht erheben, denn es ist ja alles nur ein Theater.« (Friedell)

In diesem Theater suchte auch Rein seinen Logenplatz, da vergaßen selbst die Zisterzienser, daß ihre Gründer einst Askese und Schlichtheit gepredigt hatten, daß sie einen Abt, der bemalte Glasfenster duldete, zu Wasser und Brot verurteilten – den Abt, der 1737 die romanische Basilika abriß und mit dem Bau der spätbarocken Kirche begann, hätten sie glatt verhungern lassen müssen!

Und erst Franz Rappold, Abt von 1973–1986: Sein Lebenswandel war so barock wie die Beichtstühle, in denen er die Absolution erteilte. Persönliche Bereicherung warf man ihm vor, Erbschleicherei, Frauengeschichten – im Februar 1986 mußte er zurücktreten, verschwand tagelang, von Presse und Justiz gejagt, flimmerte dann über den Bildschirm, wobei er den wartenden Journalisten nicht mehr zu sagen hatte, als daß er nichts zu sagen habe. Daß es genau dieses mediengerechte, weltmännische Auftreten gewesen war, das ihm vorher Sympathien und dem Kloster viel Geld gebracht hatte, war vergessen.

»Er hat in Rein viel aufgebaut. Sein Konflikt lag wohl eher darin begründet, daß man, um ein Kloster wirtschaftlich zu führen, wie ein Manager handeln muß, andererseits als Geistlicher aber vom Altar leben soll«, sagt der Pater, der uns führt. Und dann zeigt er uns die romanische Benediktkapelle, die, auch unter der Ägide des letzten Abtes, von Giselbert Hoke ausgemalt wurde, moderne, kraftvolle, in ihrer Reduktion berührende Fresken, Szenen aus dem Alten und Neuen Testament, Auferstehung, Apokalypse. Die Kapelle ist abgesperrt – »Da darf man nur mit einem Führer rein«, sagt der Pater und lächelt süffisant. »Man möchte ja sonst vom rechten Glauben abfallen.«

Seckau

Diese Angst scheint es auch zu sein, die in Seckau die Tür zur Engelkapelle versperrt. Wer keinen Schlüsselgewaltigen findet, muß abziehen, ohne die »Apokalyptischen Visionen« des Herbert Boeckl, ebenfalls ein zeitgenössisches Werk, gesehen zu haben.

Von außen gesehen wirkt Seckau abweisend, schwer. Ein Fort, eine Glaubensburg, »sichtbarstes Zeichen der steirischen Gegenreformation«. Die Westfront, 143 Meter lang, von zwei Ecktürmen flankiert, streng, schmucklos – hier hat El Escorial Pate gestanden, das granitene Bollwerk des Glaubens, in das sich Philipp II. (gestorben 1598) zurückzog, Grabmal schon zu seinen Lebzeiten, letzte Ruhestätte der spanischen Habsburger. In Seckau hat sich Karl II. von Innerösterreich (gestorben 1590), glückloser Verfechter der Sache der Katholiken (s. S. 36 u. 40 f.), sein Mausoleum errichten lassen, hier ruht er, in, unter und mit viel, viel Marmor.

Die Wahl des Vorbilds wie die Ausführung charakterisieren den Hausherrn, der in Seckau um die Wende vom 16. zum 17. Jahrhundert herrschte: Bischof Martin

Brenner, der »Ketzerhammer«, Ferdinands bester Mitstreiter im Glaubenskampf (s. S. 40 ff.), beauftragt, das Verbot des Protestantismus zu überwachen und zu exekutieren.

Spürt man in der Umgestaltung der Klöster Vorau und Rein zu barocken, schloßähnlichen Palästen schon die triumphierende Selbstdarstellung der katholischen Kirche, so zeugt Seckau, die nüchterne Festung, noch von der Phase des Kampfes – Brenner siegte, seine Nachfolger feierten. Seine wortgewaltigen Predigten sollen sogar Abraham a Santa Clara als Vorbild gedient haben, wen sie nicht überzeugten, wer nicht umkehrte und den rechten Weg zur Seligkeit fand, mußte die Steiermark, katholische Einbahnstraße in Sachen Glauben, verlassen.

Im 12. Jahrhundert, zu der Zeit, als die Basilika in Seckau gebaut und geweiht wurde, errichtete man in Frankreich bereits gotische Kathedralen, im Stauferreich, vor allem im Rheinland, erreichte die deutsche Romanik ihren Höhepunkt. Die Schmuckfreude der Kunst der Stauferzeit, Phantasie und Leichtigkeit vermißt man in der Seckauer Basilika.

Vermißt man sie wirklich? Ist das nicht erst die nüchterne kunstgeschichtliche Betrachtung, die man hinterher anstellt? Denn das Erlebnis Seckau ist nicht vom Abzählen der Pfeiler und Säulen geprägt, man ordnet keine Kapitele zu, schaut nicht hinauf zum spätgotischen Netzrippengewölbe, so schön es sein mag – sobald man den Chor im Blick hat, strebt man, magisch angezogen, durch das weite Mittelschiff der Apsis zu. Ist das modern? Es muß modern sein, so schlicht, von so suggestiver Eindringlichkeit: eine Kreuzigungsgruppe, Jesus, Maria, Johannes, angeordnet auf einem schweren Holzbalken, der im Chor vor der weiß getünchten Apsis schwebt.

Es ist nicht modern: 1220 das Kruzifix, 1160 Maria und Johannes. Zaghaft stehen die beiden zu Seiten des Kreuzes, im Schmerz eng in sich geschlossen, die Hände fest an die Körper gedrückt. Der Christus – überlebensgroß mit fast manieristisch langen, schlanken Gliedmaßen – breitet die Arme aus als wolle er willkommen heißen, das lange Haar fällt ihm über die Schulter, das Gesicht unendlich entspannt, gelöst, ein Gesicht, dem die Qualen des Todes nichts anhaben können – Christus als wahrer Herrscher, Souverän über Leben und Tod.

Nicht modern, nur zeitlos, Form wie Aussage. Die Wirkung der Gruppe ist allerdings auch einem modernen Künstler zu verdanken: 1964 gestaltete Clemens Holzmeister den Altarraum um, ein Baldachinhochaltar aus dem vorigen Jahrhundert wurde nach Wien verbannt. Holzmeister wählte für die runde Apsis ein schmales, hohes Fenster, ließ nichts als Weiß bestehen – wie die Figuren auch die Umgebung auf das Wesentliche reduziert.

»Das Stift Seckau war eines der schönsten, alles war auf gutem Fuß und sehr ordentlich verwaltet. Jetzt ist alles weg, die Einrichtung versteigert und verbrannt, wahrlich Spuren des Vandalismus«, schrieb Erzherzog Johann 1810, 28 Jahre, nachdem Seckau wie Pöllau, Neuberg, Stainz, Göß und Hunderte andere Ordensstifte in Österreich, »welche weder Schule halten noch Kranke unterhalten noch sonst in studiis sich hervortun«, aufgelöst worden waren. Müßiggang, Beschaulichkeit, ein Leben, daß nichts zum Wohl der Gesellschaft beitrug – die klösterliche

Seckau, Kreuzigungsgruppe

Idylle war Joseph II. (1780–1790), dem gestrengen Aufklärer, ein Dorn im Auge, das Vermögen der wohlhabenden Orden wußte er für Schulen, Krankenhäuser, Pensionen oder zu Fürsorgezwecken besser verwendet.

»Die 40ste und lözte Abbtisin ist geböst gäbrielä Freyin v. Schafman. ist Erbölt worden den 29 April 1779. 1782 sünd wier aufgehoben worden. Amen«, liest man in der Chronik des Stiftes Göß. In der Michaelskapelle, die mit wunderschönen Fresken aus dem 13. Jahrhundert geschmückt ist, steht auch ein Sarg, den Joseph, der übergroße Rationalist, erfunden hat: Er ist wiederverwendbar, entläßt die Leiche durch zwei Klappen in die Erde und hilft sparen. Er war nur ein paar Monate in Betrieb – das Protestgeschrei seiner von barocker Lebensfreude und Todesnähe erfüllten Untertanen war so groß, daß Joseph die Verordnung zurücknehmen mußte. Da die Wiener die Gründe für seine Vorschriften nicht verstehen wollten, so sei ihm »nichts weiter daran gelegen, auf was für eine Art sie künftig begraben sein wollten«, schrieb er sehr verstimmt.

In Göß, dem ältesten steirischen Stift, 1020 gegründet, wird heute Bier gebraut, ein gutes Bier, das der Brauerei soviel einbringt, daß sie die Anlage phantastisch in Schuß halten kann: die Fassade in freundlichem Weiß-Gelb, das warme Rot der Dächer – Göß hat nichts Bombastisches wie St. Lambrecht oder Seckau, es wirkt verspielter, sympathisch ineinandergeschachtelt. Durch ein wunderschönes spätgotisches Portal betritt man die ehemalige Stiftskirche, will den Blick durchs Kirchenschiff zur Empore spazieren lassen und findet sich gebremst, emporgerissen von einer spiralförmig gedrehten Säule, deren Dynamik man sich nicht entziehen kann, die zwingt, als ersten Eindruck den des Gewölbes aufzunehmen: weiche, phantasievoll verschlungene Rippen im Hauptschiff, ums Heilig-Geist-Loch Fres-

ken – Engel, Wappen –, der strenge Rhythmus der Kreuzrippen im Seitenschiff. Auch der korrespondierende Pfeiler schraubt sich nach oben, gegenläufig gedreht, so daß der Eindruck entsteht, als steige das Kirchenschiff zum Chor hin an, als strebe der Raum über sich selbst hinaus.

Nur drei steirische Stifte überlebten Josephs Reformeifer: Admont, Vorau und Rein. Es ist kein Zufall, daß alle drei großartige Bibliotheken besitzen, eine umfangreiche Sammlung von Handschriften und Büchern gehörte zu jedem Barock-Kloster. Sie wurde prächtig präsentiert – keine düsteren, geheimnisvollen Laby-rinthe wie jene, durch die Adson und sein Meister William in »Der Name der Rose« irren, um das Geheimnis von »Finis Africae« zu lösen, keine Räume, in denen Wissen verborgen wird, im Gegenteil: prachtvolle barocke Zurschaustellung, lichte Paläste, Tempel des Wissens, Kultstätten für jeden Bibliophilen.

Vorau stellt Rein in den Schatten, Admont sticht sie alle aus. Das 1074 im Ennstal gegründete Benediktinerkloster besitzt eine der größten Stiftsbibliotheken Öster-reichs. Bei dem Brand, der 1865 den Großteil der Gebäude in Schutt und Asche legte, blieb sie wie durch ein Wunder verschont. Der Saal ist 72 Meter lang, zweigeschossig, die Schränke, in die säuberlich die Bücher gereiht sind – Tausende und Abertausende, das Kloster besitzt mehr als 150000 Bände! – elegant in Weiß-Gold gehalten. Zart, farblich zurückhaltend auch die Deckenfresken. Sie weisen allegorisch auf die thematische Ordnung der Bücher hin, die in den Schränken stehen. Im Mittelraum zum Beispiel Propheten, Evangelisten, Theologen, die wohlgefällig zusehen, wie ein Engel eine Gruppe von Häretikern in die Tiefe stürzt. Vier Plastiken von Josef Th. Stammel (datiert 1760) verkörpern die »Letzten Dinge«: Tod, Gericht, Himmel und Hölle. Als hübscher Jüngling tritt der Richter auf, zu seinen Füßen ein Totenkopf, ein Teufelchen mit spitzer Feder; um die Rockschöße des Himmels, einer flachbusigen Schönheit, tanzen die Putten und Engel; dramatisch die Hölle: eine Männergestalt, das Gesicht zur Fratze verzerrt, versucht ein eberköpfiges Ungeheuer mit verdorrten Brüsten zu bändigen. Der Tod ist ein alter Mann, dem der Wanderstab aus der Hand fällt, als sich von hinten ein Gerippe nähert: Vater Zeit mit der Stundenuhr.

»Memento mori« – nicht akademisch, fleischlos dargestellt, wie man es zum Beispiel auf den Grabsteinen der Puritaner findet, im Barock durfte sich der Künstler austoben, mußte den Tod in all seiner Bedrohlichkeit, die Folgen eines gottlosen Lebens in aller Drastik zeigen: Feuerspeiende Drachen, Teufel, die Sünder strangulieren, an den Haaren ins Feuer zerren, Blitze, Kröten, Alptraumfratzen – das sind die Höllenvisionen von Johan Cyriak Hackhofer, wie er sie 1716 in der Sakristei von Vorau verewigt hat.

Hackhofers großartigstes Werk liegt in einer Burg versteckt, der Festenburg bei Vorau. Die Chorherrn, die die Festung 1616 erwarben, fügten dem klobigen, Schutz und Abwehr signalisierenden Bau noch im selben Jahr eine Kapelle bei, doch das genügte nicht. Anfang des 18. Jahrhunderts wurde umgebaut, und Hackhofer

erhielt den Auftrag, sechs Kapellen und die Katharinenkirche auszugestalten. Der Künstler, der diese Arbeit in der Einschicht sicher als Verbannung empfunden hat, soll sich mit einem großen Weinvorrat auf die Anhöhe im Wald zurückgezogen haben – nüchtern kann man so etwas auch nicht entwickeln! Eine Kapelle geht in die andere über, wie durch ein Höhlensystem tief im Berg schreitet man durch sechs düstere, lückenlos bemalte Räume, begleitet von lebensgroßen Figuren, vorbei an illusionistisch herausgearbeiteten Raumelementen... die nächtliche Ölbergszene, dräuend und unheilschwanger, der Blick ins Fegefeuer, Christus gegeißelt. Über einen engen Treppenaufgang gelangt man in die Kirche. Hier wird es licht, Katharina fährt in den Himmel, die Decke öffnet sich, es musizieren die Engel, jubeln die Jungfrauen. Der Altar, den man für Marmor hält, die Säulen, alles Schein – Hackhofer war ein Meister der Kunst der Illusion!

Mehr als der Werke Hackhofers rühmt sich die Festenburg eines Mannes, von dem der Kirchenführer zu berichten weiß, daß »sein Leben 1848 mit dem Namen Otto begann«. Es endete 1928 mit dem Namen Ottokar und einem Doktortitel, den ihm die Grazer Universität 1919 ehrenhalber verliehen hatte, wohl deshalb, weil Kernstock so schöne deutschnationale Gedichte schrieb. »Die wehrhaft Nachtigall« heißt seine erste Sammlung, »in Liedern und in Taten treudeutsch bis in den Tod« gehörte er zu jenem Kreis völkischer Dichter, die sich dafür stark machten, daß die »Südmark« nicht unter »welscher Tücke« zu leiden habe (s. S. 49).

Kernstock liegt unterhalb der Burg begraben, auf einem hübschen kleinen Friedhof, der sich an den Hang schmiegt. Joseph II. hatte angeordnet, die Gottes-

Fresko in der Festenburg, ein Werk von J. C. Hackhofer

Votivtafeln in Pöllauberg

äcker vom Zentrum an den Ortsrand zu verlegen, so daß man manchmal etwas suchen muß, wenn man nekrophil ist und von dem, was die Menschen hinterlassen haben, auf ihr Leben, ihre Sorgen und Eitelkeiten schließen möchte: »Stumm schläft der Sänger« – im Dreivierteltakt – auf einem Grabstein in Oberzeiring. »Er war nur 5 Tage Gutsbesitzer« – eine Tafel an der Kirche in Fernitz.

Ist es möglich, daß all die, die aus dem Leben schieden, ohne in den vollen Genuß ihres Gutsbesitzerdaseins oder die Entfaltung ihrer stimmlichen Qualitäten gekommen zu sein, nur den falschen Weg gegangen sind? Der richtige führt nach Mariazell, denn dort, so verkündet der Große Mariazeller Wunderaltar, der um 1519 entstanden ist, werden sogar Tote wieder lebendig: »ein kind vi wuchen alt mit der wiegen von einer panck auff ein ander kind gefallen das peidi dot warn die leidig moeter peide kind gen zell vierhies do wurden sie widerum gesunt« oder »zuai kind auß windisch lant waren dott einß von kranckaitt das ander von schleg seiner mueter so bald man sie gen zell gelobet vorden sie unverzochlich von stundt lebendig«. Das dazugehörige Bild zeigt eine betende Frau vor zwei in weiße Laken gehüllten Kindern, neben dem einen liegt noch das Rutenbündel, mit dem die gute Mutter es erschlagen hat.

Das erste Wunder, so will es die Überlieferung, geschah am 21. Dezember 1157. Magnus, ein Mönch des Benediktinerstiftes St. Lambrecht, hatte sich mit dem Auftrag in die Berge begeben, hier eine neue Zelle zu gründen und missionarisch tätig zu werden. Er führte eine Marienstatue mit sich – als ihm plötzlich ein riesiger Fels den Weg verstellte. Maria half, der Stein öffnete sich und Magnus erreichte den Ort seiner Bestimmung, wo er eine kleine Kapelle erbaute, Heim und Schutz für seine Liebe Frau.

129

Romanische Fresken in der St.-Johannes-Kapelle von Pürgg

St. Marein bei Knittelfeld

Faßsäule in St. Oswald in Eisenerz   St. Marein bei Knittelfeld

»Wundersame Legenden weben sich um sie: Sie soll die Augen bewegen, ihre Miene und die Gesichtsfarbe verändern können; keinem Künstler will es bisher gelungen sein, eine genaue Kopie anzufertigen – die ›Mariazellerin‹ entzieht sich allen derartigen Versuchen; auch jeglichen Staub schüttelt sie – unmerklich freilich – von ihrem Gesicht ab: Ja, sie läßt es nicht einmal zu, daß er dieses befällt, ›was alle bezeugen können‹, wie ein Nachfahre des Mönches Magnus in seinem ›kurzgefaßten Führer‹ durch Mariazell erklärt. Auf solche Zeugenschaft kommt es dem wahren Glauben freilich nicht an, der durch Staub oder Nichtstaub auf dem Gesicht einer Statue in tiefere Bereiche des Daseins vorzudringen sucht, um hinter Oberflächlichem, hinter der Erscheinungen Flucht, sich vom Geheimnisvollen der Schöpfung, des Wunders Leben, anwehen zu lassen...«. (Kurt Dieman, Magna Mater Styriae)

Vielleicht ist es aber viel weniger der Staub, der von der Kontemplation ablenken könnte, als das viele Gold, in dem die frühgotische Madonna ertrinkt, kaum sind die Köpfe von Mutter und Sohn auszumachen in dem reich bestickten Gewand, unter den schweren Kronen aus dem vorigen Jahrhundert. Der Gnadenaltar ist Silber, zwölf Zentner wiegt er, Josef Emanuel Fischer von Erlach lieferte den Entwurf, die Gläubigen die Opfergaben zum Einschmelzen.

Fürsten, Könige, Kaiser, nach Mariazell kamen sie alle mit ihren Bitten, Sorgen und Leiden. Markgraf Heinrich Vladislav von Mähren und seine Gattin verlobten sich »nach erlittener dreijähriger Gliedersucht« – geheilt stifteten sie um 1200 die erste Kirche. König Ludwig I. von Ungarn suchte Kriegsglück im Kampf gegen die Türken – er fand es und ließ um 1369 eine Gnadenkapelle errichten. In den Fußstapfen des mährischen Markgrafen und des ungarischen Königs folgten deren Landsleute – Mariazell wurde zum wichtigsten Heiligtum im Donauraum: »Magna Mater Austriae«, »Mater Gentiorum Slavorum«, »Magna Hungarium Domina«.

131

Reich betitelt, reich geschmückt: Im 17. Jahrhundert stand die Vergrößerung der Kirche an, die Mönche von St. Lambrecht beauftragten Domenico Sciassia mit der barocken Umgestaltung der dreischiffigen gotischen Hallenkirche. Er entfernte den Chor, erweiterte den Bau nach Osten und schuf eine elliptische Kuppel, die als seine größte künstlerische Leistung gilt. Günter Brucher verweist dabei auf den Einfluß, den de Pomis' elliptische Kuppel des Grazer Mausoleums gespielt habe; in »Barockarchitektur in Österreich« schreibt er: »Der Idee einer ›Cupola Imperiale‹ muß man damals große Bedeutung beigemessen haben, ist doch daran zu erinnern, daß die Mitglieder des habsburgischen Herrscherhauses die Wallfahrt sowohl durch ihr persönliches Erscheinen als auch durch die Verleihung von Privilegien stets gefördert haben.«

Nicht »stets« und nicht »alle« Habsburger muß man hinzufügen. Joseph II. fällt aus der Reihe: Wo seine Mutter noch die erste hl. Kommunion empfangen hatte, bereinigte er, beraubte die Madonna ihres Mantels, der Kronen und des Schmucks und ließ einen Teil der Reichtümer, die sich in den Schatzkammern angesammelt hatten, einschmelzen.

Mariazell ist die bombastischste und bekannteste steirische Wallfahrtskirche, aber beileibe nicht die einzige. Auch nach Maria Trost, Maria Buch, Straßengel, Pöllauberg... pilgern seit Jahrhunderten Trost und Heilung Suchende. Nicht Kaiser und Könige, nicht die Mächtigen und Reichen, sondern einfache Leute, die weniger Geld für Um- und Zubauten, Altäre und Dekoration stiften konnten, und so blieben diese Kirchen einfacher, tragen nicht so viel Gold und keinen so dicken Gürtel von Devotionalienläden wie Mariazell. Trotzdem, oder gerade deshalb sind sie sehenswert, auch wenn ihnen die Kunstführer viel weniger Platz einräumen als Mariazell.

Überhaupt wird, wer allein nach Dehio-Kriterien durch die Steiermark reist, viel versäumen. In unzähligen kleinen Kirchen, die nicht als »bmkw.« ausgewiesen sind, gibt es liebenswerte Kleinigkeiten zu entdecken: venezianisch anmutende Löwen und orientalische Gesichter in den Fresken von Pürgg; gotische Tierfiguren – Bären, Schwäne – im Portal von St. Marein; blitz-blank-gold-strahlende Heiligenfiguren in den drei Kirchen von Straden, die wie Glucken auf dem Hügel hocken inmitten der Weinberge. In Obdach der »Bauernpapst«, eine Figur, zu der einer aus der Gegend Modell gesessen haben muß, mit einem Gesicht von solcher Menschlichkeit und Aussagekraft, wie man es jedem Mächtigen wünschen würde. Es ist, gerade bei gotischen Plastiken oder in architektonischen Details der kleinen Kirchen auf dem Land, immer wieder faszinierend zu sehen, wie die große Idee umgesetzt wurde, wie individuell, den eigenen Bedürfnissen entsprechend, man die Formensprache nutzte.

Manchmal ist es nur eine Kleinigkeit, für die sich der Besuch irgendeiner unscheinbaren Dorfkirche lohnt, manchmal lohnt er sich gar nicht. Aber das ist selten, denn immer ist Entdecken dabei: Allein schon die Suche nach dem Schlüssel, nach dem Mesner ist ein Erlebnis. Deshalb wird auch hier bewußt darauf verzichtet, alle Kirchen aufzuzählen, die kleine Besonderheiten enthalten – ihren wirklichen Charme offenbaren sie nur dem, der sie für sich entdeckt hat.

Vom Heidensterz zum Krainerwürstl

Durchs Vorhaus betritt man die Stube. Sie ist ganz aus Holz: Wände, Boden, Decke. Kleine quadratische Fenster lassen gerade so viel Licht zu, um die Rot- und Brauntöne zu heben. Unter dem Herrgottswinkel ein schwerer hölzerner Tisch, hell gescheuert, eine Bank, ein Truhenbett. Gegenüber der gemauerte Herd, eisernes Kochgeschirr, angekokelte Reste eines offenen Feuers. Der Backofen dahinter wird von der Seite beheizt. Ofenbank mit Hühnersteige. An der Decke ein hölzernes Gerüst, beladen mit kräftigen, trockenen Scheiten. Schwarz glänzt der Plafond, das obere Drittel der Wand ist rußüberzogen – eine Rauchstube. Die Rundung über Ofen und Herd – nur ein gemauerter Funkenhut, wo sich Rauch und Ruß sammeln, bevor sie sich ausbreiten, die Stube füllen, das obere Drittel des Raums und dann entweichen, durch eine Luke über der Tür ins Vorhaus, durch einen hölzernen Schlot ins Freie.

Romantisch? Gemütlich? Sicher, von der Perspektive des Freilichtmuseums Stübing aus betrachtet schon. Peter Rosegger sah den Alltag in der Rauchstube nicht durch die getönte Museumsscheibe:

»In den entlegeneren Gegenden, aber auch in den Hügeln der mittleren Steiermark, findet man noch viele alte Häuser, in welchen Küche und Gesindestube ein einziger Raum sind; das sind die sogenannten ›Rauchstuben‹. Von Reinlichkeit oder irgendeiner Bequemlichkeit kann in solchen Häusern wohl keine Rede sein; da noch dazu auch der Rauchfang gewöhnlich schlecht angebracht ist, so werden die Leute entweder von dem stetigen Rauch des Herdfeuers halb ›geselcht‹, oder wenn sie Tür und Fenster öffnen, so haben sie den Luftzug und im Winter die Kälte in der Stube. In den Bauernhäusern wird oft auch fast den ganzen Tag geheizt ... So waltet nun ein fortwährender Rauch in der Klause, bis in die späte Abendstunde hinein, und

Obelix lebt – die Spezialität vom Simmerl in Halbenrain sind Wildgerichte

man wundert sich nur, daß manche Küchenmagd noch so frisch und blühend aussieht...

Sonst bietet die Rauchstube auch keine Vorteile, wohl aber viele Nachteile. Zudem muß sie, außer zur Gesindestube und Eßstube, oft als Schlafkammer, Kinderstube, Krankenstube usw. benutzt werden.« (Das Volksleben in Steiermark)

In der Hausforschung gelten Rauchstuben als Übergangsform; man spricht von einer Überschichtung und gegenseitigen Beeinflussung des germanischen Hauses mit dem offenen Herd und des slawischen Ofenhauses. Für die Steiermark bedeutet das, daß sich im Nordwesten, wo ausschließlich der offene Herd genutzt wurde, eine andere Art zu kochen und damit andere Gerichte entwickelten als im Südosten, dem Ofengebiet: kurz Gebratenes, in siedendem Wasser oder heißem Schmalz zubereitete Speisen im Norden, langsam garende, quellende Gerichte im Süden. Im Rauchstubenbereich, der Herd und Ofen vereint, durchdringen sich die Speisetypen.

Zu den kulturellen Unterschieden kommen noch die landschaftlichen, und beide zusammen machen es ganz unmöglich, von *einer* steirischen Küche zu sprechen: Auf der niederschlagsreichen Nordseite der Tauern überwogen Milchwirtschaft und Schafzucht, an den Südhängen betrieb man Rinderzucht, in den großen Waldgebieten wurden traditionell Ochsen gemästet, im Hügelland und in der Ebene lag der Schwerpunkt auf Ackerbau, Schweinezucht, Obst- und Weinbau. Poularden und Kapaune aus dem Sulmtal erfreuten sich in Feinschmecker- und Predigerkreisen internationaler Berühmtheit:

»Alda ist nichts besser zu finten als die Copauner, so nicht weniger in Frankreich geschätzt werden als die steyrischen in Österreich«, schrieb ein Gourmet im 17. Jahrhundert in sein Reisetagebuch, und Abraham a Santa Clara, dem wortgewaltigen Streiter Gottes, wurde die Lust auf so ein knusprig gebratenes Hendl zum Gleichnis, Judas, den Verräter, betreffend: »Etwan haben ihm die Zähn gewässert nach steyrischen Kapaunern.«

Vater und Sohn Kappel, Kitzeck

Beim Hammerl in Grambach

Ob man für einen steirischen Kapaun noch immer seinen Herrn verraten würde? Was heute als Brathendl oder Backhendl serviert wird, kommt auch in der Steiermark überwiegend aus der Massentierhaltung, obwohl man hier noch vergleichsweise viele glückliche Hühner im Mist scharren sieht. »Backhendl« ist ein zerlegtes und paniertes Huhn, eine wirkliche Köstlichkeit nur dann, wenn es langsam in Schweineschmalz herausgebacken wird. Nur so wird die Panade nicht hart, bleibt das Fleisch zart und saftig. In einigen Bauernwirtschaften, wo die Friteuse noch nicht ihren Siegeszug angetreten hat, wie zum Beispiel beim Simmerl in Halbenrain (s. S. 271), kann man sich davon überzeugen und wird verstehen, warum sich Adel und gehobenes Bürgertum im alten Österreich dieses Schmankerl vorbehielten. Andere durften es, so war es verordnet, nicht auf den Tisch bringen.

Gerichte aus Schaf- und Lammfleisch findet man nur noch verhältnismäßig selten auf der Speisekarte bodenständiger Wirtschaften. Wie überall in den Alpen haben auch die steirischen Bergbauern schon lange von Schaf- auf Rinderzucht umgestellt – wo man heute noch Schafe sieht, kann man davon ausgehen, daß sie auf alternativ gedüngten Wiesen weiden. Hauptfleischlieferant ist das Schwein geworden. Durch diese Umstellung kam es besonders in der West- und Oststeiermark, wo die Schweinemast intensiv betrieben wird, zu einschneidenden Veränderungen im Landschaftsbild: endlose, eintönige Maisfelder dort, wo früher Buchweizen und Hirse blühten.

Buchweizen, einst das wichtigste Nahrungsmittel der oststeirischen Bauern, findet heute noch in der steirischen Küche Verwendung: »Heidensterz« ist ein fester

Brei aus Buchweizenmehl, meist mit Grammeln, ausgelassenem Speck, verfeinert. Er schmeckt in einer sämigen, kräftig gewürzten steirischen Schwammerlsuppe besonders gut. Bestellt man »Türkensterz«, bringt der Ober ein polentaartiges Gericht – »Türken« heißt Mais, eine Bezeichnung, die vermutlich darauf zurück-geht, daß das aus Amerika kommende Getreide seinen Weg über Venedig und die Türkei hierher fand. Eine andere Getreidespezialität ist »Breinwurst«. »Brein«

Beim Gußmack in Köflach

Eva Winkler-Hermaden, Kapfen-stein

bezeichnet, regional unterschiedlich, entweder den Brei, den man aus verschiedenen Kornarten (Hirsen, Heiden, Gerste) herstellte – jahrhundertelang das tägliche Brot der west- und oststeirischen Bauern – oder es steht für Gerste, die, geschrotet und mit etwas Fleisch und köstlichen Gewürzen angereichert, den Hauptbestandteil der Breinwurst bildet. Die Masse wird in eine Wursthaut gefüllt und gebraten, dazu Sauerkraut und Bratkartoffeln – eine Delikatesse!

Bevor nun hier der Eindruck entsteht, die Steirer ernährten sich ausschließlich von Brei und der Mann aus Bruck, der 1815 den Fragebogen von Erzherzog Johann beantwortete, habe recht mit seiner Behauptung, Kröpfe und Kretinismus in seiner Gegend gingen auf die »Überladung und Anschoppung mit schwerem Mehlbrei« zurück, »denn die rohen Mütter schoppen frühmorgens das arme Geschöpf mit obenbesagtem Mehlbrei voll an, gehen dann ihrer Arbeit nach und sehen es oft vor dem Abend nicht wieder; wo sie es dann zur Not etwas reinigen und das Schoppen wieder aufs Neue angeht...«, bevor sich also dieses falsche Bild festsetzt, werfen wir einen Blick nach Schloß Kapfenstein (s. S. 271) und dort auf das »Steirische Buffet«, zu dem die Wirtin Eva Winkler-Hermaden jeden Donnerstag lädt.

Da gibt's zum Auftakt eine kräftige Suppe: Schwammerl-, Magerl- (vom Sau-magen) oder Klachelsuppe, letztere eine saure Brühe, deren Basis in Scheiben geschnittene Schweinshaxen bilden. Dann wartet die Wirtin mit Brat- und Back-hendln, hausgemachten Würstln, knusprigem Krautstrudel und resch gebratenen Stelzen (Haxen) auf, und wehe dem, der von der Suppe schon zuviel gegessen hat! Dazu grüne Bohnen, zarter Blumenkohl, Kartoffelsalat. Oder Kürbiskraut, eine

Delikatesse aus dem Fleisch des Speisekürbis, das, in feine Streifen geschnitten, in Essig oder Wein aufgekocht und dann mit Zwiebeln, Tomaten, süßem Paprika und Sahne fein gewürzt wird. Oder große, feste Bohnen, glänzend wie Marmorkiesel im grünen Kernöl (s. S. 140 ff.). Der Eigenbauwein, auf vulkanischem Boden gezogen, ist phantastisch: ein fruchtig-frischer Welschriesling, ein kräftiger Traminer. Im hausgemachten Brot entdeckt man Kürbiskerne und Nüsse, zum Nachtisch locken duftender Topfenstrudel, Mohn- oder Heidentorte...

Der Büchsenöffner fristet ein trauriges Dasein in der Küche des Schloßwirts von Kapfenstein: Hier kommt nur auf den Tisch, was die Gärten an den Hängen des Burgbergs gerade bieten: Löwenzahn und Feldsalat im Frühjahr, Tomaten, Bohnen, Paprika im Sommer, Kastanien, Zwetschgen zum Wild.

»Wissen S', daß ma im Winter Erdbeeren ißt, davon halt i gar nix. Bei uns gibt's des, was wachst und grad frisch is«, ist die Philosophie von Eva Winkler-Hermaden, einer resoluten, gescheiten Frau, auf deren Charme und Menschenkenntnis es wohl zurückzuführen ist, daß es so viele, die das ganze Jahr über Kopffüßler sein müssen, immer wieder nach Kapfenstein zieht, ins Reich der Sinne. Das Gästebuch spricht Bände, und ein Blick über das sanfte Hügelland ersetzt jede Kur.

Bodenständige Küche in höchster Qualität, das ist das Motto vom Zimmermann in Söding (s. S. 273), Wallfahrtsstätte unzähliger Grazer Familien, die gepflegte Gastlichkeit ohne viel Chi-Chi zu schätzen wissen. Seine Breinwurst ist ein Gedicht, der Kümmelbraten genau mit der richtigen Menge Knoblauch abgeschmeckt, und an Schlachttagen werden nicht nur üppige Schlachtplatten angeboten, sondern auch eine ganz besondere steirische Spezialität: Bluttommerl. »Tommerl« ist ein Ofengericht, dem Sterz verwandt, der etwas feinere Verwandte allerdings: Eier und Milch veredeln den Getreidebrei. »Bluttommerl« besteht aus Milch, beim Saustechen aufgefangenem frischem Blut, Eiern, etwas Mehl und Gewürzen.

Auch da, wo in der Steiermark die Küche nouvelle ist, sind es die Portionen nicht – mit zwei gekreuzten Bohnen, die auf einer Wachtelbrust balancieren, kann man keinen Steirer ins Wirtshaus locken. Die Vertreter der Neuen Küche, die sich durchsetzen konnten, verdanken ihren Erfolg dem Rezept, heimische Spezialitäten zu variieren, der steirischen Küche die Schwere zu nehmen.

Die Steiermark ist das einzige Bundesland, wo der Landeshauptmann heißt wie ein Würstl: Krainer.

Die Krainers sind eine Dynastie. Sie heißen immer Josef, Vater wie Sohn. Josef I. lenkte die Geschicke der Steiermark von 1948–1971, Josef II. lenkt seit 1980.

Krainer macht man heiß wie Wiener, die in Österreich Frankfurter heißen. Man ißt sie mit Senf und Kren.

Die Bestellung verpflichtet nicht zum Absingen der Landeshymne.

So serviert zum Beispiel der Gußmack in Köflach (s. S. 272), ein Lokal, dem meines Erachtens sämtliche Hauben und Löffel gebühren, die die Gourmet-Päpste zu verleihen haben, ein Blutwurstparfait, eindeutig ein Kind vom Bluttommerl, allerdings so fein herausgeputzt, daß es gar keine Ähnlichkeit mit dem mehr hat, was wir einmal bei einem Bauern aus der Oststeiermark am Schlachttag kosten durften oder besser mußten, denn es war kein reines Vergnügen, gebackenes Blut mit einer sauren Suppe zu löffeln, während draußen die abgestochene Sau zerlegt wurde und die Hunde kläffend um den blutgetränkten Schnee stritten.

Angenehmer schon die Erinnerung an die raffinierte, leichte Kürbisschaumsuppe, die der Juniorchef vom Weinhof Kappel in Kitzeck (s. S. 271 f.) aus Kürbissen und Kartoffeln zaubert. Der Fünfundzwanzigjährige hat es geschafft, aus dem wunderschön gelegenen Gasthaus an der Sausaler Weinstraße ein weit über die Grenzen der Steiermark hinaus bekanntes Speiselokal zu machen. Er herrscht im Stillen, aber uneingeschränkt: »Nicht mal der eigenen Mutter verrät er, welche Gewürze er an das marinierte Forellenfilet gibt«, klagt die Wirtin. Allerdings ist leicht zu verstehen, daß so ein Rezept zum Geheimnisträger macht: Die hauchdünnen Forellenscheiben zerfließen auf der Zunge, zarter und aromatischer als der beste Lachs.

Auch Evelyne Hammerl, die mit ihrem Mann den Landgasthof Hammerl bei Graz (s. S. 295) betreibt, hat sich der kreativen steirischen Küche verschrieben; ihr Wurzelfleisch, ein typisch steirisches Gericht aus Bauchfleisch und fein geschnittenem Wurzelgemüse, unterscheidet sich um Welten von dem, was man in bodenständigen Wirtschaften auf dem Teller findet: ein Stück fettes Fleisch unter zerkochtem Gemüse. Beim Hammerl ist das Schweinerne mager, Zwiebeln, Karotten, Sellerie behalten den Biß und die Hausleute die Gäste, von denen sie mit Recht sagen: »Die Leute wollen nicht jeden Tag was Ausgefallenes essen. Man muß neben der raffinierten Küche auch was Herzhaftes anbieten, aber halt so zubereitet, daß man die Feinheiten der einheimischen Gerichte schmeckt.«

Gußmack, Kappel, Hammerl... und wie sie alle heißen, die kulinarischen Verwandlungskünstler, sie mögen die ganze Speisenpalette der Steiermark auf ein neues Niveau heben, an einer Spezialität aber werden sie scheitern: am »Verhakkert«. Es widersetzt sich jeder Veredelung, bleibt, ob mit viel Knoblauch oder wenig, was es ist – schieres Fett, luftgeselchter, ausgefrorener Speck, kleingehackt und in Kübel fest eingestampft. In Verhackert eingelegte Würstel oder Selchfleisch (Kübelfleisch) nehmen den Geschmack des Specks an und bleiben länger frisch – dies war für die bäuerliche Vorratshaltung von großer Bedeutung.

Verhackert, Verhackertwürstel und Kübelfleisch, Bauernbrot und hauchdünn geschnittenes Geräuchertes, Kren (Meerrettich), frisch gerieben und so scharf, daß er einem die Tränen in die Augen treibt, all das gehört zur »Brettljause«, und die wiederum gehört in der Südsteiermark zum Wein. Denn der ist so gut, so trocken und ehrlich, daß es nicht bei einem Viertel bleibt und auch nicht bei zweien, dazu ist die Hügellandschaft zu sanft, der Weinbauer zu freundlich und das Leben einfach zu schön.

Höhenflüge solcher Art verlangen nach der richtigen Unterlage: einer soliden Holzbank im Buschenschank und einer kalorienreichen Brotzeit.

Kernspaltung auf Steirisch

So ein Kleid möchte ich haben! In strahlendem Gelb-Rot und hineingesprenkelt das dunkle Grün, das glänzt wie poliert. Oder im Design der aufgeschnittenen Frucht: pralle, orangefarben leuchtende Wände, am Rand verläuft wie aquarelliert eine feine Spur von Grün. Das Innere gleicht der Rosette einer gotischen Kathedrale, in den Segmenten feuchtglänzend grüne Kerne. Wenn das kein Stoffmuster ist! Und dann noch der Name: Cucurbita pepo L. convar. pepo var. styriaca GREB. – da kann ein Lagerfeld doch einpacken!

Cucurbita ist ein Kürbis, aber einer, der sich vor allen anderen auszeichnet, und zwar durch seine »Samenschale, die im Gegensatz zu üblichen hartschaligen Sorten nur ein dünnes weiches Häutchen darstellt. Die äußeren Schichten der Samenschale bleiben hier verholzt und lassen die dunkle, grüne Farbe des Protochlorophylls im Chlorenchym (der innersten Schicht der Samenschale) durchscheinen«, wie Herwig Teppner schreibt.

Nun ist dieser Unterschied bestimmt nicht dazu angetan, beim Laien Begeisterungsstürme auszulösen, für die ost- und weststeirischen Bauern aber ist er von existenzieller Bedeutung. Denn im Gegensatz zum Speisekürbis, der, nomen est omen, verspeist wird, verwendet man vom Steirischen Ölkürbis ausschließlich die Kerne. Sie werden getrocknet, fein gemahlen, mit etwas Wasser geröstet und schließlich gepreßt, bis sie ihr dunkelgrünes, dickflüssiges Öl freigeben, das Kernöl, eine Essenz, die so betörend nach Nüssen und Sonne duftet, daß man sie am liebsten hinters Ohrläppchen tupfen möchte.

Ob der Kürbis bereits den Römern bekannt war oder erst in der Neuzeit aus Mittelamerika importiert wurde, darüber streiten sich die Gelehrten. Sicher weiß man, daß er in der Steiermark im 18. Jahrhundert feldmäßig, als Zwischenfrucht in Kombination mit Mais und Buschbohnen, angebaut wurde. Zu Futterzwecken hauptsächlich, die Ölgewinnung war damals noch Nebensache und ein sehr mühsames Geschäft: der Kern mußte mit der Hand von seiner festen, lederartigen Schale befreit werden. Das ist vorbei – schließlich kann man sich im Zeitalter der Kerntechnik nicht mehr damit aufhalten, jeden Kern einzeln zu spalten: Cucurbita wurde solange gekreuzt und gezüchtet, bis sie die Hüllen fallen ließ, und so entstand »var. styriaca«, die schalenlose Kürbisart.

Diese Züchtung gelang erst nach dem Ersten Weltkrieg, und die alten Leute können sich noch an das »Häppeln«, das gemeinsame Kernschälen erinnern und daran, daß »imma a Mordsgaudi g'wesn is. Es san halt alle beinand g'sessn bei da Arbeit«. In einigen Ortschaften, besonders an der steirischen Südostgrenze, war es Brauch, mit den leeren Schalen die Wege auszustreuen, die die Burschen nächtens zu den Fenstern der Dirndl nahmen – oder gerne genommen hätten.

Heute ist das Ernten ein recht eintöniges und einsames Geschäft, das man mit Vorliebe den alten Leuten überläßt. Wenn man Mitte September bis Ende Oktober durch die südliche West- und Oststeiermark fährt, sieht man sie auf den Feldern zwischen den leuchtenden Früchten sitzen, bunt gewandete Gestalten, meist sind es Frauen, nur selten arbeiten sie zu zweit. »Alle zwoa da sitzn, da ham mir nix Zeit! San eh bloß noch mir Alten am Hof, die Junga fahrn arbeiten, die ganze Arbeit am Hof bleibt uns, da ham mir nix Zeit zum Umanandasitzn.«

Die alte Bäuerin hat eine Decke aus grobem Tuch über den Schoß gebreitet, darauf liegt die Hälfte einer Kürbisfrucht, gute 30 Zentimeter im Durchmesser. Mit beiden Händen fühlt sie die Rundung aus, löst mit sachkundigen, ruhigen Bewegungen die Kerne aus dem Faserbett. Sie landen in einem roten Plastikeimer, der Rest bleibt ungenutzt – die steirischen Ölscheichs interessieren sich heute nur mehr für die Kerne. Die Frucht verrottet auf dem Feld, wird braun im Lauf des Novembers, schwarz und unansehnlich. Keine Vorlage mehr für ein Haute-Couture-Modell...

Etwa 2,5 Kilogramm getrockneter Kürbiskerne braucht man für einen Liter Öl. Die Statistiker haben errechnet, daß eine Frau pro Tag etwa 20 Kilo Kerne ernten kann, wozu sie, wiederum statistisch gesehen, 200 bis 250 Kürbisse ausnehmen muß. Angesichts dieser Zahlen ist es kein Wunder, daß die wirklichen »Ölmagnaten« längst mit Maschinen ernten. Das, was die Bauern per Hand fördern, etwa die Hälfte der Ernte, dient der Selbstversorgung.

Früher, als Kernöl noch als Arme-Leute-Fett galt, fand es vielseitige Verwendung in der steirischen Küche. Heute ist es eine teure Delikatesse und in die Salatschüssel verbannt. Das ist ein Jammer, denn mit etwas Experimentierfreude lassen sich damit Soßen verfeinern – besonders gut in Kombination mit Knoblauch –, Quark- und

Avokadospeisen raffiniert abrunden; wo immer ein Rezept nach Öl verlangt und der nussige Geschmack nicht stört, paßt Kernöl.

So kreierte zum Beispiel die Wirtin von Schloß Kapfenstein (s. S. 271) in Abwandlung des Pesto-Rezepts eine Spaghettisoße: Pinienkerne ersetzt sie durch Kürbiskerne, Olivenöl durch Kernöl. Unvergeßlich und leicht zuzubereiten auch ihre Kürbiskerntorte aus 6 Eidottern, 300 g Zucker, 300 g geriebenen Kürbiskernen, 150 g zerkleinerten Walnüssen, 3 Eßlöffeln Rum und 3 Eßlöffeln Bröseln. Dazu eine Tasse geriebener Äpfel. Bei mittlerer Hitze circa 45 Minuten ins Rohr und mit einer Zuckerglasur überzogen. Köstlich und sogar gesund, so gesund, daß es kaum mehr auszuhalten ist! Im Kürbis sind die Vitamine A, C, E und K, er enthält Kieselsäure, Öl und Eiweiß und hilft einfach gegen alles: Diabetes, Rheumatismus, Bandwürmer, Ödeme, Nieren-, Blasen- und Herzerkrankungen, Veränderungen an Haut und Schleimhaut, Probleme mit der Blutgerinnung oder der Atmung...

Das hat sich natürlich nicht die Steirische Kürbiskern-Werbung ausgedacht, von der Heilkraft der Kürbiskerne wußten schon unsere Vorfahren, wie einer Quelle aus dem Jahr 1773 zu entnehmen ist:

»Das heilsame Oel, so aus diesen Kernen gepreßt wird, ist viel zu edel, und kostbar, als daß wir es zu unseren Speisen gebrauchen sollten, sondern wird vielmehr zu Salben, und Pflastern für die Leidende verwendet, also, daß auch diese Kerne forthin nicht mehr den lüsternen Kindern Preis zu geben, sondern vielmehr sorgfältiger zu sammlen, zu trocknen, und in die Apotheken zu veräußern sind.« Die lüsternen Kinder zugunsten der Leidenden fernzuhalten, mag noch angegangen sein. Ob die herangewachsenen Knaben allerdings zu so ritterlicher Zurückhaltung bereit waren, mag man bezweifeln, wenn man folgende APA-Meldung vom 21. 4. 1982 liest: »Die Steirische Kürbiskern-Werbung argumentiert unterschwellig sogar mit ganz besonders gesunden und speziell günstigen Effekten, die der Genuß getrockneter Kürbiskerne angeblich erzielt. Vitamin E und Zink als Spurenelemente sollen demnach entgiftend und potenzfördernd wirken.«

Obwohl die Lebensmittelgesetze garantieren, daß das, was im Handel als »Steirisches Bauernkernöl« angeboten wird, auch erste Qualität ist, würde doch kein südsteirischer Bauer sein Kernöl im Geschäft kaufen. Eher schon in einer der kleinen Mühlen, in der auch die Leute aus der Nachbarschaft ihre Ölfrüchte verarbeiten. Das Pressen, das heute hydraulisch und unter entsprechender Wärmeentwicklung vor sich geht, fand früher in der Ölkuh statt, einer hölzernen Bank, in der das Öl mittels eingetriebener Keile »ausgeschlagen« wurde. Über die genauen Stufen der Ölgewinnung und die Geräte, die man in den letzten Jahrhunderten dazu entwickelte, informiert das Heimatmuseum der Stadt Feldbach, sehenswert schon allein deswegen, weil es im wohl besterhaltenen Tabor (s. S. 181) der Steiermark untergebracht ist.

Es können, und das ist verbürgt, auch Nicht-Steirer nach Kernöl süchtig werden. So soll die Schauspielerin Susanne von Almassy, die Grande Dame des Wiener Theaters in der Josefstadt, immer ein Flakon Kernöl in der Handtasche tragen, wobei man ihr nur wünschen kann, daß es nie aufgeht – die Flecken, die Kernöl hinterläßt, sind äußerst hartnäckig und nur durch intensive Sonnenbestrahlung zu bekämpfen. Wer nach einem Steiermark-Urlaub derartig in Abhängigkeit gerät, dem bleibt nichts anderes übrig, als immer wieder zurückzukehren in die Gegend südlich von Graz. Denn noch gibt es keine Organisation kernölexportierender Länder, die Delikatesse in bester Qualität erhält man nur da, wo sie auch erzeugt wird, im südlich-sanften Hügelland, in der Gegend um Bad Radkersburg und Leibnitz, dort, wo im milden Klima Tabak, Edelkastanien und Wein gedeihen und im Spätsommer an den grünen Hängen die Kürbisse leuchten.

Farblegenden

1 Straden
2 Erzberg
3 Riegersburg
4 Gleinalpe
5 Dachstein vom Loser aus
6 Hochschwab
7 St. Marein bei Knittelfeld
8 Wallfahrtskirche Mariazell
9 St. Oswald in Eisenerz
10 Stift Rein
11 Pertlstein
12 Burg Streckau
13 Freitreppe von Schloß Spielfeld
14 Türkenfigur in der Riegersburg
15 Türkenfigur in der Sporgasse, Graz
16 Figur auf dem Brunnen im Landhaushof, Graz
17 Schloß Spielfeld
18 Bad Radkersburg
19 Mariazell
20 Frohnleiten
21 Murau
22 Leopoldsteiner See
23 Kürbiskernernte
24 Flinserl, Fasching in Bad Aussee
25 Weinlesefest in Gamlitz
26 Buschenschank, Familie Windisch an der Schilcher Weinstraße
27 Prozession zu Ehren des hl. Oswald in Krakaudorf
28 Samson-Umzug in Krakaudorf
29 Gsellmanns Weltmaschine in Kaag
30–37 Im Weinland
38 Hofbäckerei, Graz
39 Im Stadtpark, Graz
40 Restaurant Laufke, Graz
41 Deutschritterordenshaus Sporgasse 22, Graz
42 Sporgasse, Graz
43 Am Stadtparkbrunnen, Graz
44 Aula der Alten Universität, Graz
45 Eingang zum Landhaus, Graz
46 Mausoleum, Graz
47 Blick vom Schloßberg auf Graz
48 Innenhof des Franziskanerklosters, Graz
49 Blick auf die Stiegenkirche, Graz
50 Pürgg

144

2

1

4

5

6

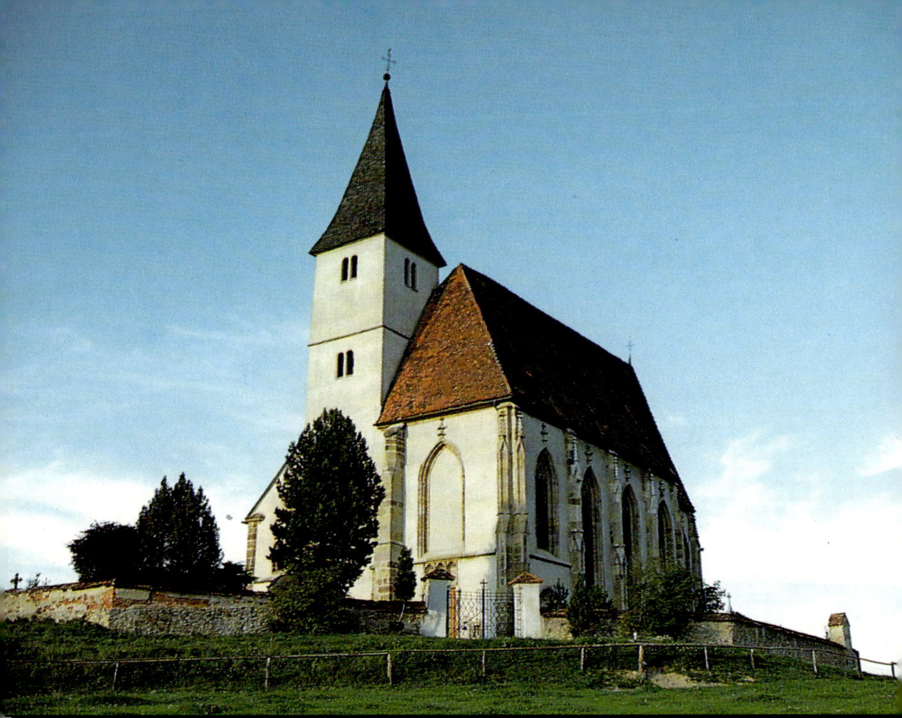

7

8

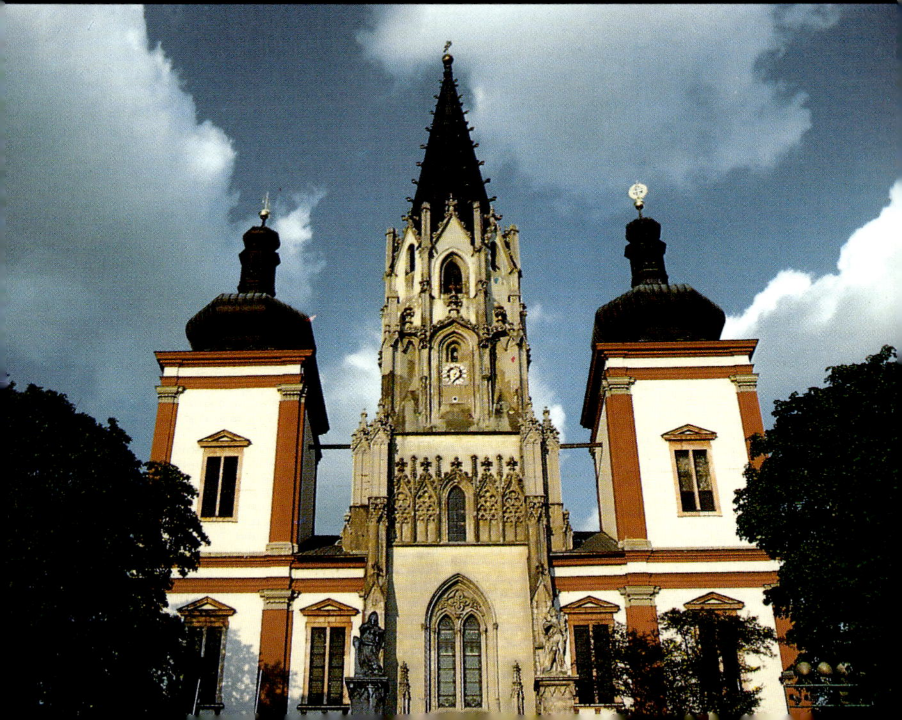

11

12

13

4

15

7

16

8

19

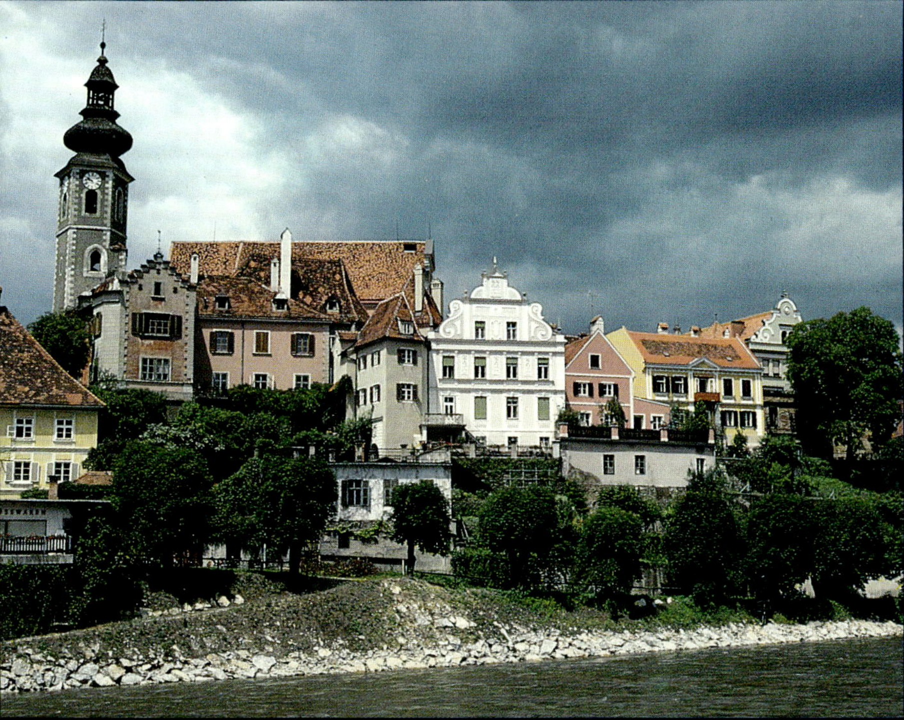

20

21

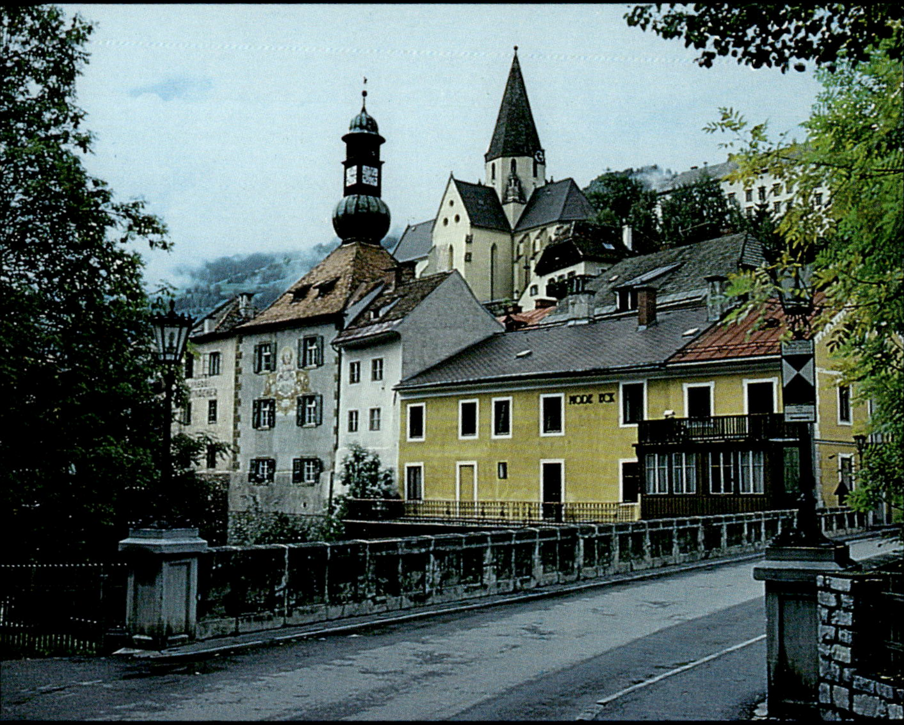

22 ▷

23

24

26

25

27

29

28

33

34

35

36

38

39

40

42

41

43

44

47

48

49

50 ▷

Der Sturm im Weinglas

Ich Hanns Prasser, trinckh
lieber Wein als Wasser,
trunckh ich das Wasser so gern als Wein,
So kundt ich ein reicherer Prasser sein.
Der Künstler, seine Inspiration und sein Werk –
Hanns Prasser war der Erbauer des
eisernen Renaissancebrunnens
auf dem Hauptplatz von Bruck
an der Mur.

»Was sagt sie?« – »Ob wir Sturm wollen, fragt sie.«
Sturm? Warum denn das, um Gottes willen? Ein Herbsttag wie aus dem
Bilderbuch, das Weinlaub leuchtet rotgolden, kein Wölkchen am Himmel, und da
sollen wir *Sturm* wollen? Wein will ich und hier sitzen in der Sonne auf der
Holzbank – »Aber des is doch a Wein, da Sturm. Warten S'.«
Und dann stellt uns die Wirtin ein Probierachterl trüben, leicht moussierenden
Weißweins hin, der süß schmeckt und so harmlos, als enthalte er kein Gran Alkohol
– Federweißer!
Warum er hier Sturm genannt wird, darüber stellen wir in der folgenden, von
inneren Unwettern begleiteten Nacht unsere eigene Theorie auf, die wir aber dann
bei einem Besuch im Weinkeller von Schloß Seggau wieder verwerfen: In den
Eichenfässern, in denen der Most zu Wein wird, rumpelt, rumort und stürmt es
derartig, daß wir beschließen, die etymologische Erklärung lieber in diesem
Gärungsprozeß statt in seinen Folgen zu suchen.
Schloß Seggau liegt im Sulmtal, westlich von Leibnitz. Jahrhundertelang war es
im Besitz des Erzbistums Salzburg, das Ludwig der Deutsche im Jahr 860 mit
Ländereien in allen Teilen Karantaniens bedacht hatte, um die Kolonisierung und
Missionierung des Gebiets voranzutreiben. Die Salzburger teilten sich den Besitz
zeitweise mit dem Bistum Seckau und verschiedenen Burggrafen – von 1218 bis 1595
existierten auf dem Seggauberg drei unabhängige Burgen nebeneinander. Sie wurden
später zwar baulich in ein Gesamtkonzept einbezogen, noch heute aber kann man
architektonische Details entdecken, die von der individuellen Geschichte der ver-
schiedenen Trakte zeugen.
Der bischöfliche Weinkeller ist fast 300 Jahre alt, ein spärlich beleuchtetes
langgestrecktes Gewölbe. In endloser Reihe steht Holzfaß an Holzfaß, dunkle alte
Eiche, wappenverziert. Nie Temperaturschwankungen ausgesetzt, nie Tageslicht.
Es ist so ruhig hier, daß man unweigerlich leise wird und so respektvoll an den
Fässern vorbeischreitet, als befände man sich in einer Weihestätte – ein Tempel für
Gott Bacchus im bischöflichen Schloß.
Der Weingott derer, die die wildwachsenden Reben in dieser Gegend bereits vor
2300 Jahren nutzten, hieß Sucellus; die Kelten stellten ihn mit Schlegel und Becher

in der Hand dar. Intensiviert und kultiviert wurde der Weinbau allerdings erst durch die Römer, die Noricum 15 v. u. Z. dem Reich einverleibten. Wo römische Legionäre stationiert waren, verlangten sie nach Wein; blieb er, zum Beispiel aufgrund von Transportschwierigkeiten, aus, sank die Stimmung im Heer beträchtlich, und das konnte keinem Herrscher recht sein. Da der Import zudem teurer war als der Anbau an Ort und Stelle, forcierte besonders Kaiser Probus (276 bis 282 n. Chr.) den Weinbau im pannonischen Raum. Im Schloßhof von Seggau, in dessen Nähe die römische Stadt Flavia Solva lag, sind an einer Außenwand zahlreiche Römersteine eingelassen; auf einem ist ein Mann zu sehen, der in der Rechten ein gekrümmtes Messer hält. Solch ein Winzer- oder Rebmesser fand man auch als Grabbeigabe: die Schneide ist aus Eisen, der Beingriff verziert – damit trennten die Römer die Reben vom Stock.

Wenn man heute bei der Weinlese hilft – und da wird jede Hand gebraucht, und auch Gäste sind willkommen –, drückt einem der Buttenträger eine ganz gewöhnliche Eisenschere in die Hand, und wenn man nicht aufpaßt und keine Handschuhe trägt, kann man schon in der ersten Frühstückspause ein paar saftige Blasen an der rechten Hand bewundern, während die linke vom Festhalten der taubedeckten Trauben ganz klamm und rot ist. Darüber lachen die Frauen und Mädchen vom Dorf nur, die während der Lesezeit täglich sechs bis zehn Stunden an den steilen Hängen verbringen, und schenken den Stadtleuten noch einen warmen »Tee« ein, dessen Aroma allerdings mehr von Weißwein bestimmt ist als von Teeblättern. Das hilft, und nach ein paar weiteren Stunden, wenn die herbstliche Mittagssonne das Weinlaub zum Leuchten bringt, spürt man die Blasen nicht mehr und auch nicht die Arme, geht ganz auf im Rhythmus der Arbeit, dem Strecken und Bücken, Freilegen der Reben, Schneiden. Wo Grüppchen zusammenarbeiten wird geratscht, gelacht, Späße wandern von Reihe zu Reihe, Dorftratsch. Und plötzlich fängt eines der

Der Weinkeller von Schloß Seggau ist fast 300 Jahre alt

Mädchen an zu singen, und des Städters Herz möchte übergehen vor Glück, hat er doch seinen Rosegger gelesen und weiß vom »Mütterlein, das an langen Winterabenden« sang, »Lieder..., unerschöpflich an Gemüt, reich an Zahl und jedes in einer andern Weise... die uralten, fast vergessenen Lieder meines Volkes« – »It's you-hu, just you-hu, forefa in my hard...«, schallt es über die Weinberge, die ewig gleiche Weise der Kinder von Mütterlein Disco...

Sind die Eimer gefüllt, werden sie in die »Butt« geleert, ein Gefäß, mit dem der Buttenträger durch die Reihen geht. Seine Rolle ist in jeder Hinsicht tragend; nicht nur, weil er bis zu 30 kg Trauben auf dem Rücken den Hang hinauf zum Container schleppen muß – Weinbau wird in der Steiermark zu 85 Prozent auf Steilhängen betrieben –, er bewahrt auch den Überblick, beaufsichtigt, teilt die Arbeitskräfte ein.

Klapotetz – heute kommt ihm nur noch symbolischer Wert zu. Ursprünglich sollte sein Klappern die Vögel aus den Weingärten verscheuchen

Nach der Lese werden die Trauben ins Preßhaus transportiert und »gerebelt«, d. h., man trennt die Beeren maschinell von den Traubenstielen und -kämmen. Die »Maische« muß nun einige Stunden stehen, damit sich Farb-, Duft- und Bukettstoffe entfalten können; dann kann gepreßt werden. Es fließt ein trüber Traubenmost heraus, den man durch einfaches Stehenlassen vorklärt, ehe er ins Gärfaß gefüllt wird. Hier wird innerhalb von zehn bis 14 Tagen der Zucker in Alkohol und Kohlendioxyd umgewandelt – der in dieser Zeit abgezapfte Wein ist der Sturm.

Sturm wird im Herbst überall in der Steiermark angeboten; da sich der halbvergorene Wein aber nicht sehr lange hält, tut man gut daran, ihn nur da zu trinken, wo er angebaut wird, also in der Ost- und Weststeiermark. Seit dem Verlust der Untersteiermark – dort lagen die größten Rebflächen – konzentriert sich der Weinbau auf diese beiden Regionen, wobei man wiederum je nach Struktur, Bodenverhältnissen und klimatischen Gegebenheiten drei Weinbaugebiete unterscheidet:

das *südsteirische,* etwa identisch mit dem Bezirk Leibnitz und mit 1550 Hektar das von der Rebfläche her größte Anbaugebiet;

das *Klöch-oststeirische,* mit 900 Hektar zweitgrößtes Weinbaugebiet der Steiermark, das von Bad Radkersburg im Süden bis in die Gegend von Hartberg im Norden reicht;

und schließlich, vom Urgesteinszug der Kor-, Stub- und Gleinalpe geschützt, das *weststeirische Weinbaugebiet,* »die Schilchergegend... Es ist der kleine Flecken

Land, der einzige in der ganzen Welt, wo einer der letzten reinen Weine aus einer einmaligen Traube, der Wildbacher Traube, gekeltert wird: Schilcher. Die Durchschnittsbewohner von durchschnittlichen Gegenden, die sich in diese Weltlandschaft verirren, nennen diesen Wein einen sauren Rosé-Wein. Der Bewohner der Schilchergegend greift in diesem Fall stumm zu seinem Glas und streichelt das Getränk liebevoll mit seiner Kehle. Er bedarf der sauren Worte nicht, um einzustehen für diesen herben Nektar, im Gegenteil, es ist ihm lieber, wenn er nur in würdige Bäuche rinnt.«

Der Autor dieser Zeilen, Reinhard P. Gruber, Steirer, steirischer Schriftsteller und Wahl-Weststeirer, erweist sich als würdiger Schilchertrinker, so würdig, daß er selbst beim zweiten Doppelliter und obwohl wir mit Hilfe des herben Nektars schon alle Weltprobleme bis auf dieses eine gelöst haben, nicht dazu zu bewegen ist, seine Bezugsquellen preiszugeben. »Einen guten Schilcherbauern erkennt man daran, daß er im Sommer schon keinen Schilcher mehr hat.« Mehr sagt er nicht und bleibt damit sich selbst und seiner »Schilcherlegende« treu:

»Wo, so fragt sich der durstige Laie, wo ist dieser Schilcher? So lüften wir nun denn ein wenig den Schleier des Geheimnisses und nennen Ort für Ort beim Namen: St. Stefan mit seinem hervorragenden Schilcher, Gundersdorf mit seinem herrlichen Schilcher, Greisdorf mit seinem wunderbaren Schilcher, Stainz mit seinem exzellenten Schilcher, Ligist mit seinem großartigen Schilcher, Deutschlandsberg mit seinem unübertrefflichen Schilcher, Schwanberg mit seinem himmlischen Schilcher, Eibiswald mit seinem überirdischen Schilcher. Und dann: 100

Klöch an der Klöch-oststeirischen Weinstraße

Schilcher Weinstraße, im Hintergrund St. Stefan ob Stainz

Wie es gärt!
Wie es kocht in den feisten Fässern!

Brennt noch der Maischegeruch
in den Augen
Klebt an den Fingern der Saft

Ausgepreßt
ist das Jahr –
so viel Glanz und Schwere! –
Ein fasriger Nebel
steht schräg durch den Tag

Es prallen die Nüsse
Es platzen die goldenen Birnen
Voll von lockenden Nestern das Gras
und die Wächten aus abgefallenem Laub

Wie es gärt!

Quillt über der blasige Schaum
und verdampft
Sinkt ab an den Grund
in den Satz
was nicht rein ist

Laß draußen den Nebel,
das schwarze Gekreische der Krähen!

Es gärt
Es wird klar –

So betäubend süß wie der Most
werden die Träume sein
wenn er reif ist – ihr Freunde! –
wenn wir ihn trinken
den eigenen
unseren Wein!

Alois Hergouth, Umkreisung der Nacht

kleine, versteckte Örtlichkeiten und Buschenschenken zwischen St. Stefan und Eibiswald, auf der ›Schilcherstraße‹, die wir der Öffentlichkeit um keinen Preis zu verraten gewillt sind, weil wir den edlen Saft lieber selber trinken, und zwar am allerliebsten im Herbst, wenn die frischgebratenen weststeirischen Maroni von den heißen Pfannen hüpfen, und zwar direkt in unsere Schlünde, wo sie, vom Schilcher benetzt, eine Allianz eingehen, die eine Vorahnung des lukullischen Elysiums auslöst, ja: erzwingt.«

Spätestens hier erkennt der durstige Laie, daß Schilchertrinken eine Philosophie ist, eine geheimbündlerische Angelegenheit und, ausgeschlossen aus dem Kreis der Würdigen, fragt er sich, was denn nun wirklich dran sei an dem Mythos, und kommt zu folgendem Ergebnis:

1. Schilcher ist ein zwiebelfarbener bis rubinroter Wein – je nach Gegend, je nachdem wie lang die Maische liegt, variiert seine Farbe.

2. Er wird aus der blauen Wildbacher-Rebe gewonnen, die sehr gute, warme Lagen fordert und auf den schweren Urgesteinsböden der Weststeiermark bis zu einer Höhe von 600 Metern gedeiht.

3. Er schmeckt frisch, fruchtig, säuerlich, trocken.

4. Der Schilcher ist ein saurer Rosé-Wein.

Der rechte Weg für die, die in diesen philosophischen Diskurs einsteigen wollen, führt von Eibiswald nach Voitsberg, entlang der *Schilcher-Weinstraße* – über 100 Buschenschenken und Gasthäuser bieten Gelegenheit, sich dem Thema »Schilcher« in Theorie und Praxis zu nähern.

Weinstraßen gibt es auch in den anderen beiden Weinbaugebieten: die *Sausaler* zwischen Leibnitz und St. Andrä – ein kleines Museum in Kitzeck, dem höchstgelegenen Weindorf Europas, ist ganz dem Wein gewidmet –, die *Südsteirische,* sie verläuft von Ehrenhausen bis Leutschach direkt an und teilweise sogar auf der jugoslawischen Grenze, und schließlich die *Klöcher,* die sich von Fehring nach Bad Radkersburg durchs Oststeirische Hügelland schlängelt (s. S. 282 f.).

Der Ort Klöch besteht aus einer Burgruine, ein paar Häuschen im Dorf und unzähligen Weingärten, die die steilen Basaltfelsen hinaufklettern. Die Straßen sind so eng und gewunden, daß man bald jede Orientierung verliert, ein Labyrinth aus Weinstöcken, am Wegkreuz ein leidender Christus, blumengeschmückt. Ab und zu scheinen hinter einer Kurve die Pappeln auf, die den höchsten Punkt markieren und eine herrliche Aussicht versprechen – dem, der sich nicht vorzeitig zum Einkehren locken läßt: »Buschenschank«, »Brettljause«, überall Schilder, dazu, naiv verführerisch gemalt, ein Weinglas, ein Holzbrett mit zartrosa leuchtenden Speckscheiben.

Im Buschenschank, einer Einrichtung, die auf Kaiser Joseph II. zurückgeht, darf der Weinbauer »die von ihm selbst erzeugten Lebensmittel, Wein und Obstmost zu allen Zeiten des Jahres, wie, wann und in welchem Preise er will« verkaufen oder ausschenken. Die Verordnung ist schon über 200 Jahre alt; sie wurde zu einer Zeit erlassen, als es um den steirischen Weinbau nicht zum besten stand: Rückständige Anbaumethoden waren dafür verantwortlich, kellerwirtschaftliche Mängel ebenso wie Verwendung minderwertiger Traubensorten – kurz, der Wein war schlecht, und die Weinbautreibenden besaßen weder das Kapital noch die nötige Bildung zur

Zu allen Zeiten baute man in der Steiermark Wein an, schon die Kelten nutzten die Rebe

Anlage neuer Rebenkulturen. Daran konnte auch der Buschenschankerlaß nichts ändern; erst Erzherzog Johann schuf die Voraussetzungen zur grundlegenden Verbesserung der Situation; auf seinem Weingut in der Nähe von Marburg demonstrierte er, welche Erfolge sich mit einem zeitgemäß geführten Betrieb erzielen ließen, er war es auch, der Rebsorten wie Rheinriesling, Welschriesling, Traminer, ... in der Steiermark heimisch machte.

Die Buschenschankverordnung des Kaisers wurde seit 1784 zweimal novelliert; heute gilt, daß der Weinbauer nur kalte Speisen und ausschließlich Schweinefleischprodukte servieren darf. Außer Wein, der aus der eigenen Produktion stammen muß, kann er alles zukaufen. Zusätzlich führt er heimische Fruchtsäfte, Mineralwasser und Soda, so daß man im Buschenschank auch eine »Mischung« (Wein und Mineralwasser) bestellen kann und einen »Spritzer«, mit Soda verdünnten Wein.

Das Hügelland um Klöch ist vulkanischen Ursprungs, das verleiht dem Wein, der hier gedeiht, die besondere Note. »Da Klöcher Traminer is in da ganzen Welt bekannt«, sagt der Weinbauer, und man ist sofort bereit, ihm zu glauben und in jeden weiteren Superlativ einzustimmen. Aus dem Weinlaub leuchten die schweren Trauben – wie beruhigend zu sehen, daß ein neuer Jahrgang heranwächst, während man dem alten zu Leibe rückt –, das Abendlicht taucht die Hügel in Blau, man sieht bis Ungarn, Jugoslawien. Und das Brot ist gut! Und erst der Speck, der auf der Zunge zergeht... Der Hausherr bringt Nachschub, fragt, ob er sich dazusetzen darf. Er spricht ruhig, unaufdringlich. Fragen nimmt er so ernst, daß er erst lange über die Weinberge schaut, bevor er langsam und detailliert Auskunft gibt. Er weiß alles über den Wein, die neuen Gesetze, die ihm das Leben so schwer machen, die Folgen der Maismonokultur, die sich auch hier immer mehr durchsetzt. Und nicht nur das – als wir ihn am späten Abend verlassen, sind wir bestens informiert über alles, was mit dem Sammeln und Reparieren von Taschenuhren zu tun hat...

Man trifft seltsame Charaktere unter den steirischen Weinbauern. Bastler, Sammler, Geiger – und viele Philosophen. Menschen, die unter extrem harten Bedingungen arbeiten – an den Steilhängen kann man keine Millionenerträge erzielen, wie etwa im Burgenland auf den ebenen Flächen –, Winzer, die ihr Gewerbe mit sehr viel Kenntnis und Stolz betreiben. In den kleinen Buschenschenken treffen sich die Nachbarn auf ein Glas Wein – da überlegt man sich als Weinbauer, was man in die Fässer hineinschüttet.

»Im Wein liegt der Charakter des Weinbauern und Kellermeisters«, sagte der Vorsitzende des Landesweinbauverbands, Burkart Winkler-Hermaden, anläßlich der Eröffnung der Fehringer Weintage im Sommer 1985, bedeutende Worte zu einer Zeit, als der Weinskandal international Schlagzeilen machte. Auf den Charakter seiner steirischen Weinbauern kann sich der Obmann verlassen – in der Steiermark wurde kein einziger Fall von Glykol-Panscherei bekannt.

Die Weine der Steiermark

»Der Steyermärkische Wein ist in der Qualität, Güte und Mannigfaltigkeit so verschieden, daß es vielleicht keine Provinz in der Welt gibt, welche so verschiedene Gattungen dieses allbeliebten Produktes lieferte.«

Topographische Kunde von der Hauptstadt Gratz, 1808

Welschriesling

Die steirische Hauptsorte, ein fruchtigfrischer Pokulierwein, der sich gut zur Lagerung eignet. Gekreuzt mit der Orangetraube entsteht der körperreiche *Goldburger*.

Müller-Thurgau

Ein milder, oft lieblicher Wein mit leicht muskiertem Bukett. Er wird als Jungwein getrunken und steht, da er in allen steirischen Weinbauregionen gedeiht, der Verbreitung nach an zweiter Stelle.

Weißer Burgunder

Er nimmt Platz drei unter den steirischen Weinen ein, ein voller Wein, der sich gut lagern läßt, feinblumig, körperreich mit pikanter Säure.

Morillon

Ebenfalls zur Burgunder-Familie gehörig, ist er eine Spezialität der Südsteier-

re. Leitsorte in der Südoststeiermark, das Klöcher Anbaugebiet ausgenommen.

Rheinriesling
Man nennt ihn den König der Weine – bukettreich, spritzig, rassig. Sehr gut lagerfähig. Leitsorte im Sausal, gedeiht auch in der Gegend um Klöch.

Sämling 88 (Scheurebe)
Diese Kreuzung zwischen Sylvaner und Riesling gedeiht besonders im süd- und südoststeirischen Weinbaugebiet. Ein

mark. Vollmundig, ideal für lange Lagerung.

Ruländer
oder Grauer Burgunder, in Deutschland wird er *Tokayer* genannt. Ein feuriger Wein mit vollem Bukett und feiner Säu-

fruchtig-frischer Prädikatswein mit rassiger Säure.

Muskat-Sylvaner (Sauvignon)
Ein voller Wein mit würzigem Bukett, der v. a. in der Südsteiermark gedeiht und bei langer Lagerung höchste Qualität erreicht.

Muskateller
Eine südsteirische Spezialität, elegantes, zartes unaufdringliches Muskatbukett.

Traminer (Gewürztraminer)
Wein mit starkem Bukett, liefert einmalig harmonische Weine. Besonders bekannt ist der Klöcher Traminer, er zählt

mit zu den besten der Welt. Eine besonders aromatische Variante findet man im Gewürztraminer.

Zweigelt blau
Ein voller kräftiger Rotwein, der in allen drei Anbaugebieten gedeiht.

Blauburger
Eine Neuzüchtung aus Klosterneuburg, nicht zu verwechseln mit Blauburgunder (Pinot noir). Liefert dunkle, kräftige, eher herbe Rotweine, geeignet für längere Lagerung.

Wildbacher (Schilcher)
Ein Kapitel für sich. S. S. 171 ff.

Richtigstellung und Trost für all jene Biertrinker, die sich nach der Lektüre dieser Seiten mit Grausen von der Steiermark wenden wollten:

Es gibt auch Bier hier, gutes, international bekanntes Bier sogar. Vor allem in der Obersteiermark ist es Volksgetränk, aber auch im Weinland wird es – außer in Buschenschenken – überall ausgeschenkt.

Daß die steirische Seele durchaus in der Lage ist, die Liebe zu beiden Getränken in sich zu vereinen, soll wiederum anhand von Reinhard P. Gruber gezeigt werden, jenes Mannes, der sich für den Schilcher so engagiert hat, in gleicher Weise aber auch mit dem Ritus und tieferen Sinn des Biertrinkens vertraut ist, wie er in dem Roman »Aus dem Leben Hödlmosers« unter Beweis stellt:
»als hödlmoser in kumpitz ankommt, hat er schon wieder einen sehr großen durst.
›bin ich heut geil!‹ sagt hödlmoser und der wirt bringt noch ein bier. dann setzen sich der wirt und der junge siebenbäck an seinen tisch.
›hast schon einen durst heut, was?‹ sagt der wirt zu hödlmoser.
›und was für einen!‹ lacht hödlmoser.
auch der junge siebenbäck merkt, daß hödlmoser unruhig auf der bank hin und her rutscht.
dann bestellt der junge siebenbäck ein bier für hödlmoser.
›für mich auch noch eins!‹ sagt der junge siebenbäck.«

Hofzaun des Reiches

Streckau
◁ Riegersburg

Die meisten steirischen Burgen und
Schlösser liegen naturgemäß da, wo die
Grenze am verwundbarsten war – im Süden des Landes – und entlang der wichtigsten Verkehrswege.

Der Großteil der Wehranlagen entstand im 12. Jahrhundert, 1165 begann
man, einen regelrechten Burgengürtel
anzulegen, der in der Oststeiermark
Neuberg bei Hartberg, Fürstenfeld,
Friedberg, Thalberg, Kornberg, Kapfenstein, Bertholdstein, Bärnegg, Rein-
berg, Eichberg und Hohenbrugg ent-
hielt. In der Weststeiermark zog sich die
Verteidigungslinie von Eibiswald bis ins
Kainachtal.

Während der Türken- und Kuruzzen-
kämpfe errichtete man auf hochgelegenen Plätzen, wie zum Beispiel auf der
Riegersburg und in Kapfenstein, Signal-
feuer, sogenannte »Kreitfeuer«. »Kraien«
heißt im Althochdeutschen lärmen,

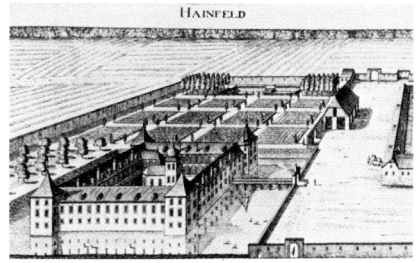

Hainfeld im 17. Jahrhundert

Pertlstein, Abtei St. Gabriel

180

schreien: War der Feind im Anmarsch, warnte man nicht nur optisch, sondern auch durch akustische Signale. Die Bevölkerung packte daraufhin Vorräte und Vieh und floh: entweder in die Burgen oder in sogenannte »Täber«, wehrhaft umbaute Kirchen. Ein besonders schöner Tabor ist noch in Feldbach zu sehen. Er wurde im 15. Jahrhundert angelegt, war von einem Wassergraben und einer Mauer mit Schießscharten umgeben. Zu jedem Bürgerhaus im Markt Feldbach gehörte ein kleines Fluchthaus am Tabor mit Keller, Wohnräumen, Speicher und Stall. Die Bauern, die weder Burg noch Tabor in der Nähe hatten, suchten in unterirdischen Fluchthöhlen in den Wäldern Schutz.

Im 13. Jahrhundert entstand die Riegersburg, eine mächtige Bergfestung auf einem Basalttuffelsen, die »stärkste Festung der Christenheit«. »Sie erhebt sich auf einem weit herum vereinzelten Berge, auf dessen Mitte beiläufig der gleichnamige Markt der siebentorigen Burg zu Füßen liegt. Tausend Schritte zählt man vom Grund des Tales bis zur Kirche im Markt und ebenso viele von der Kirche bis zum Gipfel der Burg ... Die weitläufigen Mauern der Riegersburg umfangen Felder, Wiesen und Weingärten, in denen für das Bedürfnis der Besatzung überflüssig gesät, geerntet, gemäht und gekeltert werden konnte, wenn der Feind auch alle Zufuhr der Lebensmittel abgeschnitten hätte.« So schrieb der Orientforscher Joseph von Hammer-Purgstall 1845 in seinem Roman »Die Gallerin auf der Riegersburg«.

Die Gallerin, jene baufreudige Schloßherrin, war die berühmteste Bewohnerin der Burg. Nicht ganz so ehefreudig wie ihre Kollegin in Murau (s. S. 247 f.) – sie heiratete nur dreimal – erwarb sie sich ihren schlechten Ruf »als schlimme Liesl« durch zahlreiche Prozesse und Streitigkeiten, v. a. mit der Geistlichkeit legte sie sich gern an. Die baulichen Veränderungen, die sie in der Riegersburg vornahm, prägen den Charakter des Gebäudes bis zum heutigen Tag.

Hainfeld heute

Schloßfrau
werden ist nicht schwer,

Wenn man Hedwig Courths-Mahler gelesen hat, weiß man, daß es auch in den besten Familien vorkommt, daß man verarmt und einem das Schloß über dem Kopf zusammenfällt, daß das aber gar kein Problem ist, sofern man gut – sprich redlich, reumütig und duldsam – ist. Dann nämlich kommt die reiche Gräfin und kauft das Schloß auf und bringt alles wieder in Ordnung.

Die junge Frau, die im Hof von Schloß Spielfeld ihren VW wäscht, sieht nicht aus, als habe sie Courths-Mahler gelesen. Eher schon Kafkas »Schloß«: Natalie Askari-Baggovout hat Spielfeld geerbt und muß keine Schundromane lesen, um zu wissen, daß Besitz nicht glücklich macht. »Es war eine Gutachterin von der Landesregierung da, und die Diagnose ist ganz eindeutig: Für Spielfeld ist es nicht fünf, sondern drei Minuten vor zwölf, wenn nicht bald etwas geschieht, ist das Schloß nicht mehr zu retten.«

Ein herrliches Schloß. Es liegt direkt an der jugoslawischen Grenze oberhalb der Mur. Drei massige Ecktürme überragen den mächtigen Zweiflügelbau aus dem 16. Jahrhundert, im Innenhof eine barocke Freitreppe und über vier Geschosse Renaissance-Säulenarkaden. Eine kleine Kapelle, ein Zubau für die Stallungen, Kellerräume mit Tonnengewölben und festgestampftem Lehmboden, Turmzim-

Schloßfrau
sein dagegen sehr

mer, Speicher, wo die Käuzchen nisten und alles überwuchert, zugewachsen mit Efeu, der sich an dem bröckelnden Verputz hält...

Romantisch? Sicher, wenn man es nicht mit den Augen der Besitzerin sehen muß. »Was nützt mir der schönste Speicher, wenn's reinregnet. Die Fenster müssen erneuert werden, und in den ›romantischen‹ Arkadengängen stürzen mir die Gewölbe ein. Die Gutachterin hat Versetzungsrisse im Westturm festgestellt, ich brauch Drainagen, neue Dachrinnen, die Türme müssen gedeckt werden... ach, die Liste könnt ich endlos fortsetzen.«

Über 50 Zimmer, 132 Fenster, 3 000 qm Dachfläche – da kommt jedem Reihenhausbesitzer das Grausen, wie soll man das bezahlen, zumal, wenn man außer einem alten Schloß nichts geerbt hat. »Die Besitzungen meines Vaters – Weinberge, Wälder und noch ein Schloß – liegen alle in Jugoslawien. Ich bin ja gottfroh, daß ich das zweite Schloß nicht auch noch am Hals hab, aber ohne die Ländereien gibt es einfach keine Einnahmequelle, um diesen Riesenbau zu erhalten. Da tun sich zum Beispiel die Schloßbesitzer in der Obersteiermark leichter, die teilweise noch enormen Waldbesitz haben. Hier an der Grenze schaut das ganz anders aus. Ich kann Spielfeld ohne öffentliche Hilfe nicht retten.

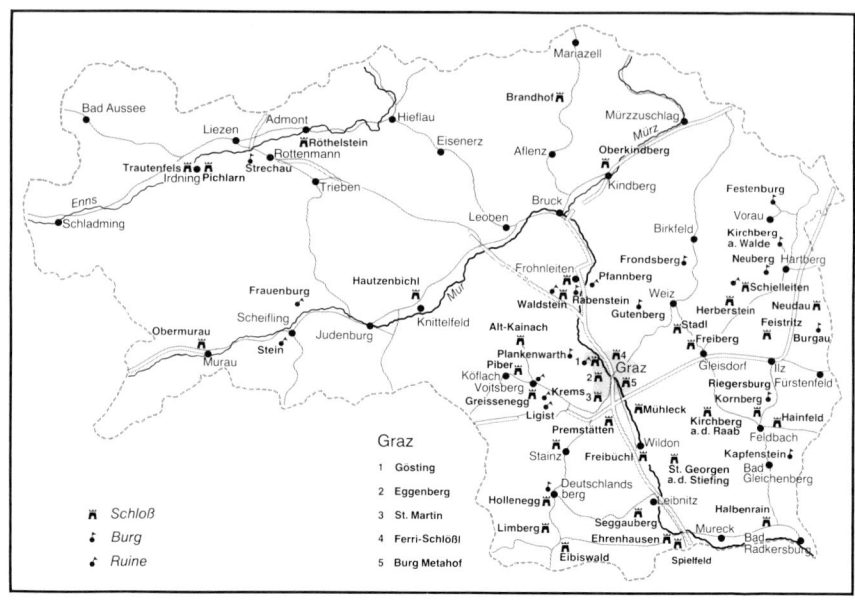

Natürlich hab ich der Landesregierung auch die Nutzung angeboten, es geht mir ja nicht darum, daß ich mir vom Staat mein Haus herrichten lassen will, ich möchte, daß es erhalten bleibt und in irgendeiner Weise von der Öffentlichkeit genutzt wird, als Schule oder Museum.«

Spielfeld steht unter Denkmalschutz, da es »mit Seggau und Ehrenhausen zu den bedeutendsten Baudenkmalen der Südsteiermark« gehört und das hat, so liest man, »insbesondere zur Folge, daß die Zerstörung des Objektes sowie jede Veränderung, die dessen Bestand, überlieferte Erscheinung oder künstlerische Wirkung beeinflussen könnte, der Zustimmung des Bundesdenkmalamtes bedürfte.«

Aktiver oder passiver Zustimmung?, ist man versucht zu fragen, wenn man das Schloß in seinem heutigen Zustand, drei Minuten vor zwölf, sieht.

»Wir wären gern aktiv, was Spielfeld angeht, und greifen in Notsituationen ja auch immer wieder ein. Nur, für eine umfassende Sanierung ist einfach das Geld nicht vorhanden, der Revitalisierungsfond verfügt über nur 10 000 000 Schilling pro Jahr«, so Dieter Cwienk, rechte Hand des Landeskulturreferenten, der noch eine ganze Reihe ähnlich trauriger Fälle in der Steiermark nennen kann. »Wir sind das schlösser- und burgenreichste Land der Erde, das ist ein Superlativ, der uns sehr viel Geld kostet.«

Die Zeiten der »Gallerin« sind halt endgültig vorbei. Die baute nach Lust und Laune und ohne irgend jemand um Zuschuß bitten zu müssen an der Riegersburg herum und ließ 1653 folgende Inschrift anbringen: »Was ich in 16 Jahrn hier hab lassen paven/Das ist woll zvsechen vnd zvschaven/Kain Haller mich nicht reven thvet/Ich mains dem Vatterland zv gvett.«

184

Wer es heute »dem Vatterland gvett« meint, indem er dessen Kulturdenkmäler pflegt, hält dafür auch die Hand auf: An der Landesausstellung 1987, die auf der Riegersburg stattfindet und »Hexen und Zauberer« zum Thema hat, ist das Land an den Bauarbeiten und der Renovierung des Schlosses mit Millionen beteiligt. Auch die Restaurierung von Schloß Herberstein, Ausstellungsort 1986, verschlang Steuermillionen und brachte die Diskussion auf, ob diese »auf Privatschlössern durchaus üblichen großzügigen Restaurierungsmaßnahmen« (Wochenpresse, 6.5.86) sinnvoll seien, ob man öffentliche Gelder in Räume investieren solle, die der Öffentlichkeit dann nur sechs Monate lang zugänglich sind. Vielleicht führt diese Diskussion dazu, daß Steuergelder künftig nur dann in Privatbesitz wandern, wenn die langfristige öffentliche Nutzung garantiert ist. Und dann hätte vielleicht auch Spielfeld eine Chance.

Trautenfels

Herrn Jacques zumTrost!

»Herrn Jacques' Morgengemüt war nicht so lachend wie der Himmel, denn er hatte eine unruhige Nacht zugebracht, voll schwieriger Gedanken und Zweifel über seine eigene Person, und diese Unruhe war geweckt worden durch den am Abend vorher in irgendeinem vorlauten Buche gelesenen Satz, daß es heutzutage keine ursprünglichen Menschen, keine Originale mehr gebe, sondern nur noch Dutzendleute und gleichmäßig abgedrehte Tausendspersonen.«

Gottfried Keller, Zürcher Novellen

Was tut Dr. Katzenberger in Arnfels?

»I. Steirisches Uhrenmuseum, I. Musikalienmuseum, Volkskunde Sakral Botan und Philatelie-Museen« steht auf einem blitzblank polierten Schild. Ein älterer Mann öffnet, untersetzt und etwas aufgedunsen, senffarbener Anzug mit Fliege, das gelbgraue Haar exakt nach hinten gekämmt: Dominik Haindl, Totengräber von Arnfels, »Kustos, Restaurator und Komponist«. Ein weicher Händedruck, ein mißtrauischer Blick.

»Woher kommen Sie?«

Dann sind wir gewogen und für recht befunden. Er wird geschäftig, eilfertig, öffnet eine Tür, »kommen Sie, kommen Sie«, hastet in einen engen, dunklen Gang. Minutenlang sieht man gar nichts, hört nur Satzfetzen, überstürzt herausgestoßen: »Zangen, alle Zangen, die älteste, Sägen, die erste Säge, ganz selten, da – Lampen, alles originell...«.

Langsam gewöhnt man sich an das Dunkel, erkennt, was er benennt, möchte es näher sehen, »weiter, weiter«. Eine Treppe hinauf, Bilder, Sakrales, ein Jesus, der »mit den Augen folgt«. Oben am Treppenabsatz dreht er sich um, steht mit erhobenem Kinn: »Ich bin der Maler!«

Fotografieren? Hier? Nein. Wir müssen verstehen, er muß vorsichtig sein, kann nicht jeden reinlassen, hat so vieles, ein Leben lang gesammelt. Über 40 000 Stücke. Und es gibt schlechte Leute. Die Polizei tut nix. Er wüßte schon, das da, ein Selbstschutz. Den würd er einbauen, und dann, beim Überfall »bumm, bumm, bumm, explodiert im Bauch!« Er lacht selbstzufrieden, dann wieder vertraulich: »Mögen Sie Geigen?« Er ist auch Musiker.

Im Séparée liegen die Geigen, jede in einem eigenen Kasten – er öffnet einen, rituelle Handlung. Dicke, breite Finger auf den Saiten, im Pizzikato demonstrierte Klangqualität. Unendliche Anstrengung zeichnet des Meisters Gesicht, die schwammigen Backen eingezogen, drückt er sich mühsam von Ton zu Ton, dann, mit der letzten gezupften Note, hebt er die Geige wie eine Trophäe, verbeugt sich, noch immer die Backen nach innen gesaugt, ja, eine Stradivari, eine echte, auch die, ja. Alles gesammelt und selbst restauriert, und dann kommt die Finanz und will Geld! Will ihn besteuern. »Aber wenn die kommen, verbrenn ich alles, alles!«

»Weiter, weiter«, neue vollgestopfte Räume, Uhren, Uhren, billige Wecker aus den 50er Jahren neben außergewöhnlichen Stücken, Münzen, Harfen, Hüte, Waffen, keine Zeit zu beurteilen, zu genießen, »weiter, weiter«, »alles originell«.

Der Kustos Dominik Haindl kennt seine Besucher, weiß, daß der Punkt kommt, wo er sie treiben und festhalten zugleich muß, denn er hat noch so vieles in seinem »Domineum«, nicht nur in dem einen Haus – Scheunen, Zubauten zum alten Hof sind vollgestopft, Möbel, Schlitten, Geräte, Werkzeuge, Bilder, Instrumente und alles einzigartig, »originell«, vom Besten, vom Ältesten...

Um eine Madonna blinken Lichter, in der Ecke ein zusammengekrümmtes kleines Tier, »präpariert«, ein Rinderherz, das er vor uns schwenkt: »Es riecht nicht, es riecht nicht, können Sie essen, wenn Krieg kommt. Das ist einzigartig, das hab ich patentiert, auch für Menschen, die humanste Mumifizierungsmethode!« Jeder so, wie er will, wenn einer General war, dann mit Säbel, und dann stellt man ihn auf, und er riecht nicht! Allerdings – jeden kann er nicht präparieren, nur Schloßbesitzer. Warum? Weil nur sie eine Kapelle haben, in die sie die Toten stellen können.

»Weiter, weiter!« Ein herrliches gotisches Kreuz, eine Gipsheiligenfigur, »wenn Sie eine kleine Spende geben wollen«, und dann weiter, weiter in die anderen Häuser in den Garten, und da stehen wir ungläubig vor ein paar elend aussehenden zerzausten Bananenpflanzen, von denen der Meister behauptet, er habe sie hier draußen durch den Winter gebracht, durch den extrem harten Winter 85/86, Banenenpflanzen in der Steiermark? Und wie?

Dominik Haindl

Indem man sie abhärtet, wie Kinder, immer ein bißchen mehr Kälte, bis sie es aushalten.

Drei Stunden Domineum. Erst das vierte oder fünfte »jetzt müssen wir aber wirklich« fruchtete. In aufrechter Haltung winkt er uns nach: »Und wenn sie etwas haben, ich kauf alles oder tausch es«, und man verläßt Arnfels und Dominik Haindl und ist froh, kein Kind von ihm zu sein und kein Schloßbesitzer, der in die Versuchung kommen könnte, sich präparieren zu lassen.

Ein ordentliches Mißgeburtenkabinett

Dr. Katzenberger, Arzt und Sammler von Mißgeburten, unternimmt mit seiner Tochter Theoda eine Reise ins Bad zum Zweck, »seinen Rezensenten beträchtlich auszuprügeln«, der seine drei bekannten Meisterwerke »überaus heruntergesetzt hatte«.

Unterwegs erwirbt er einen achtbeinigen Doppelhasen und eine Hand mit sechs Fingern und philosophiert über die Notwendigkeit eines ordentlichen Mißgeburtenkabinetts:

»Wo ist aber – mein elendes ausgenommen – noch ein ordentliches Mißgeburtenkabinett? Welcher Staat hat noch Preise auf Einliefern von monstris gesetzt, geschweige auf Erzeugung derselben, wie doch bei Blumen geschehen? Geht ein Monstrum als ein wahrer Solitär der Wissenschaft unter, so ist man noch gleichgültiger, als wäre ein Schock leicht zu zeugender Werkeltagleiber an der Ruhr verschieden. Wer kann denn aber eine Mißgeburt, die sich so wenig als ein Genie fortpflanzt ..., ersetzen, ich bitte jeden? Ich für meine Person könnte für dergleichen viel hingeben, ich könnte z. B. mit einer weiblichen Mißgeburt, wenn sie sonst durchaus nicht wohlfeiler zu haben wäre, in den Stand der Ehe treten; und ich will dir's nicht verstecken, Theoda – da die Sache aus reiner Wissenschaftsliebe geschah und ich gerade an der Epistel de monstris schrieb –, daß ich an deiner sel. Mutter während ihrer guten Hoffnung eben nicht sehr darauf dachte, aufrechte Tanzbären, Affen oder kleine Schrecken und meine Kabinetts-Preziosen fern von ihr zu halten, weil sie doch im schlimmsten Falle bloß mit einem monströsen Ehesegen mein Kabinett um ein Stück bereichert hätte.«

Jean Paul, Dr. Katzenbergers Badereise, 1807/1808

Die Weltfahrt und Gottessuche des reinen Toren F. G.

Im Leben des Franz Gsellmann gibt es eine Reise. Sie ereignete sich im Jahr 1958, begann in Kaag, führte über Edelsbach, vorbei an der Freiwilligen Feuerwehr und hinunter zur Hauptstraße und nach Feldbach.

Dort endete der erste Teil der Reise. Franz Gsellmann ließ sein Fahrrad am Bahnhof und löste einmal Feldbach-Brüssel-Feldbach.

Auf der Fahrt schlief er die meiste Zeit. Die Brotzeit hatte er im Rucksack. Er stieg nirgends aus. Interessant nur das Ziel: Brüssel. Und dort wiederum nur das eine: die Weltausstellung. Und auch da nur das »Atominium«.

In Brüssel angekommen, begab er sich zu Fuß zum Ausstellungsgrund, sah sich das Atomium von allen Seiten an, zeichnete es ab und fuhr wieder nach Hause.

Die Brotzeit reichte auch für die Rückreise.

✳

Der Bezirk Feldbach gehört noch immer zu den ärmsten Gebieten der Steiermark: 37 % der Bevölkerung sind in der Landwirtschaft beschäftigt (steirischer Durchschnitt 13,2 %), die Steuerkopfquote liegt 30,3 % unter dem Landesdurchschnitt, die Arbeitslosenquote 3 % darüber.

Die meisten Bauern betreiben die Landwirtschaft nur nebenher, arbeiten irgendwo am Bau, müssen pendeln. Täglich 50, 60 Kilometer. Zu jedem Hof gehört mindestens ein Auto, ein Fernseher.

Graz ist noch immer weit weg – bevor man die 50 Kilometer fährt, um einzukaufen, bestellt man lieber aus Versandhauskatalogen, die – bunt und verführerisch, ein Stückchen große, weite Welt – ins Haus flattern. Und Brüssel? Wegen einer Ausstellung? Bist narrisch?!

✳

Wäre Franz Gsellmann eloquenter, belesener gewesen, hätte er den Moment, in dem er in der Regionalzeitung das Foto vom Atomium entdeckte, mit »Inspiration« bezeichnet, seine Reise als »Drang, die angestaute künstlerische Energie zu kanalisieren«.

Franz Gsellmann hatte zwei Jahre Volksschule, Musenküsse waren im Lehrplan nicht vorgesehen. Auch nicht, daß einer Elektriker werden wollte, wenn es eine kleine Landwirtschaft zu übernehmen galt. So wurde Franz Gsellmann Bauer, aber daß er einen Auftrag hatte, etwas bauen mußte, »a Maschin«, das war ihm immer klar. Und warum muß der Mensch? Weil Gott es so will:

Mit Müch
und Blarg harb ich
gebaut. Für das so kurze
Leben. Gott wirt mich in
der antern Welt. Eine
schönere Arbeit geben.
G. 1969. F.

»Die Maschin« des Franz Gsellmann: im Mittelpunkt das mit Hula-Hoop-Reifen umgürtete Atomium, Keimzelle, Kern, Grundidee, von der alles ausging. Darum herum wachsen Rohre, Gitter, wuchern, in grellen Farben bemalt, Stäbe und Ketten, Schwungräder, Keilriemen. Spiegel blitzen, Lämpchen blinken, eine Maria strahlt im Rosenkranz. Gläserne Heilige glänzen in einem Reigen von Glasstöpseln – jeder anders geschliffen – im Schnabel eines Adlers baumelt eine venezianische Gondel. Obstschale und Windmühle, ein Spielzeugraumschiff, bemannt, über bombastischem Kreuz ein Vogelkäfig. Roulettscheibe, Fön, Metronom. Hunderte elektrische Teile, 25 Motoren – die von Küchenmaschinen, Pressen, Strickmaschinen. Und dann bewegt sich das Ganze, blinkt, pfeift und blitzt, das Atomium dreht sich, in roten Bahnen zischen Spielzeugraketen, ein Klöppel schlägt auf einen Gong, bunte Lampen leuchten auf, Blaulicht. »Stille Nacht« und »O mein Papa« tönt es aus Spieluhren.

Mit kleinen Bewegungen schaltet die Witwe Mathilde Gsellmann die verschiedenen Stromkreise ein und aus, präsentiert Teilimpressionen, das Wunderwerk in Etappen. Und dabei würde man so gern alles auf einmal in Aktion erleben, alle 25 Motoren ratternd – das muß sein, als ob die Maschine mit dem kleinen Haus in Kaag ansetzt, abzuheben und pfeifend in den steirischen Himmel zu zischen.

Aber das geht nicht, nicht wegen der Unfallgefahr, da hat sich der selige Franz Gsellmann schon abgesichert, »Unfälle auf eigene Gefahr«, steht auf einem Schild, sondern wegen der Stromversorgung. Die würde zusammenbrechen.

Gsellmanns Weltmaschine – die Welt des Franz Gsellmann: Eine Mischung aus Mystik und Technik, Alltagskitsch und Hausaltar. »A Maschin, die nix produziert« – ist da ein Künstler am Werk, der die Sinnlosigkeit der Technik beweisen will? Ein Philosoph, Metaphysiker, Gottsucher? »Des is a Gabe von Gott aus. Hätt der Herrgott mir nicht so weit mitgeholfen, wär ich nie so weit kommen. Ma muß a Geduld ham.« Oder zeigt sich hier einfach nur der »homo ludens« in seiner reinsten Form: kreativ, innovativ. »Beim Bauen kriagt ma no mehr Freid.« Die Freude ist sichtbar, nachzuvollziehen in jedem Detail, in der Art, wie die »Maschin« über das »Atominium« hinausgewachsen ist, die Gesamtkomposition sich längst vom Zentrum gelöst hat. Jeder Zentimeter ist ausgenützt, immer neue liebenswerte Kleinigkeiten sind zu entdecken. Wäre der Raum größer gewesen – Gsellmann baute in einem Kammerl von 2 × 6 Metern –, wär »die Maschin« sicher noch mehr in die Höhe und Breite gewachsen, hätte Franz Gsellmann länger gelebt – er starb 1981 mit 71 Jahren – wäre ihm bestimmt noch mehr eingefallen »fürs Aug und für die Anziehungskraft«.

✳

»Wann da Mensch zufriedn is, is die Maschin fertig.« Sie wurde nie fertig. Viel zu monoman war Gsellmann von seiner Idee besessen, als daß er sich jemals zufrieden und angekommen gewähnt hätte – erst auf dem Totenbett soll er gesagt haben, jetzt sei die Maschin fertig.

In den ersten Jahren nach seiner Brüsselreise baute er heimlich, nicht mal seine Frau wußte, woran er da »murkste«, jeden auf dem kleinen Hof bitter benötigten Groschen trug er zum Altwarenhändler oder nach Graz auf die Fetzenmärkte. Tage brachte er auf Schrottplätzen zu, Stunden an der Hobelbank neben dem Hühnerstall. Die Arbeit am Hof blieb liegen. Daß so einer »spinnt«, lag für die Bauern der Umgebung auf der Hand, daß einer nicht normal ist – ein erwachsener, über 60jähriger Mann! –, der 1000 Schilling für eine Spielzeugmondrakete bezahlt!

Seine Frau war sicher nicht zu beneiden in all den Jahren. Heute strahlt sie, die Hände über der Hausschürze verschränkt, und nickt ernsthaft auf alle Fragen, für die sie ein paar Standardantworten bereit hält. Dann zeigt sie das Gästebuch – »von Holland warn's da« und von »ana Insel«. »Vo Amerika ham se's scho wolln kaufen de Maschin. Aber de soll da bleiben. Das hat da Vata g'sagt.«

Damit »die Maschin«, dem Wunsch des alten Gsellmann gemäß, dableiben kann, dem Enkel Franz als Erbe und der Gemeinde als immerhin einzige Sehenswürdig-

keit in der Gegend, hat das Land die Schutzherrschaft übernommen. Der kleine Raum wurde erweitert – wenn man heute eintritt, sieht man die Rückseite der Weltmaschine –, das Dach neu gedeckt, und die Gsellmannsche Küche strahlt in reinstem Resopal.

Franz Gsellmann war schon zu seinen Lebzeiten über die Grenzen von Kaag und Edelsbach hinaus bekannt – gefilmt, beschrieben, fotografiert. An dieser Gestalt, dem bastelnden Bauern, dem agilen Spintisierer, konnte kein Journalist vorbeigehen. »Er war ein reiner Tor, ein kleines Bäuerlein mit einer großen dinarischen Nase, hell leuchtend blauen Augen und metaphysischem Blick, der die Harmonie der Welt darstellen und Gott einen Dienst erweisen wollte«, so Emil Breisach, Intendant des ORF in Graz. Mancher, wie der Fotograf Franz Killmeyer, der viel mit Gsellmann gearbeitet hat, glaubte auch, ihm durch die öffentliche Anerkennung über das Außenseiterdasein im Dorf hinwegzuhelfen. »Das ging aber immer nur so lang gut, wie die Presse oder die Fernsehleute im Ort waren. Wenn die wieder abgezogen sind, hat er dieselbe Verachtung zu spüren gekriegt wie vorher. Ich hab ihn oft weinend und völlig verzweifelt auf dem Dachboden gefunden.«

Nun ist die Zahl derer, die in Kaag »Die Zeit« lesen oder »art« abonniert haben, auch sehr gering. Und »ob des Kunst is oder net – der soll was arbeiten, der Spinner!«

*

»Gsellmann war ein eher verinnerlichter Mensch, mitunter gesprächig (man hat ja auf ihn gezeigt und ihn ausgelacht). Sein Schweigen auf Fragen nach der Bedeutung der Maschine war kompetent. Er litt an Schuldgefühlen, da er sich nicht an der Landwirtschaft beteiligte, was ihm von seiner Familie auch vorgeworfen wurde. Allerdings hat er nie geklagt, weder über sein Leben, noch über Menschen, noch über das Unverständnis, das ihm entgegengebracht wurde…

Aber seine Maschine verrät, was sein Denken ausmachte: das Vorgeformte, die Assoziationsketten, die Verwandlung durch Bewegung, kurz die Funktion des Gehirnwerkls. Gsellmann baute eine viel komplexere Maschine, als es den Anschein hat, er baute eine Maschine, die schöpferisches Denken und den schöpferischen Prozeß in einem darstellt.«

Gerhard Roth, Gsellmanns Weltmaschine

Homo Ludens

Das Vorhandensein des Spiels ist an keine Kulturstufe, an keine Form von Weltanschauung gebunden. Ein jedes denkende Wesen kann sich die Realität Spiel, Spielen, sogleich als ein selbständiges, eigenes Etwas vor Augen führen, sogar wenn seine Sprache kein allgemeines Begriffswort dafür besitzen sollte. Das Spiel läßt sich nicht verneinen. Nahezu alles Abstrakte kann man leugnen: Recht, Schönheit, Wahrheit, Güte, Geist, Gott! Den Ernst kann man leugnen, das Spiel nicht.

Mit dem Spiel aber erkennt man, ob man will oder nicht, den Geist. Denn das Spiel ist nicht Stoff, worin auch immer sein Wesen bestehen mag. ... Von einer determiniert gedachten Welt reiner Kraftwirkungen her betrachtet, ist es im vollsten Sinne des Wortes ein *Superabundans,* etwas Überflüssiges. Erst durch das Einströmen des Geistes, der die absolute Determiniertheit aufhebt, wird das Vorhandensein des Spiels möglich, denkbar und begreiflich.

Johan Huizinga, Homo Ludens

Schläft ein Lied in allen Dingen

Wenn es nach der offiziellen Volkskunde ginge, dürfte es Folke Tegetthoff gar nicht geben. Die Erzählforscher behaupten nämlich schlichtweg, in Mitteleuropa seien die Märchenerzähler ausgestorben.

Folke Tegetthoff aber gibt es. Er sitzt auf einer schmalen Insel im Teich der Schwarzaumühle, umgeben von zwei quietschvergnügten kleinen Töchtern, seiner jungen Frau und einem großen weißen Hund. Übers Wasser schweben Libellen, große Stechmücken nähern sich, gierig auf zartes Kinderfleisch, und werden vom Vater zurückgeschlagen, während er versucht, sich auf die tiefgründige Frage der Autorin zu konzentrieren, warum es ihn gebe, wo es ihn eigentlich doch nicht geben dürfe: Folke Tegetthoff ist Märchenerzähler. Er erfindet Märchen, schreibt Märchen auf – 1987 ist sein 15. Buch erschienen –, trägt Märchen vor – bei Seminaren, Lesungen, im Fernsehen und in aller Welt –, lebt von und mit »dem Märchen«.

Folke Tegetthoff wurde 1954 in Graz geboren. Daß es dort eine Tegetthoff-Brücke gibt, ist allerdings nicht sein Verdienst, sondern das seines Uronkels, der 1866 die Seeschlacht bei Lissa gewann, durch »Anwendung der Rammtechnik«. Was immer das sein mag, für unser Gespräch ist es irrelevant, denn Folke Tegetthoff kämpft mit anderen Mitteln: entwaffnendem Charme, Phantasie und dem tiefen Glauben an die »Energieform Märchen, die sich den Märchenerzähler als Transformator aussucht, um durch ihn materialisiert zu werden«.

Für ihn ist Märchen keine Literaturform, sondern eine Lebensphilosophie. »Man muß die Begriffe der Zeit anpassen. Der Märchenerzähler heute hat eine andere Funktion als vor 200 Jahren. Das Märchen hat sich ebenso weiterentwickelt wie Handeln und Denken, es ist ein Spiegel, in dem die Leute sich erkennen sollen. Der Märchenerzähler heute muß eine Signalfigur sein. Nur wenn man richtig lebt, mit der Natur, mit den Mitmenschen, mit dem Partner, wird einem das Märchen gegeben. Vielleicht würden andere Leute ›Gott‹ sagen, für mich ist es die Energieform Märchen.«

»Ihr Zauberstab war die Liebe, und statt Beschwörungsformeln verwendete sie die Zauberkräfte der Natur«, heißt es in dem Buch »Wenn zwei Märchenhexen hexen« über Kobeia, die gute Hexe, die auszieht, Knickbock, ihre böse Widersacherin, zu bekämpfen. Knickbock, eine ungepflegte, stinkende und Prinzen verzaubernde Hexe, hat sich, da sie in dieser Rolle niemand mehr schrecken kann, der modernen Hexerei zugewandt: Discolike gekleidet dringt sie in eheliche Wohnungen ein, bestärkt Ehemänner in ihrem traditionellen, die Familie zerstörenden Rollenverhalten, verzaubert Supermärkte, so daß die Kunden im Konsumrausch »Schinkenwurst, extrafett« statt Buchweizen und Bier statt Fruchtsaft kaufen, und verwandelt die Menschen in rücksichts- und gedankenlose Umweltverschmutzer.

Bei den »Märchenhexen« handelt es sich um ein ausgesprochenes Kinderbuch, viele andere Geschichten von Folke Tegetthoff sind poetische Erzählungen für Jugendliche und Erwachsene, in denen auch Feen, Zwerge, Kobolde, Drachen vorkommen – Figuren und Motive, die ins klassische Märchen-Repertoire gehören. Dennoch gibt es, so der Autor, Unterschiede: »Ich schreibe Kunstmärchen, d.h., ich verwerte nicht Geschichten, die mündlich weitergegeben wurden, sondern es sind meine Gedanken, Gedanken eines Einzelnen zu Themen der Zeit. Damit setze ich meines Erachtens die Tradition der ganz ursprünglichen Märchenerzähler fort, die das Märchen als etwas Lebendiges betrachtet haben, das Wandlungen unterworfen ist. Die Märchen, zum Beispiel die der Brüder Grimm, die wir heute kennen, sind festgeschrieben, haben keine Möglichkeit zur Veränderung mehr. Für mich ist das Märchen ein lebendiges Wesen, das mich umgibt, mit mir lebt und sich durch mich ausdrückt. Der wichtigste Bestandteil meiner Arbeit ist, das ›wahre‹ Märchen zu entdecken und aufzuspüren: Wir sind umgeben von so vielen Wundern, die wir nur sehen und wiederbeleben müssen.«

Folke Tegetthoff ist kein fabulierender Spintisierer, sondern ein Mensch, der durchaus mit beiden Beinen auf der Erde steht, auch weiß, wie er sich und seine Botschaft verkaufen muß, was ihm viele übelnehmen, die davon ausgehen, daß einer, der ein Anliegen habe, tunlichst auch verhungern müsse. Wie geschickt er sich zu organisieren weiß, zeigt die »Welttournee«, die er und seine jetzige Frau Astrid 1982 bis '84 unternahmen: Sie bereisten 30 Länder und finanzierten die Reise, indem sie Märchen gaben und Gastfreundschaft nahmen.

Ist Folke Tegetthoff ein Original, ein Sonderling, wie er im Grimmschen Wörterbuch definiert ist, »der sich in Urteil, Meinung, Geschmack, Lebenshaltung in wunderlicher, Lächeln oder gar Spott erregender Weise von den Mitlebenden absondert«?

»Ich möchte keine Reproduktion sein, und damit bin ich wohl ein Original, aber keines im Grimmschen Sinn. Als belächelter Sonderling könnte ich auf dem Land hier gar nicht leben.«

Die alte Mühle, in der die Tegetthoffs seit 1984 wohnen, liegt am Schwarzaubach im südoststeirischen Grabenland. Die Schwarzau ist so ein kleines, friedliches Gewässer, daß man ihr gar nicht zutraut, daß sie einst Mühlenräder bewegte. Flache, bewaldete Hügelrücken, die parallel zur Mur gen Süden laufen, eine stille Landschaft, so sanft, daß man mit der Hand drüberstreichen möchte, sensationslos. »Es gab keine Prachtbauten zu besichtigen, keine feinen Restaurants zu besuchen, keine Schaufenster zu bewundern. Einzig der Landkörper stand offen zur Beschau und die, die mit ihm lebten, mit ihm kämpften, ihn veränderten. Für die Menschen der Dörfer endete die begreifbare Welt am Ende ihres Tales. Dahinter lag ›die Stadt‹, Symbol für Andersartigkeit und fremdes Leben.«

So beginnt »Der Zauberer«, eines der »Reisemärchen« von Folke Tegetthoff, das zweifellos autobiographische Züge trägt: Ein durchs Fernsehen bekannter Künstler,

---

Der Zauberer

Nach aufregenden Tagen beruhigte sich das Dorfleben wieder. Es war Sommer und die Bauern standen den ganzen Tag auf ihren Feldern und in den Gärten. Trotzdem ließ es sich keiner entgehen, den neuen Bewohner bei jeder Gelegenheit zu beobachten.

Morgens pflegte der Herr Satyr aus dem Haus zu treten, sich gegen Osten zu wenden und, allem Anschein nach, die Sonne zu begrüßen. Er hob dabei beide Hände hinter den Kopf, verbeugte sich und lachte. Ziemlich laut. Jeden Morgen. So etwas wäre einem Urdorfeinwohner niemals eingefallen ... Für sie war das erste Licht des Morgens eine schrille Klingel, die zur Arbeit rief. Für Augenblicke, wie den Genuß früher Sonnenspiele mit blinkenden Tautropfen an Spinnweben, blieb keine Zeit. Oder wurde die Arbeit von ihnen als ständige Last mitgeschleppt, weil das Empfinden dieser Augenblicke als unpassend für den Bauernstand empfunden wurde? Jedenfalls so dachten die Dorfleute, könne es sich keiner von ihnen leisten, am Vormittag spazieren zu gehen, was der Neue ebenfalls täglich tat.

Überhaupt: spazierengehen! Gehen, um des Vergnügens willen. Zum Vergnügen säuft man, erzählt man unanständige Witze oder küßt und mehr. Aber gehen. Wozu? Wenn die Leute des Dorfes an Sonn- und Feiertagen das obligatorische Sonntagshuhn gegessen, die Frauen den Abwasch getan und die Männer nichts mehr zu reden hatten, gingen sie auch. Aber niemals zum »Vergnügen«. Es war ein einfacher Vorgang: Man nannte den Spaziergang »Flurbegehung«. Blickte kritisch auf die Ackerfurche, wie es mit der Saat steht, linste unter ein Blatt des Obstbaumes, ob Schädlinge am Werk waren, schubste mit dem Fuß Erdklumpen zur Seite, um die Feuchtigkeit, scheinbar, zu prüfen. Bis endlich der vorgerückte Zeiger der Uhr an die Jause, das Fernsehnachmittagsprogramm oder an die Tierfütterung erinnerte – irgendein Grund ließ sich immer finden, den Heimweg anzutreten.

Folke Tegetthoff, Der Zauberer

---

den die Bauern für einen Zauberer halten, läßt sich auf dem Land nieder, bricht ein in eine kleine, festgefügte Dorfgemeinschaft. Der »Andersartige« auf dem Dorfe – Franz Gsellmann könnte ein Lied davon singen...

»Für uns war es nie ein Problem, daß ich Künstler bin. Die Leute sind alle irrsinnig lieb und verständnisvoll. Bestimmt erscheint es ihnen absurd, daß ein Mann sein Geld damit verdient, daß er spazierengeht, aber den Eindruck, daß sie mich als ›Sonderling‹ empfinden, hab ich nie gehabt, was auch daran liegt, daß wir uns nicht absondern.

Seltsam finden die Leute, wie wir leben. Sie sind bemüht, sich dem städtischen Vorbild anzupassen, allein schon durch den Einfluß von Fernsehen und Werbung. Sie sind stolz auf ihre Resopalküchen, und dann sehen sie bei uns all das, was sie rausgeschmissen haben: den Jogltisch, der 150 Jahre alt ist, die Kredenz, die ich tagelang abgebeizt hab. Da waren fünf Schichten Farbe drauf, Spiegel dessen, was jeweils modern war. Materialkosten und Arbeitszeit zusammenaddiert, hätt ich mir ein wunderschönes Resopalkastl kaufen können...

Die Leute hier sind arm. Das ist Bauernland, seziert, aufgeteilt, keiner hat genug Grund, um ausschließlich von der Landwirtschaft zu leben. Man pendelt, arbeitet am Bau, in der Fabrik. In den Keuschen in den Hügeln leben oft acht, neun Leute auf engstem Raum zusammen, das ganze Haus ist so groß wie in unserer Mühle Wohn- und Schlafzimmer. Die Nebenerwerbsbauern haben viel von ihrem Selbstbewußtsein verloren – mein Nachbar zum Beispiel, ein ganz lieber Mann, mit dem ich guten Kontakt hab, hat mich noch nie mit Namen angesprochen. Ich bin aus der Stadt, und ich bin der ›Herr Chef‹.« Kaag und Schwarzau – die Bilder gleichen sich

nur äußerlich. Armut hier wie dort, einer, der aus dem Rahmen fällt in dieser wie jener Dorfgemeinschaft. In Schwarzau ist ein Dreißigjähriger der »Herr Chef«, in Kaag verkriecht sich der Bauer Franz Gsellmann auf dem Dachboden, weil er es nicht aushält. Sollten die Schwarzauer toleranter, gebildeter sein? Bestimmt nicht. Wahrscheinlich liegt es am unterschiedlichen Weg: Der eine steigt aus dem Fernsehkastl ins Dorf und ist der Chef. Der andere aber, einer von uns, will ausbrechen – weh dem!

»Versuche, die Welt außerhalb ihres abgesteckten Kreises zu verstehen, gab es kaum. Diese gewisse Trägheit machte ihre eigene Welt begreiflicher und ertragbarer.« (Folke Tegetthoff, Der Zauberer)

»Das Auffälligste an der Landschaft sind die Hügel. Geht man zwischen den Erhebungen in einen Graben, so hat man das Gefühl der Schwere. Die Erde ringsum wächst. Im Sommer taucht man tief in das Grün, sinkt im Gewässer der Landschaft auf den Grund. Geht man aber bergauf, so hat es etwas mit Auftauchen zu tun. Langsam steigt man wieder näher zum Himmel, zum Licht. Auf dem Kamm der Welle dann ist der Ausblick oft frei bis zu einem weiten Horizont, an dem die Berge durchsichtig zu sein scheinen und ineinander übergehen.«

Gerhard Roth, Grenzland

Das Bemerkenswerteste ist die Stille

Vor dem Ersten Weltkrieg teilte man das Land der Steirer in Ober-, Mittel- und Untersteiermark, eine Gliederung, die natürlich nach der neuen Grenzziehung wenig Sinn ergab. So ist der Ausdruck »Mittelsteiermark« im Sprachgebrauch nahezu verschwunden, statt dessen spricht man von der Ober-, der West- und der Oststeiermark.

Dazu hat sich noch eine vierte Bezeichnung eingebürgert: »Südsteiermark«, ein Zauberwort für Eingeweihte, denn sie verbinden damit das Weinland, jenes sanfte Hügelland im Süden, Grenzland westlich der Mur. »Steirische Toskana« nennen es die Fremdenverkehrsmanger, weil das gut und verkaufsfördernd klingt – diejenigen, die ins Weinland verliebt sind, ärgern sich über den Vergleich. Nicht, weil sie ihn fürchten, sondern weil sie wissen, daß sie ihn nicht nötig haben: Ein Landstrich von so ausgeprägtem Charakter, einmaliger Stimmung und herber Schönheit ist sich selbst Maßstab genug. So sprechen die fanatischen Liebhaber der Südsteiermark, und die Autorin schließt sich ihnen vorbehaltlos an.

Mag sein, daß die Liebe zum Weinland ganz und gar sentimentaler Art ist, jenem Glücksgefühl entspringt, das einen beim Anblick einer Wiese überkommt, in der es wächst und blüht in einer Üppigkeit, als habe sich die Erfindung effizienter Unkrautvertilgungsmittel noch nicht herumgesprochen. Oder ist es abhängige Liebe, Sucht, weil man sich einfach nicht sattsehen kann an dieser Landschaft, die so reich ist an Strukturen, weil man unentwegt mit den Augen darüber spazieren möchte, am liebsten mit der Hand über die Hügel streichen. Einer Graphik gleicht sie, diese Landschaft, kein Motiv wiederholt sich, jede Überschneidung wirkt neu und spannend, jede Fläche ist anders gestaltet. Einzig die Weingärten scheinen von

ordnender Hand angelegt – wie mit dem Kamm gezogene parallele Linien –, alles andere paßt sich dem Rhythmus der Hügel an: Wald an den Nordhängen, Äcker, wenn es die Hanglage zuläßt. Wo ein Baum steht, weicht das Feld zurück, die Wiesen wachsen hinein in die Weingärten, ein Blumensaum markiert den Wegrand. Auf den Bergrücken – kühn gezogenen Geraden – vereinzelt Pappeln, wie Ausrufe-zeichen am Horizont.

Hier, ganz oben, thronen auch die Häuschen und kleinen Gehöfte, viele von ihnen verlassen, viele, die sich mit Wein über Wasser halten. Endlose Wege muß man auf sich nehmen, um von einer Keuschen zur anderen zu kommen, tief ins Tal steigen und dann steil auf gewundenen Pfaden wieder empor. In den Tälern bleibt der Nebel im Herbst oft bis zum Nachmittag, liegt noch Schnee, wenn die Hügelkuppen schon frei sind, die ersten Schlüsselblumen wie gelber Staub die Wiesen überziehen.

Am schönsten ist es im Herbst, Ende September, Anfang Oktober, wenn die Sonne so schräg einfällt, daß sie sogar die welken Maisblätter zum Strahlen bringt. Auf den Feldern leuchten die Kürbisse wie Sommersprossen, an den Straßen werden gebratene Kastanien verkauft, Zwetschgen und Äpfel sind reif, und in den Fässern gärt der neue Wein.

Mausoleum der Eggenberger, Ehrenhausen

Der Wein ist überall gut, und man sollte sich beim Einkehren ausschließlich daran orientieren, wo der Blick am schönsten, die Holzbank am einladendsten und die Sonne genau so ist, wie man sie haben möchte: nicht zu sengend, damit der Wein nicht vor der Zeit warm und der Speck nicht unansehnlich wird, aber auch nicht zu schwach, damit man es bis zum Abend aushalten kann, wenn die Blautöne an Intensität zunehmen, die Hügel mit der Alpenkette verschmelzen und man sich fühlt, als schwebe man auf einem Wellenberg inmitten eines unendlichen Meeres der Sonne zu.

Sonst ist eigentlich nichts los im Weinland.

Kulturell? Vielleicht die Fresken in St. Veit in Altenmark bei Wies. Das Museum des Totengräbers Haindl in Arnfels (s. S. 186 ff.), doch dafür braucht man starke Nerven. Das frühbarocke Mausoleum der Eggenberger unterhalb des Schlosses von Ehrenhausen. Ein Blick hinein, ein Blick auf die keulenschwingenden antiken Krieger mit den feisten Wadeln – und schon ist das Kulturprogramm erschöpft.

Und sonst? Ein kleiner künstlicher See, der Sulmsee. Einige Schwimmbäder, manche modernen Betonbauten, andere noch mit Umkleidekabinen aus dunklem Holz. Wanderungen. Zum Beispiel vom Radlpaß nach Arnfels oder Leutschach an der Kirche St. Pongratzen vorbei. Der Weg verläuft teils auf jugoslawischem, teils auf österreichischem Gebiet. Wenn es nicht ab und zu Hinweistafeln gäbe, wüßte man gar nicht, wes Land man gerade begeht – kein Stacheldraht, keine Schäferhunde. Man begegnet nicht vielen Menschen unterwegs. Kehrt man ein, setzt einem die Frau vor, was sie im Haus hat: frisches Brot, wenn gerade gebacken wurde. Selchwürste aus dem Kübel. Wein, Most. Die Besitzungen in dieser Gegend gehören zu den kleinsten Österreichs, manche Weinbauern haben einen Teil ihrer Felder auf jugoslawischem Gebiet. Die Frauen betreiben die Landwirtschaft meistens allein, man baut an, was man zum Leben braucht. Oft kommt es vor, daß man stundenlang sitzt und sich mit den Bauern unterhält. Sonst ist auch beim Wandern eigentlich nichts los und auch in den Buschenschenken nicht: kein menschenverbindendes Schunkeln, kein fröhliches Weinlied...

Er hat schon recht, der Geschäftsführer des Landesfremdenverbandes, das merkt man gerade hier im Weinland. Der Steiermark fehlt es einfach an »spontanen Erlebnisbildern«.

Das bemerkenswerteste ist die Stille. Wenn man sich nur eine Weile hier aufhält, ahnt man kaum, wie durchdringend und groß sie sein kann. So ungewöhnlich diese Stille ist, so abwechslungsreich ist das Leben der Bewohner aus der Nähe betrachtet – als wirft man einen Blick in ein Mikroskop, will es scheinen, unter dem ein Wassertropfen plötzlich voller Bewegung und Leben ist.

Gerhard Roth, Grenzland

ERZBERG:
Endzeit einer Ewigkeit

Mitten in Österreich steht eine Py-
ramide, sechsmal so hoch wie die
höchste Ägyptens. In der Abend-
sonne strahlt sie, als wäre sie mit
nagelneuen Kupferplatten verklei-
det, dann wieder gibt sie sich ganz
Stein: metallisch Blau ins Grau
changierend, ein Ungetüm aus
einer anderen Welt.
Menschen haben sie geformt, nicht
durch Auf-, sondern durch Abbau.
Seit 1500 Jahren lebt man am und
um den Erzberg vom Eisen.

Was Bergmanns Fleiß zu Tag gebracht,
Gediegen wirds durch Feuers Macht,

So wird durch Prüfungs Muth allein
das Menschen Herz von Schlacken rein.

Von links nach rechts: Abbildung 1–5
s. S. 210

Von links nach rechts: Abbildung 6–13, s. S. 211 f.

Der Erzberg, eine Bildergeschichte

1. Bergmann und Hüttenmann, die beiden wichtigsten Akteure bei der Eisengewinnung: Das gehauene und vorsortierte Gestein wurde im »Radwerk« – einem Hochofen, so genannt, weil der Blasebalg mit Wasserkraft betrieben wurde – erhitzt und geschmolzen. Ein Hüttenmann in der typischen Tracht arbeitet hier in der »Abstich- oder Gießhalle«: Sie befand sich im Erdgeschoß des Radwerks und lag etwas tiefer als der Hochofen. Das beim Öffnen des »Abstichlochs« herausgelaufene flüssige Roheisen wurde im »Flossenbett« aufgefangen und erstarrte dort zu einer etwa 3 bis 5 Zentimeter dicken Platte. Durch Wasseraufgießen erreichte man, daß die Schlacke schon vor dem Roheisen fest wurde und man sie abziehen konnte.

Die Platte wurde zertrümmert und zur Verarbeitung in die »Hammerwerke« transportiert.

2. Das Kornmesserhaus in Bruck an der Mur (s. a. S. 251), bürgerliche Baukunst, bürgerlicher Wohlstand. Pangratz Kornmeß war Hammergewerke und einer von denen, die davon profitierten, daß die anderen in der Grube und der Hütte ihr Leben aufs Spiel setzten. Wahrscheinlich hat der Eisenhandel Pangratz nach Venedig geführt, und dort stand er etwas zu lange vor San Marco...

3. »Der Sackzieher hängt den am Wagengestelle befestigten Zugriemen über die linke Schulter oder über den Arm, nimmt die Deichsel oder Directions-Stange in die rechte Hand und fährt den Berg hinab. Nachdem nun der Sack auf der Haupthalde ausgeleert ist, muß er das ganze Fahrzeug, 30–40 Pfund schwer, den Berg wieder hinantragen. Er ladet es dazu oft auf die Schulter. Daß diese Operation, des Tages oft wiederholt, höchst beschwerlich seyn müsse, wird wohl jeder einsehen. Weib und Kind helfen dem ermüdeten Vater und suchen ihm die Arbeit zu erleichtern. Einer nimmt die Schleife, der andere den Sack und oft trägt sogar das Weib den Wagen auf dem Kopfe.«

Ignaz R. v. Pantz, 1814

4. Der Stellung der Sackzieher, die das Erz vom Berg ins Tal schleppten und die ärmsten und in der sozialen Hierarchie am tiefsten stehenden Männer am Berg waren, entsprach in der Hütte die der »Wäscher«. Sie klaubten die Eisenreste, die trotz vorherigen Zerkleinerns noch in der Schlacke geblieben und in den Fluß geschwemmt worden waren, aus dem eiskalten Wasser. Meist waren es Frauen, die diese Arbeit leisteten. Näße- oder Kälteschutz gab es keinen, dafür aber vom Radmeister ein geringes Entgelt für das »Wascheisen«.

5. und 6. Bis 1820 wurde am Erzberg ausschließlich unter Tag gearbeitet – Bild 6 zeigt den »Schillerstollen«, mit den sogenannten »Hunten« (im Detail in Bild 11), die man seit dem 16. Jahrhundert zur Beförderung des Gesteins im Stollen benützte.

1986 schloß die letzte Grube, der Erzberg wird heute nur noch im Tagbau abgebaut. Auf den durchschnittlich 24 Meter hohen Etagen laufen Straßen von insgesamt 80 Kilometer Länge.

Ein- bis zweimal täglich ist Countdown zwischen Kaiserschild und Präbichl: »Drei, zwoa, ans, null...« Dann erbebt das ganze Tal, Gestein fliegt, Donner, von tausend Felswänden zurückgeworfen, eine Staubwolke wie an der Flanke eines Vulkans – so sieht es aus, wenn die Steirer ihrem Brotlaib zu Leibe rücken. 40 000 Kubikmeter Gestein brechen bei jeder Sprengung ab, Gestein, das analysiert, von riesigen Baggern auf riesige Lastwagen verladen und über die Trassen gefahren wird: die Guten – Fertigerz und Zwischengut – zur Aufbereitungsanlage, die Schlechten auf den »Sturz«, eine Schutthalde. Das taube Gestein füllt ganze Täler aus; je mehr der Berg auf der einen Seite schwindet, desto höher wächst der rötlich-braune Geröllhaufen auf der anderen.

7. Im Gegensatz zum Hüttenarbeiter (s. Bild 1) trug der Bergmann etwa bis in die Mitte des 19. Jahrhunderts einen langen weißen Grubenkittel mit Kapuze, schwarze Hosen, weiße Strümpfe und geschnürte Bergschuhe. »Berghackel« und »Arschleder« – es schützte beim Einfahren auf Rutschen – galten schon früh als Erkennungs- und Würdezeichen. Diese »maximilianische Tracht«, so genannt, da sie zu Zeiten Maximilians erstmals auftrat, wird heute nur mehr bei festlichen Gelegenheiten angelegt, zum Beispiel beim Umzug zu Ehren der hl. Barbara, die ihr Fest am 4. Dezember begeht.

Die hl. Barbara ist seit dem Spätmittelalter Patronin der Bergleute. Daß die Kirche sie inzwischen aus dem Heiligenkalender gestrichen hat, kann die Männer nicht erschüttern. Sie wissen, was sie an ihrer Beschützerin haben, geheiligt oder nicht.

8. »Hochofen in Eisenerz, Gußbett im Freien«, ein Foto aus dem Jahr 1927. Damals wurden in der Steiermark 429 956 t Roheisen erzeugt, 50 Jahre vorher waren es nur 124 500 t gewesen. Die Kapazitätssteigerung wurde möglich, weil man in dieser Zeit sämtliche Holzkohlen- durch Kokshochöfen ersetzte, wodurch sich die Tagesleistung nahezu versechzehnfachte.

Ohne den Waldreichtum der Steiermark wäre Eisengewinnung in größerem Ausmaß gar nicht möglich gewesen. Holz brauchte man zum Stollenbau, brauchte es vor allem aber auch in Form von Holzkohle als Heizmaterial für die Hochöfen. Holzfäller, Köhler, Flößer waren somit an der Eisenerzeugung mitbeteiligt, und ihre Rolle sollte nicht geringer geschätzt werden als die der Berg- und Hüttenmänner.

9. »Radmeister«, »Hammerherrn« und »Eisenverleger« – für sie war Eisen Gold. Am meisten verdienten die »Eisenverleger«, also die Kaufleute, die hauptsächlich in Steyr saßen. Aber auch die Radmeister schnitten nicht schlecht ab, wie man am Ortsbild und den prächtig verzierten Häusern in Eisenerz (s. S. 251 ff.) sehen kann. Radmeister konnte nur werden, wer einen »Ort am Berg«, also eine Erzgrube, einen »Schlag im Wald«, d. h. eine Möglichkeit zur Lieferung von Holzkohle, und eines oder mehrere Radwerke hatte. Zur Blütezeit von Eisenerz, im 15. und 16. Jahrhundert, rauchten und qualmten hier die Schlote von 19 Radwerken.

10. Neben den Eisenerzern, die damals noch »Innerberger« hießen, hatten in früherer Zeit auch die Vordernberger Rechte am Erzberg. In ihrem Tal, südlich des Präbichl, standen 14 Radwerke, von denen eines, das Radwerk IV, noch vollständig erhalten und als Museum zu besichtigen ist.

Der hier abgebildete »Turm«, das Wahrzeichen Vordernbergs, ist ein Hochofen, der Rest von Radwerk X, den Fachleute 1965 gerade noch vor der Sprengung retten konnten. Heute sind die Vordernberger froh um die Relikte aus der industriellen Vergangenheit – je mehr die Produktion zurückgeht, desto mehr ist man darauf angewiesen, das Potential »In Mitteleuropa einmalige Industriedenkmäler inmitten heiler Bergwelt« touristisch zu nutzen. (S. a. »Eisenstraße« S. 281)

11. St. Oswald in Eisenerz – eine massive Wehrkirche, so kantig, so grau, als hätte man sie aus dem Berg geschnitten. Die spätgotische Orgelempore ist reich verziert: Motive aus dem Leben der Berg- und Hüttenarbeiter tauchen auf, das Geflecht, wie es auf Holzkohlenwagen zu finden war, die Ketten der Radwerke. Ein kleiner Bergmann ist zu entdecken, und natürlich sind auch Adam und Eva Bergleute (Außen-Tympanon über dem Nordportal).

12. »Hunt« (s. Bild 6) im Radwerk IV in Vordernberg.

13. Leoben-Donawitz. Als Hauptort der steirischen Stahlerzeugung spiegelt es wohl am krassesten die Situation wider, in der sich die steirische Stahlindustrie befindet: 1976 waren in Donawitz noch 7000 Arbeiter beschäftigt, 1986 nur noch 3800. Leoben verlor in den vergangenen 10 Jahren mehr als 6000 Bürger, 34,5 % der Arbeitslosen sind Jugendliche. Die Ausbeutung des heimischen Erzes lohnt sich kaum mehr, der Import aus der Dritten Welt kommt billiger.

Eisen und damit Wohlstand in alle Ewigkeit, so lautete das Versprechen des Wassermanns, der den Menschen einst den Erzberg entdeckte. Heute sieht es so aus, als ob die Ewigkeit nicht einmal mehr 50 Jahre dauern werde.

Die MUR.
Eine kurze, aber traurige Geschichte

Erzherzog Johann, wie er da auf dem Grazer Hauptplatz steht, ist nicht zu beneiden. Zwar sitzen ihm vier Frauen zu Füßen, sanfte Geschöpfe, die Mur, Enns, Drau und Sann heißen, wallende Gewänder tragen und sinnend in die Ferne blicken, bei näherem Hinsehen jedoch erweist sich, daß nur eine von ihnen wirklich gesellschaftsfähig ist: die Enns.

Die übrigen – zum Vergessen! Zwei der Damen gingen fraternisieren und treiben sich unter den Namen »Drava« und »Savinja« in Jugoslawien herum, und die dritte ist so schmutzig, daß sich weder der Erzherzog noch die Steiermark mit ihr sehen lassen können.

Wie die Mark trug einst auch ihr Hauptfluß, die Mur, den Beinamen »grün«. Heute trägt sie Sulfate, Phosphate, Nitrate, Halogenkohlenwasserstoffe, Chloride, Füllstoffe, Farbstoffe, Schwermetalle – und den Titel »einer der schmutzigsten Flüsse Österreichs«.

Die Mur führt ein buntes Leben: Wenn, wie im Dezember 1984 geschehen, die Grazer Papierfabrik rote Brühe in den Fluß kippt, ist ihr grüner Kern nur noch für den erkennbar, der die Farbenlehre beherrscht und die Komplementärfarbe von Rot kennt. Für die weißen Tupfer sorgt die Papierfabrik an der Pöls – meterhohe Schaumberge türmten sich im Januar 1985 auf dem Fluß –, aber auch der Zellstoffgigant Leykam ist fleißig mit von der Partie: bei Gratkorn, nördlich von Graz, mischt er graubraunen Dreck bei, so viel, wie sonst nur die Einwohner einer Millionenstadt produzieren.

Was für ein Glück, daß Graz nur den Beitrag einer Viertel-Millionenstadt leistet, sonst könnte die Mur hier nicht einmal mehr Güteklasse IV – »extrem verschmutztes Gewässer« – führen, und das wäre schade, denn das ist bereits die höchste Kategorie, die ein Fluß erreichen kann, der noch unter den Lebenden geführt werden will.

Bereits 1972 war bekannt, daß von ehemals 23 Fischarten nur noch eine einzige in der Mur zu finden ist. Bereits 1974 beschloß die Landesregierung, daß die Wasserqualität des Flusses bis Ende 1978 auf Güteklasse II bis III zu verbessern sei – die Fabriken, auf deren blütenweißem Papier diese Resolutionen gedruckt waren, beförderten selbige stante pede in den Papierkorb: »Die steirische Papierindustrie hat im Jahr 1984 durch das neue Sulfatzellstoffwerk in Pöls eine beträchtliche Kapazitätserweiterung erfahren«, konnte die »Creditanstalt« in ihrem Sonderheft »Steiermark« melden.

Als sich diese Kapazitätserweiterung dann im Januar 1985 in Form von weißen Schaumbergen südlich von Graz niederschlug, wurde es der Bevölkerung denn doch zu bunt: Hunderte von Anzeigen gingen ein, die »Kleine Zeitung« startete eine

Unterschriftenaktion, die mehr als 142 000 »Stimmen für die ›Grüne Mur‹« brachte und zum langersehnten »Murgipfel« führte: Der Bau kommunaler Abwasseranlagen sollte forciert werden, die »Großen« (Hauptverschmutzer der Mur ist die Zellstoffindustrie, v. a. Pöls und Leykam) wurden zur Abwasserklärung verpflichtet. Ende 1987, hieß es nun, werde die Mur den ersten Schritt in ein neues Leben tun.

In Graz herrschten so viel guter Wille und Euphorie, daß man Fedo Ertl, einem jungen Grazer Künstler, sogar gestattete, eine rostige, vieleckige Eisenskulptur über die Mur-Figur zu Füßen des Erzherzogs zu stülpen. »MUR«, stand darunter, »ist ein Denkmal auf Zeit, eine der Gegenwart und dem Zustand des Flusses entsprechende Allegorie. Als Mahn-Mal soll es die Verantwortlichen, solange die Erfüllung ihres 1985 beim ›Mur-Gipfel‹ gegebenen Versprechens aussteht, den Fluß bis zum Jahre 1990 wieder ›grün‹ zu machen, an dieses Versprechen erinnern.«

Die Plastik stand keine sieben Monate. Dann befand man, sie sei für »das Erscheinungsbild des Hauptplatzes und damit für den Fremdenverkehr störend«. Bleibt abzuwarten, ob es nicht noch störender ist, wenn die Altstadtrundgänge künftig mit Nasenzwickern durchgeführt werden, weil sich die Stadt – »lieblich, groß«, wie es in der steirischen Landeshymne heißt – am Ufer eines toten Flusses, einer stinkigen Brühe erhebt...

Doch halt, keine Unkenrufe. Noch schreiben wir nicht 1990 und für 1987 war erst eine 75 %ige Sanierung des Flusses versprochen.

»Zwei Jahre nach dem Murgipfel gleicht der steirische Hauptfluß noch immer einer Kloake. Dennoch geben sich die Verantwortlichen optimistisch: 75 % Abwasseranlagen entlang der Mur seien bereits in Bau. Ob die Termine tatsächlich eingehalten werden, liegt bei den Murverschmutzern, denn die Behörde ist machtlos... Die Überlebenschance der Mur steht und fällt mit der Gratkorner Zellstoff-industrie." (Helena Wallner in der »Kleinen Zeitung« vom März 1987)

Das also ist die kurze, aber traurige Geschichte der schmutzigsten Flüsse Österreichs. Sie ist noch nicht zu Ende und wird sicher in ein paar Jahren neu geschrieben werden müssen. Die Form ist dabei noch offen: Todes- oder Geburtsanzeige.

Die Aktion der »Kleinen Zeitung« brachte mehr als 142 000 Unterschriften, u. a. auch die von Dr. Kurt Steyrer, dem damaligen Bundesminister für Gesundheit und Umweltschutz.

Ein Unfall mit Papier

Zu einem schweren Verkehrsunfall kam es am 9. 7. 1986. In Gratkorn bei Graz stieß die Mur mit der Leykam-Papierfabrik zusammen. Der Aufprall war so heftig, daß die Mur ertrank. Sie wurde abgetrieben und ist bis zum heutigen Datum noch nicht aufgetaucht. Nach diesem Vorfall hat die Leitung der Papierfabrik bereits die Konsequenzen gezogen und ein Stopp-Schild aufgestellt.

Reinhard P. Gruber, Vom Dach der Welt

Treu dem guten alten Brauch!

Zum Flinserl geboren

Lieb schaut sie aus, die kleine Prinzessin mit den blonden Locken und dem
Schmollmund. Und erst der stämmige Bub an ihrer Hand – wie ein Engel aus der
Hummel-Kollektion mit seinen rotgefrorenen dicken Backen und den großen
Augen. Ein Verserl wird er auch noch aufsagen? Schön, wenn's auch nicht ganz so
laut sein müßt' – was brüllt er da? »Heut sauf i was i mag, heut mach i 's Testament,
's Geld geht zan End! – Der Raffla scheißt ins Buttafaß, saprament wia rump'lt das!
– Na na des tuat da Peta nit, im kalten Wasser steht er nit...«

Ja, gibt es denn in diesem Ort keine Erziehungsberechtigten, die sich um ihren
Nachwuchs kümmern? Und was sind das für vermummte, bunt gewandete Gestalten? Die Rattenfänger von Bad Aussee? 40 oder mehr dürften es sein, der ganze
Platz ist voll, die Kinder drängen sich um sie, und von ihnen kommen auch diese
Sprüche: laut, deutlich, rhythmisch skandiert. Die Kinder müssen sie nachsagen
und fordern dafür nach jedem Vers Belohnung – »Nuuß, Nuuß« – und balgen sich
dann im Schnee um die Orangen und Nüsse.

»Faschingtag« in Bad Aussee im steirischen Salzkammergut. Dieser, der Dienstag, ist der letzte der »heiligen drei Faschingtag«, der Umzug der Flinserl ihr
Höhepunkt.

»Flinseln« heißt im Bairischen und Österreichischen »glitzern, flimmern«, *das* »Flinserl«, so das Steirische Wörterbuch, ist ein »Metallplättchen, das zum Aufputz verwendet wird«, und *die* Flinserl sind Ausseer Bürger, die am Faschingsdienstag in ein Gewand schlüpfen, auf dem Hunderte von Pailletten glitzern. Ein prächtiges Gewand: lange, enge Hosen und gerade geschnittene Jacken für die »Mandl«, taillierte Westen mit kleinem Schoß und weit fallende Röcke, unter denen gamaschenartige Beinkleider hervorschauen, für die »Weibl«. Die Gesichter sind hinter Tuchmasken verborgen, kleine runde Löcher markieren Augen und Mund. Darunter bunt bestickte Halskrausen und auf dem Kopf ein spitzer Hut.

Daß die Kostüme aus ungebleichtem Leinen sind, ist kaum zu erkennen, so dicht ist das ganze Gewand mit glänzenden Flinserln, Litzen und bunten Tuchflecken bedeckt: Schmetterlinge, Blumen, Vögel, tanzende Figuren, Pärchen in Tracht, da ein schillernder Hahn, hier ein Pfau, eine Gondel. Jedes Motiv ist anders, jedes Kostüm Handarbeit. Die meisten sind schon seit Generationen im Familienbesitz, mit den Kleidern wird auch das Recht vererbt, beim Umzug mitzugehen – Flinserl kann man nicht werden, man ist es. »Indem man Ausseer ist und a Gwand hat!« Und das Oberflinserl, traditionell eine Frau, die das Amt von ihrer Vorgängerin übertragen bekommt, drückt sich noch deutlicher aus: »Wenn jemand den Wunsch hätte, dann ist das nicht sehr einfach hineinzukommen. Es sind schon neue Familien aufgenommen worden, aber die müssen erst kommen und fragen, ob sie mitgehen dürfen, und es ist etwas streng und noch – altmodisch, auf deutsch g'sagt.«

Und kostspielig! Die Metallplättchen, die auf die bunten Tuchflecken genäht werden, sind silberlegiert, ein Kilo kostet 6000 Schilling, und vier Kilo haben schon Platz auf einem Kostüm. Dazu noch die Arbeit: Zwei Jahre braucht man, wenn man täglich fleißig handarbeitet. Das kann und konnte sich immer nur eine Schicht leisten: die reichen Bürger, und derer gibt es im Ausseerland traditionell viele. Seit 1147 wird hier nachweislich Salz abgebaut, die Hallinger, eine Gruppe nichtadeliger Salzherren, erzielten so ungeheure Gewinne, daß Kaiser Friedrich III. sie Mitte des 15. Jahrhunderts enteignete.

Ob es den Flinserlbrauch schon damals gab, weiß man nicht. Er wird mit Venedig in Verbindung gebracht – zur Zeit der Salzfahrer bestanden rege Handelsbeziehungen zur Lagunenstadt. Andere Theorien sehen einen Zusammenhang mit der Harlekinfigur des Mittelalters, wieder andere höfische Vorbilder des Barock.

Höfische Züge kann man der Selbstdarstellung der wohlhabenden Bürger von Bad Aussee nicht absprechen. Sechs Musiker geben den Ton an – schon die Wahl der Instrumente ist außergewöhnlich für eine Faschingskapelle: Geigen, Horn, Cello, Gitarre, Ziehharmonika; ihre Weise klingt wie eine Mischung aus neuzeitlicher und barocker Tanzmusik. Paarweise oder zu dritt folgen die Flinserl. In den Händen die mit Nüssen prallgefüllten Säcke, die Gesichter hinter Masken verborgen. »Zacherl«, Nicht-Auserwählte, die ebenso wie die Musiker keine Masken tragen und nur ein billiges Filzfleckerlgewand ohne Pailletten, begleiten den Zug, schaffen Platz und sorgen für Ordnung, notfalls mit einem Stock, an dem ein paar aufgeblasene Schweinsblasen baumeln. Nur wenn sie ein Mädchen verfolgen oder Bekannten mit den Schweinsblasen auf den Kopf hauen, entsteht Bewegung unter

den Zuschauern, sonst nimmt man den in der Mittagssonne glitzernden Gestalten ihre Parade schweigend ab – das ist kein Gaudium, es ist die Präsentation von Macht, Reichtum und Selbstbewußtsein, die mit dem »Auswerfen« von Gaben endet.

Viele der Sprüche, die die Kinder aufsagen, haben schon ihre Eltern und Großeltern gekannt. Der »Raffla« und der »Peta«, »da Hackinga« und »da Wiggerl« sind Ausseer Bürger, deren Schwächen und Ausrutscher jede neue Generation fröhlich in den Winterhimmel brüllt. Ein Nachfahre vom Raffla soll sich darüber so geärgert haben, daß er Bad Aussee jedes Jahr im Fasching verließ – seitdem wissen die Kinder ein G'stanzl über ihn.

Auch in den »Faschingsbriefen«, die in den Gasthäusern verlesen werden, nehmen sich die Ausseer gegenseitig auf den Arm: Da wird manch einem in Versform eine Peinlichkeit präsentiert, die er am liebsten vergessen hätte, die Politiker kriegen ihr Fett ab und ein Weltstar, der aus Altaussee stammt: »Der Klaus Maria Brandauer hat sich beschwert, daß ihn die Ausseer nicht genug ehren. Dabei malen wir eh K + M + B auf alle Türen.«

Um die »heiligen drei Faschingtag« in Bad Aussee zu genießen, muß man sich nur einen guten Platz im Wirtshaus suchen und abwarten. Die meisten Auftritte sind improvisiert, und jeder, der anbandeln oder blödeln will, zieht von Gasthaus zu Gasthaus: Da fallen die »Rockaweiba« ein – rauh, laut und rüpelhaft wie Männer – und verteilen »Lupitscher«, ein Gebräu aus viel Rum und sehr wenig Tee. Ein Ärzteteam zieht vorbei, verpflastert Faschingsgeschädigte und gibt Schnapssprit-

Am Rosenmontag ziehen die Trommelweiber durch Bad Aussee

Die Flinserl beenden ihren Umzug mit dem Gabenauswerfen

zen. Ein paar Hunde schmiegen sich an, wollen gestreichelt werden und können plötzlich auf zwei Beinen stehen, wenn man ihnen ein Bier vorsetzt. Eine Bergrettungsmannschaft vertauscht Vertikale und Horizontale und seilt sich am Fußboden ab. Man wird gekämmt, besprüht, angemalt, verbunden ...

Plötzlich Musik, dumpfes Getrommel – die Trommelweiber künden sich an, etwa 70 weißgewandete Gestalten mit Nachthemden, Schürzen, Bändern, Schlafhäubchen und Masken. »Papa, Papa«, schreit ein kleines Kind und hängt sich einem der »Weiber« an den Rockschoß. »Meine sehr geehrten Herren Trommelweiber«, ruft das Obertrommelweib und hält eine geschliffene Rede auf den Besitzer eines Trachtengeschäfts, die ihm dieser mit einer Flasche Schnaps lohnt. Die Trommelweiber trommeln, die Musik spielt auf, und die »Dudl« – mit Sonnenschirmchen, Strohhut und Pepitakleid die einzige »Dame« in dem Weiberhaufen – dreht sich kokett im Kreis. Die Flasche Schnaps wird an der Spitze des Fahnenmasts befestigt, wo schon eine Salami, ein Ring Wurst und ein Kranz aus Gebäck hängen: Die Trommelweiber ziehen durchs Dorf, bringen Ständchen und erhalten Gaben dafür. Sie sind den ganzen Faschingsmontag unterwegs und lassen kein Geschäft, kein Gasthaus aus, und überall, wo sie einkehren, schiebt ein anderes Trommelweib die Maske hoch und kassiert – das ist dann der Wirt selbst. Wenn man ihnen abends um fünf Uhr begegnet, kann das Obertrommelweib kaum noch seiner Fahne folgen und die Topfdeckel, mit denen die Weiber am Vormittag so fröhlich Lärm gemacht hatten, baumeln traurig an ihren Schnüren.

Trinkfestigkeit ist ein Kriterium für die Aufnahme in den über 200 Jahre alten Verein – zur Inauguration gehört, einen Viertelliter Schnaps ex zu trinken –, aber beileibe nicht das einzige. »Ma muaß scho was sei« und das Bundesheer hinter sich haben, »Wehrdienstverweigerer nehma koane, es san scho die Bessern vom Ort.«

Die Trommelweiber sind nicht ganz so exklusiv wie die Flinserl, obwohl viele der »besseren« Bürger von Bad Aussee beiden Gruppen angehören, aber immerhin doch so elitär, daß sich vor fast 60 Jahren ein zweiter Verein gegründet hat: die »Arbeitertrommelweiber«. Sie ziehen am Faschingsdienstag durch den Ort, nicht so reich gewandet wie die »Bürgertrommelweiber«, nicht so reich beschenkt – es kann zwar nicht jeder ein Flinserl sein, trommeln aber können viele, sogar in Bad Aussee.

Hinter den Masken der Trommelweiber verbergen sich bärtige Gesichter, die Frauen von Schinder, Roßknecht und Schmied beim Murtaler Faschingsrennen (s. S. 229 f.), entpuppen sich als Burschen. Gewöhnlich sind es auch in den närrischen Tagen nur die Männer, die sich – in Kostümen, die ihnen ihre Frauen genäht, gewaschen und aufgebügelt haben – alle Freiheiten nehmen.

Nicht so im Ausseerland. Die »Weibl« unter den Flinserl halten, was sie versprechen. Das Oberflinserl ist eine Frau, und in Altaussee gibt es gar einen Faschingsbrauch, der die Männer völlig ausschließt: der Rock'a-Sitz. Man trifft sich dort, wo die Männer die meiste Zeit verbringen, an einem Ort, der für einheimische Frauen noch immer in gewisser Weise tabu ist: im Wirtshaus.

Barbara Frischmuth, geborene Altausseerin, beschreibt den Brauch in einem Beitrag im Merian-Heft »Salzkammergut« folgendermaßen:

»Man kommt also aus den verschiedenen Richtungen zusammen, nach Einbruch der Dunkelheit versteht sich, entschlossen, sich zu ›unterhalten‹. Schon bei der Begrüßung, beim Einandermustern, kommt es zu dieser speziellen Art von Lachen, ›kiren‹ oder ›kischen‹ genannt, die manchem Mann die Gänsehaut aufsteigen läßt. In gewissem Sinne ähnelt dieses Lachen auch eher einem Schrei, in Wirklichkeit ist es eine Technik, die dazu dient, sich in Stimmung zu bringen. Im weitesten Sinn vergleichbar mit Praktiken gewisser orientalischer Derwische, die sich durch Tanzen, Heulen oder ähnliche Ekstasetechniken in eine bestimmte Gemütslage versetzen. Alte und junge Frauen sitzen nebeneinander. Nicht der soziale Rang entscheidet über den Grad der Popularität, sondern die Fähigkeit, andere zum Lachen zu bringen. Und während immer neue Gäste dazustoßen, beginnen die ersten der Anwesenden ›essen‹ zu zelebrieren. Essen, das man nicht selbst gekocht hat. Essen im Wirtshaus, das bei den Einheimischen nicht sehr üblich ist. Essen aber auch als solide Grundlage für den Alkohol, dessen Wirkung an diesem Abend von allen eingeplant und akzeptiert wird.«

Sag schön »Grüß Gott« zum Samson!

Einen Löwen erwürgte er mit bloßer Hand, band man ihn mit Seilen, zerriß er sie »wie einen Faden«, und stolz konnte er von sich sagen: »Da liegen sie bei Haufen; durch eines Esels Kinnbacken habe ich tausend Mann geschlagen.«

Die Rede ist von Simson, dem alttestamentarischen Helden, unbezwingbar in seiner Stärke, bis er sich mit Delila einläßt. Sie verkauft das Geheimnis seiner Kraft an die Philister, raubt ihm die Locken, und schon ist es vorbei mit Simsons Pracht und Herrlichkeit.

Wie der biblischen Figur, nach der er modelliert ist, erging es auch dem Samson, der alljährlich durch das kleine obersteirische Krakaudorf tanzt. Auch er wurde seiner Größe beraubt, allerdings zog ihn nicht das Ewig-Weibliche hinab, sondern die österreichische Post: Nach dem Bau der Telefonleitungen mußte er Haare lassen, die Riesenfigur wurde gestutzt – schließlich geht es nicht, daß an jedem ersten Wochenende im August die Verbindung des Tauerndorfs mit der Außenwelt abreißt.

Ein Riese ist der Samson freilich immer noch mit seinen fast sechs Metern. Und die Krakaudorfer, die ihn am Samstag abend gegen 19 Uhr aus dem Heimathaus holen, wo er das Jahr über liegt, halten jedesmal wieder die Luft an, wenn er unter der ersten Telefonleitung durchtaucht. Knapp! Wird alles gut gehen, dieses Jahr? Wird der Samsonträger morgen in Form sein? Noch schwankt er recht, und die vier jungen Burschen müssen ein paar Mal dazuspringen, bereit, einzugreifen und das Gestell mit den Schultern abzustützen.

Sechs Meter hoch ist der Samson, der alljährlich durch Krakaudorf tanzt

Auf dem Kirchplatz warten die Musiker, die Nachbarn, die Kinder; nur die frecheren trauen sich an den Riesen mit den stechenden Augen heran. »Wart, bis dich der Samson holt« gehört zu den Grundpfeilern krakaudörfischer Pädagogik. Im Wirtshaus wird diskutiert »ob man aa tragn kannt«. Der Samson verschnauft. Adrett hält er die kleinen Hände an viel zu kurzen Armen vor dem Leib. Wer in sein Innenleben schaut durch das Guckloch, das in den langen dunklen Rock geschnitten ist, sieht ein rotes, verschwitztes Gesicht: Das Heimathaus ist weit, und 60 Kilo sind keine Kleinigkeit, auch wenn der Bursch im Wirtshaus so sicher ist, daß er's »leicht tragat«, daß es fast zu einer Rauferei kommt. Kinder werden zum Guckloch gehoben: »Sag schön Grüß Gott zum Samson!« Dann scheucht der Samsonführer alle weg. Er gibt dem Kapellmeister ein Zeichen. Musik! Und der Samson tanzt. Hüpft, dreht sich, grazil schwingt das lange Gewand mit, rhythmisch exakt bewegen sich die dürren Beine, die goldenen Epauletten hüpfen, die Orden auf dem roten Überrock blitzen, und der Eselsbackenknochen springt auf und ab. Der Samson tanzt einen Steirischen, so behend, so kraftvoll wie letztes Jahr, wie die Jahre davor, unbesiegbar. Und er wird Samson bleiben, vielleicht 20 Jahre, so lange wie sein Vorgänger. Auf dem Kirchplatz wird geklatscht, gejubelt. Im Wirtshaus ist es zur Rauferei gekommen.

Am Samstag gehört der Samson den Krakaudorfern noch ganz allein. Er zieht die Dorfstraße entlang, der bärtige Kopf mit dem Helm überragt die Holzhäuser, Scheunen und Schuppen. Auf dem Hauptplatz sind Buden aufgebaut. Eine Frau scheuert die Gitterstäbe vor einem Altar. Morgen ist »Kirtag«. Vor den Gasthöfen stoppt der Trupp. Ein Tanz, und die Gruppe wird bewirtet. Dem Hauptakteur muß der Samsonführer durchs Guckloch zu Trinken geben, denn der ist so in das Gestell eingeschnallt, daß er die Hände nicht zum Gesicht führen kann.

Nach einer Stunde ist der Zug am Ortsende angelangt. Dort wird der Samson im reichsten, stattlichsten Haus erwartet, einem wunderschönen alten Hof, dessen dunkle Holzbalken die Wärme des ganzen Tages gespeichert haben. Hier spielt die Musik besonders laut, und der Samson tanzt, tanzt, als wär's der letzte Tanz von allen. Sogar einen Juchzer läßt er aus, vor Freude wohl, denn jetzt darf er sich aus seinem Gestell befreien, sein Alter ego wird auf den Rücken gelegt und muß in den Abendhimmel schauen, während die andern zum Grill stürmen und zum Bier.

Es ist schon fast dunkel, als sich der Zug wieder in Bewegung setzt. Vor einem Haus steht noch ein kleiner Tisch mit Weingläsern, dann gibt es keinen Aufenthalt mehr. Der Samson geht ins Heimathaus, die übrigen ziehen ins Wirtshaus. Nur der Samsonträger nicht. Er muß sich auf seine tragende Rolle vorbereiten.

Seinen ersten Auftritt hat er am nächsten Morgen. In Zivil. Oder besser: in seinem schönsten Steireranzug. Er geht vor dem Himmel und trägt die Prozessionsleuchte. In einem der Himmelträger erkennt man den Samsonführer wieder, auch er dem Irdischen und gestrigen Geschehen entrückt. Die Prozession findet zu Ehren des hl. Oswald statt, ihm ist die kleine Dorfkirche mit der reichverzierten Kassettendecke aus dem 16. Jahrhundert geweiht. Vier Buben, vielleicht sechs, sieben Jahre alt, haben seine Statue geschultert. Wenn die Prozession stoppt und sie den Heiligen absetzen, greifen sie ihm unter den Rock. Da sind Süßigkeiten versteckt. Mädchen tragen drei Marienstatuen und eine Jesusfigur; sie schmücken und schminken sie selbst. Den Schmuck holen sie von der Alm, weit oben, wo der Almrausch nicht mehr unter Naturschutz steht. Die Schminkvorlage scheint, nach den sinnlichen Lippen der Maria zu urteilen, einem Modejournal entnommen. Die Musiker von gestern haben Schützenuniformen angelegt: weiße Hosen, rote Westen, grüner Frack, Lammfellmützen. Die Farben heben, da wirkt manches übernächtige Gesicht nicht ganz so fahl.

Der Zug bewegt sich durchs Dorf und über die Felder. Vor vier Altären wird haltgemacht, nach dem Segen schießt die Garde eine Ehrensalve. Der Brauch, Schützen bei der Prozession mitzuführen, stammt aus der Zeit der Glaubenskämpfe. »Prangschützen« heißen sie noch heute, da sie an den sogenannten »Prangtagen« in Erscheinung traten und die Aufgabe hatten, Prozessionen zu bewachen und das Allerheiligste zu schützen.

Früher durfte auch der Samson an der Prozession teilnehmen, das ist vorbei. Die Aufklärung hat ihn vom Platz verwiesen. So kommt es, daß der Samson-Umzug zwar am Festtag des hl. Oswald stattfindet, aber erst am Nachmittag gegen 14 Uhr.

Ausgangspunkt ist wieder der Kirchvorplatz. Aber wie ist es heute feierlich und formell und voll! Fremde, Gäste, Honoratioren, Schützen, Musiker, in Tracht, in Uniform. Ein aufgeregter Schützenvereinshauptmann schreitet seine Truppe ab, weiß leuchten die Hosen, die Lammfellmützen spielen überzeugend Bärenfell. Der Samson trifft ein, trommelbegleitet. »Haltet euch!« brüllt der Hauptmann und fuchtelt mit dem Säbel, als wolle er in einem Topf rühren, und die Bauernburschen in ihren Uniformen präsentieren die Vorderlader mit ausgestreckten Armen. Der Hauptmann schwenkt Richtung Pfarrhaus und meldet, er wolle dem Herrn Pfarrer »eine Generaldecharge« machen, so zackig skandiert, daß man den Text kaum versteht. Aber der Pfarrer weiß, daß das eine Ehre ist und lächelt freundlich, und schon legen sich die Musiker ins Zeug und der Samson tanzt. »Haltet«, »General-decharge sprühen« – und dann kracht es aus über 50 Gewehren, Vorderladern alten und neuen Typs, Rauchwolken steigen auf, es riecht nach Pulver, der Pfarrer ist sehr geehrt, und die jungen Schützen blicken tief befriedigt und laden die Gewehre neu. »Es waren dies Jahr mehr, die mitmachen wollten als Uniformen da waren«, erzählt die Wirtin später – Knalleffekt ist wohl wieder »in«.

Dieselbe Ehre wie dem Pfarrer widerfährt auch noch der Lehrerin und ein paar anderen Honoratioren des Ortes: Vor den Häusern der Krakaudorfer Hautevolee verharrt der Zug, der Samson erweist seine Referenz und tanzt, tanzt in diesem Fall um Gottes Lohn. Alle anderen, die Wert darauf legen, daß man ihnen oder Freund,

Prozession zu Ehren des hl. Oswald

226

Der Samson zieht von Hof zu Hof und tanzt

Gattin, Schwiegermutter eine »Generaldecharge« macht, müssen bezahlen. Beträge bis zu 500 Schilling verschwinden in der Tasche eines diskreten Herrn im Anzug, der nimmt dafür Namen und – wir sind in Österreich – Titel auf und gibt den Zettel an den Hauptmann weiter. Der brüllt, die Schützen schultern, der Samson tanzt, die Burschen feuern... Es wird immer heißer, die Gesichter unter den Fellmützen laufen rot an, der Hauptmann spricht immer undeutlicher, der Samson tanzt immer kürzer und sein Betreuer muß immer häufiger durch das Guckloch greifen, um ihm den Schweiß abzuwischen oder ihm ein Viertel oder ein Achtel oder ein Bier einzuflößen – nicht auszudenken, welche Temperaturen im Inneren der Figur herrschen müssen!

Aber das ist der Preis – wenn man einen bärenstarken biblischen Helden zum Tanzbären degradiert, muß man schwitzen. Und schließlich treffen die Krakaudorfer Schützen mit dieser Veranstaltung voll ins Schwarze: der Kassenwart des Vereins schläft in dieser Nacht bestimmt gut.

Ob auch die andern ihren Schnitt machen? Die fahrenden Händler, die auf dem Hauptplatz ihre Buden aufgebaut haben und Kassetten, Devotionalien, Gummibänder, pappig-süße Schaumrollen, Pullover, Kuhglocken, Wetzsteine, Messer, Fleischhaken... verkaufen, ein Angebot, das an die Zeit erinnert, als man mit dem Wort »Markt« noch nicht »Super« assoziierte und man sich am »Kirtag« mit dem eindeckte, was im Dorf sonst nicht zu haben war.

Und in Krakaudorf war und ist nicht viel zu haben, ein paar Lebensmittelgeschäfte reichen für die Bewohner des abgelegenen Ortes und ihre Sommer- oder Wintergäste. Die Gegend, in der Krakaudorf liegt, heißt die »Krakau«, ein Hochplateau am Südrand der Niederen Tauern, so fernab jeder Verkehrsverbindung, daß es bis ins 6. Jahrhundert ohne Menschen blieb. Als es besiedelt wurde, wunderte man sich anscheinend über die vielen Krähen: »Krakau« – »Krähengegend, Krähenland«. Eine enge gewundene Straße führt zum Dorf hinauf, es leben nur etwa 600 Menschen hier. 600 Menschen und ein Riese – warum, so fragt man sich, verschlug es den Samson eigentlich nach Krakaudorf?

Das muß, da ist man sich hier einig, unbedingt etwas mit den Franzosen zu tun haben, die im Jahr 1800 das ganze obere Murtal und das Ennstal besetzt hatten. Auch an der Gründung des Schützenvereins sollen sie beteiligt gewesen sein – die Uniformen sind französischen nachempfunden –, und er soll aus demselben Jahr stammen, wie der erste Samsonkopf: 1809.

»Da san zwa Franzosen dabliebn, und der ane war Schneider, der hat's Gwand gmacht und der ander an Kopf.« Aha. Und weil dem Schneider fad war, hat er auch gleich den Schützenverein ins Leben gerufen und eingekleidet, ganz so, wie das der Franzose halt nun mal macht, wenn es ihn in ein Dorf in den Niederen Tauern verschlägt.

Oder doch nicht? Einer soll es nur gewesen sein, ein Deserteur, und den Kopf hat er gefertigt aus Dankbarkeit dafür, daß ihn die Bevölkerung nicht an seine Landsleute verraten hat. Auch klar. Was läge näher, als überall dort, wo man gastlich aufgenommen wurde, große Köpfe zu hinterlassen.

Noch eine Version? Geschreckt hat man die Franzosen damit, weiß der Wirt, da gibt es noch ein Marterl, das Franzosenkreuz, und da hat man die Riesenfigur aufgestellt, und kein Franzos' hat sich hinaufgetraut nach Krakaudorf!

Genug! Spätestens hier wird der Ruf nach der Wissenschaft laut. Wie kommt der Riese nun wirklich in die Berge? Er kam, so spricht die Wissenschaft, im 17. Jahrhundert aus Bayern, gelangte zunächst nach Tamsweg und von dort in die kleineren Märkte und Dörfer. Eine vermittelnde Rolle spielten dabei die Kapuzinermönche des Klosters Murau, die mit dem Auftrag an die Mur gesandt worden waren, dort die Gegenreformation zu unterstützen. Die Reformation war in der Steiermark auf große Resonanz gestoßen, und die Katholiken mußten sich anstrengen, das verlorene Terrain zurückzuerobern und zu halten. Dazu war ihnen jedes Mittel recht – wenn das Volk Prunk und Pomp wollte, Prozessionen mit riesenhaften Maskengestalten, bitte, warum nicht. Des Showeffekts dieser Auftritte konnte man sicher sein – was hatte die Gegenseite, eine streng reformierte, rigide Kirche, schon für Augen und Herz zu bieten? Der PR-Etat war großzügig bemessen, es gab Gold für die Altäre, farbenprächtige Umzüge, barocke Mützen für die Gotteshäuser. Für die, denen all das nicht Argument genug war, gab es auch noch die Peitsche: 1525 wurde der Schladminger Bauernaufstand blutig niedergeschlagen, Bischof Brenner führte ein schreckliches Regime und als Ferdinand, der spätere Kaiser, um 1600 eingriff, gehörten Bücherverbrennungen, Ausweisungen und Zwangskonvertierungen zum Alltag.

Vielleicht haben die Krakaudorfer recht, wenn sie dieser historischen Wahrheit nicht ins Auge sehen wollen und die völkerverbindende Version vom desertierenden, schnitzenden und nähenden Franzosen vorziehen.

Wie die Feste fallen

Fasching

Bad Aussee

Faschingssonntag, Rosenmontag, Faschingsdienstag sind die »heiligen drei Faschingtag«, s. S. 216 ff.

Die *Trommelweiber* ziehen am Rosenmontag gegen 8 Uhr vom Gasthof Blaue Traube los und sind den ganzen Tag unterwegs.

Die »*Arbeitertrommelweiber*« treffen sich am Dienstag gegen 8 Uhr in Unterkainisch und marschieren von dort nach Bad Aussee.

Die *Flinserl* beginnen ihren Zug am Dienstag gegen 14 Uhr am Gasthof Blaue Traube; das Sprücherlaufsagen und »Auswerfen« findet auf dem Platz unterhalb des Hotels Erzherzog Johann statt.

Das Verlesen von Faschingsbriefen, improvisierte Auftritte verschiedenster »Maschkera«, Eisstockschießen … auch in Grundlsee und Altaussee.

Oberes Murtal

Faschingsrennen

Der Brauch findet alle zwei Jahre (letztmalig 1987) am Rosenmontag von 5 bis 18 Uhr abwechselnd in verschiedenen Orten des Bezirks Murau statt: Krakauschatten, Krakaudorf, Ranten.

Information: Beim Verkehrsverein Murau und Umgebung, Am Bahnhof, A-8850 Murau, ✆ 035 32/27 20

Ein seltsamer Zug, der sich da im Morgengrauen durch die Berge bewegt: Vorweg ein Mann mit einem Habichtkopf, dann einer ganz in Rot gekleidet mit einer spitzen Mütze und einem Stab, an den ein kleiner Besen gebunden ist. Ihm folgen Gestalten mit weißen Hemden, langen Unterhosen unter der kurzen Ledernen – ihre Mützen müssen gut einen Meter hoch sein, spitz wie Zuckerhüte und ebenso mit Bändern verziert wie die langen Stäbe, die sie tragen. Vier Burschen mit Steirerhut und einer im Flekkengewand, und alle mit Glocken und Schellen und alle im Laufschritt, damit es auch tönt und läutet.

Sie ziehen von Hof zu Hof, der »Hühnergreifer«, der mit der Federmaske, kundschaftet aus, ob vor den Häusern Eier und Hafer bereitliegen und gibt dann das Signal zum Tanz, dem »Kranzl«, das nach genau festgelegten Regeln abläuft.

Hat der Bauer die »Faschinge« abgefertigt, sieht er sich einer zweiten Gruppe Maskierter ausgesetzt: Man will ihn zum Kauf eines Pferdes überreden, dem Schmied soll er Geld fürs Beschlagen geben, und kaum ist der Kauf getätigt, bricht das Roß zusammen, und der Schinder hält die Hand auf.

Die Schlagworte »heidnisches Treiben« und »Fruchtbarkeitskult«, Lieblingsbegriffe der alten Brauchforschung, mußten auch zur Erklärung des Faschingsrennens herhalten. Die modernen Volkskundler hingegen sehen Arbeits- und Rechtsbräuche an der Entstehung beteiligt. So schreibt z. B. Helge Gerndt in dem Buch »Brauchtum in den Alpenländern«: »Insbesondere die Kleidung und die Attribute der Schell- und Glockfaschinge lassen sich aus älterem Arbeitsbrauchtum herleiten, so daß wir hier wohl wenigstens teilweise keine eigentlichen Maskengestalten, sondern vielmehr ein Rollenspiel vor uns haben, welches ursprünglich ein rechtlich verankerter Sammelbrauch bäuerlicher Saisonarbeiter (Drescher) war.«

Ostern

Den Osterfestkreis eröffnet der Palmsonntag mit der Palmweihe; die geweihten Buschen – Salweiden, Buchsbaum, Wacholder und Stechpalme – zerteilt man und steckt sie aufs Feld, in den Stall, in den Herrgottswinkel oder auf den Dachfirst.

Am Gründonnerstag, dem sogenannten »Antlaßtag«, werden in den katholischen Kirchen die Kerzen gelöscht, alle Glocken verstummen – sie »fliegen nach Rom«. Ihre Funktion übernehmen in manchen Ortschaften noch immer die »Ratschenbuben«. Sie ziehen mit Fahnen- oder Kurbelratschen oder Holzklappern, altertümlichen Lärminstrumenten, durch die Ortschaften und begleiten vom Kirchturm aus die kirchlichen Handlungen. Zur vollen Stunde wird geratscht, zur Todesstunde Christi. Seit die Osterliturgie verändert wurde, haben die Ratschenbuben nur noch am Karfreitag zu tun. Und am Karsamstag vor dem Halleluja. Da verkünden zum Beispiel die Murauer Kinder:

»Wir ratschen, wir ratschen das letzte Mal z'samm, weil die Glocken san wieder komma von Rom.«

Am Karsamstag findet die Speisensegnung, die sogenannte »Fleischweihe«, statt; im Oberland trägt man die am Gründonnerstag gelegten »Antlaßeier« in die Kirche. In manchen Gegenden sind Osterfeuer üblich.

Mooskirchen und Hitzendorf, Bezirk Voitsberg
Maschta-Singen
Am Ostersonntag von 8 bis 9 Uhr in Mooskirchen und von 9 bis 10 Uhr in Hitzendorf

Das »Maschta-«, »Marter-, Leiden-Christi-Singen« geht zurück auf die Jahre 1348 und 1349, in denen sich die Pest erstmalig urkundlich nachweisen läßt. So berichten z. B. die Annalen des Zisterzienserstifts Neuburg von Bußprozessionen, bei denen »in der Muttersprache schöne Lieder vom Leiden des Herrn« gesungen wurden.

In den Dörfern Mooskirchen und Hitzendorf kommen am Ostermorgen Gruppen aus den umliegenden Dörfern – vorwiegend Männer und Burschen – zusammen; sie tragen ein Kreuz, das mit Wachskerzen beladen ist, und ziehen singend in die Kirche ein. Zwei Vorsinger geben den Ton an; Melodie und Text der Lieder reichen ins ausgehende Mittelalter zurück.

Maibaum
Was wird nicht alles hineingedichtet in diesen Baum! »Größte Form der Lebensrute«, »das heilige Mal des Ortes, Rest eines segenspendenden heidnischen Begattungszaubers« (Swoboda, 1979), der »von den Fruchtbarkeitsriten des Paläolithikums herstammt« (de Cesco, 1981). Das Paläolithikum ist die Altsteinzeit, datiert von 600 000 bis 10 000 vor unserer Zeitrechnung. Ein gewagter wissenschaftlicher Schluß! Diejenigen, die 600 000 Jahre nach uns kommen werden, werden den kahlen Stamm, den in manchen Gegenden ein kleiner, zerzauster Wipfel ziert, wohl als Symbol des Baumsterbens im ausgehenden 20. Jahrhundert deuten.

Wollen wir hoffen, daß ihnen dann eine Nummer der Zeitschrift »Schönere Heimat« (1982/2) in die Hände fällt, in der Günther Kapfhammer in seinem Artikel »Der Maibaum« gegen die Begattungs-Brauchforscher zu Felde zieht und wissenschaftlich Gesichertes zum Thema Maibaum liefert: Obwohl bereits die Völker des Mittelmeerraums ebenso wie die Kelten und die Germanen Zweige

und Bäume in Brauchhandlungen miteinbezogen, läßt sich ein Zweigbrauch-
tum zum Maibeginn erst im 18. Jahrhundert beweisen. Erste archivalische Belege
für einen Maibaum stammen aus dem
16. Jahrhundert und kommen aus Bayern. Auch in Tirol ist der Maibaum länger belegt, es finden sich Dokumente aus
dem 17. Jahrhundert, die das Aufstellen
aus forstwirtschaftlichen Gründen ver-
bieten. Das traditionelle Maibaumgebiet
war Altbayern; die Ausbreitung des
Brauchs brachte das Dritte Reich mit
sich. Damals interpretierte man den

Brauch so, wie die eingangs Zitierten es
noch heute tun, und nützte das germa-
nisch-begattende Fruchtbarkeitssymbol
für Propagandazwecke.

Mit dem Aufstellen des Maibaums
sind regional unterschiedliche Brauchhandlungen verbunden, so das Abschla-
gen des Wipfels und das Stehlrecht. Der
Baum wurde aus dem Herrschaftswald
gestohlen, der präparierte Stamm mußte
von den Burschen einer Dorfgemeinschaft versteckt und bewacht werden –
gelang es einer Gruppe aus einem anderen Ort, ihn zu stehlen, bestand damit
die Verpflichtung, ihn auszulösen. Das
Maibaumstehlen gehört zwar heute immer noch dazu, ist aber im Rücklauf,
nicht zuletzt deshalb, weil allzuviele Fäl-

le vor dem Kadi enden, wenn der »Be-
stohlene« das Brauchrecht nicht akzeptiert.

Fronleichnam
In der südlichen Weststeiermark legt
man den Weg, den die Fronleichnams-
prozession nimmt, mit aus verschiedenen Blütenblättern gebildeten Blumen-
teppichen aus. (Besonders schön in
Deutschlandsberg.)

Pestkerzenumgang
St. Benedikten bei Knittelfeld
Sie wird teils als »Pest-«, teils als »Tür-
kenkerze« bezeichnet und ist dabei nicht
einmal eine richtige Kerze, sondern eine
14 Meter lange, mit Wachs überzogene
Holzstange, auf deren Spitze eine kleine
Laterne thront. Im Rahmen einer Prozession wird sie jeweils am dritten Sonntag im Juni durch den Ort getragen.

Die moderne Brauchforschung sieht
in der sogenannten Kerze ein großes,
überdimensionales Zeichen der Gegenreformation, Prozessionsleuchte und
Opferkerze in einem, riesiges, himmel-
weisendes Symbol des Katholizismus.
Da aber Geschichten von Türken und
Heuschrecken immer spannender sind
als wissenschaftliche Interpretationen,
hier ein Text über die Entstehung des
Brauchs, der sich in »Mythen und Sagen
aus dem steirischen Hochlande« von
J. Krainz findet:

»Heuschrecken hatten die Saatfelder
verzehrt, darauf kam der türkische Blut-
hund ins Land und hauste gar schreck-
lich; er metzelte Menschen und Thiere
nieder, plünderte Arme und Reiche, verbrannte Häuser und Dörfer und zerstör-
te die Kirchen. Da entstand eine schwere
Hungersnot, daß die Leute Baumrinde
statt des Brotes essen mußten. Die Tür-

Pestkerzenumgang

ken wollten auch die Kirche St. Benedicten zerstören, konnten sie aber nicht finden, denn so oft sie ihr nahten, wurde das Gotteshaus ihren Augen durch ein hohes undurchdringliches Gebüsch entzogen. Die geängstigten Bewohner gelobten, zur Abwendung der Gefahren eine mehrere Zentner schwere Wachskerze zu opfern. Sie waren nachmals in ihrer Armuth nicht im Stande, eine so schwere Kerze anzuschaffen und ließen es mit der Nachahmung begnügen, indem sie eine lange Stange mit einem Wachsstock spindelförmig überzogen.

Als nun später der Feind wieder einmal eingebrochen war und in der Kirche zu St. Benedicten die merkwürdige Kerze sah, nahm er dieselbe weg und vertauschte sie mit einer mit Pulver gefüllten Blechröhre, in der Absicht, daß sie, angezündet, explodieren und die Kirche samt den Andächtigen in die Luft sprengen sollte. Zum Glück jedoch entdeckte man rechtzeitig diesen ruchlosen Anschlag.«

Samson-Umzug
Krakaudorf, Bezirk Murau
Erstes Wochenende im August,
s. S. 223 ff.

Murau
Am 15. August
Nachdem sich in Murau Hinweise fanden, daß es auch hier einen Umgangsriesen gegeben haben muß, ließ man den Brauch 1968 wiederaufleben.

Ledersprung

Leoben

Der 4. 12. ist der Tag der hl. Barbara, der Schutzpatronin der Bergleute. Am Sonntag, der dem Barbaratag am nächsten liegt, findet dieser Festakt in der Montanuniversität statt.

»O alte Burschenherrlichkeit!« Sie gab und gibt an der Montanuniversität Leoben den Ton an, hier wird, wie es im Liede heißt, »im Ernste... wie im Scherz, der *rechte* Sinn stets walten«: So liegt zum Beispiel im Dokumentationsarchiv des österreichischen Widerstandes ein Brief, in dem die Burschenschaft »Leder« den früheren Bundeskanzler Kreisky auffordert, die Regierung solle sich aller Maßnahmen zur Schaffung eines österreichischen Volkes enthalten und sich zu einem österreichischen Staat deutscher Nation bekennen...

Der »Ledersprung« hat nun mit diesem Schritt zurück nichts zu tun. Es handelt sich vielmehr um einen Initiationsritus, der schon im 16. Jahrhundert bei der Aufnahme von Bergleuten in die Zunft üblich gewesen sein dürfte. Die Brauchträger sind aber heute überwiegend die Corpsstudenten, es präsidieren die Erstchargierten aller Leobener Verbindungen. Unter Einhaltung bestimmter Formalitäten springt jeder der neu Immatrikulierten über das sogenannte »Arschleder«, ein Symbol der Bergmannsehre.

Nikolaus

Am Vorabend des 6. Dezember überall in der Steiermark, besonders interessant ist das Nikolospiel in Bad Mitterndorf.

Da kann man schon das Fürchten lernen an diesem Abend: Dunkle Gestalten schleichen durch die Dämmerung,

schwarze Gesichter, Maskenfratzen, gehörnt, in Pelze gehüllt, heugabelbewehrt – die Krampusse. »Krampus, Bartl, Klaubauf oder Hidlbua« – die Sünde hat viele Namen –, so heißt der teuflische Begleiter des hl. Nikolo, und eigentlich sollte er nur mitziehen, um das Böse als Gegensatz zum Guten zu verkörpern. Dieses pädagogische Moment vergessen allerdings die meisten Burschen; sie ziehen, außer bei den offiziellen Umzügen, alleine los, ohne den heiligen Bischof, dessen Rolle sowieso die fadeste ist und nicht geschaffen zum Mädchenschrekken und Sichwildgebärden.

In Bad Mitterndorf begleiten den Nikolo noch die »Strohschab«, in Stroh gehüllte Figuren mit überlangen, antennenartigen Hörnern. Es scheint sich dabei um ältere Gestalten zu handeln, wahrscheinlich aus dem Drescherbrauchtum, die schon am 6. Dezember ihr Unwesen trieben, bevor die Kirche im Hochmittelalter den Namenstag des hl. Nikolaus an diesem Tag festlich beging.

Geschnitzte Holzmasken findet man vor allem in Westösterreich, das Verbrei-

tungsgebiet reicht bis in die Steiermark. In Bad Mitterndorf kann man besonders phantasievolle, furchterregende Kreationen sehen: mit Hörnern, schwarzem Spitzbart, langer roter Zunge.

Frisch- und-G'sund-Schlagen
Bevor die Kirche den Nikolausbrauch auf den 6. Dezember verlegte, beging man am 28. 12., dem Tag der Unschuldigen Kinder, ein ausgelassenes Fest, bei dem auch ein Kinderbischof inthronisiert wurde.

Heute geht es an diesem Tag eher harmlos zu: Am Vormittag laufen die Schulkinder mit Birkenruten herum und verabreichen jedem Erwachsenen, dessen sie habhaft werden können, ein paar Streiche (Zweigsegen). Dazu sagen sie Sprüche auf. Der erste Vers enthält das »Frisch und g'sund«, dann folgen Neujahrs- und andere Glücks-, Gesundheits- und Segenswünsche. Die Kinder heischen Geld oder in ländlichen Bereichen Nüsse, Gebäck.

Hochschwab ▷

Keine Gartenlaube in der Waldheimat

Wer ist Peter Rosegger?

Wenn man, wie die Autorin, das Vergnügen hattc, die Schulen des Freistaates Bayern zu besuchen, ist diese Frage leicht beantwortet: Peter Rosegger ist der Waldbauernbub. Immer edel, immer barfuß und dazu ein herzensgutes Mütterlein.

Eine solide bayerische Schulbildung, und man hat sein Leben lang genug von Peter Rosegger. Glaubt man. Doch dann kommt die Pflicht und sie spricht also: Rosegger = Steiermark. Er ist, ob du willst oder nicht, der bekannteste österreichische Volksdichter: Millionenauflagen, übersetzt in 22 Sprachen, 1913 nur knapp und nur aus politischen Gründen am Nobelpreis vorbeigegangen. Mit Rosegger wirst du dich beschäftigen müssen, wenn du dein Thema nicht verfehlen willst.

Will man nicht. Also ins Auto und auf in die »Waldheimat«. Da steht die Schule, die auf des Dichters Initiative hin gegründet wurde, und natürlich ein Denkmal – Waldbauernbub, barfuß –, da ist Roseggers Geburtshaus, 1200 Meter hoch gelegen, von dem man weit übers Land sieht, Almen, dunkle Wälder und in der Ferne die felsigen Kalkalpen. Wunderschön, nur – der Leser verzeihe die lockere Formulierung – es kommt einfach nichts rüber, was einem den Zugang zu Peter Rosegger erleichtern würde. Das mag nun zugegebenermaßen auch an der mangelnden Sensibilität der Autorin liegen. Ottokar Kernstock stand vor dem Kluppeneggerhof und empfand, »denn hier ist voreinst ein Mirakel geschehen. Im achtzehnhundertundvierzigsten Jahr und hernach im dritten, im Heumond, gebar, von Fichten umrauscht und vom Almenwind, eine sterbliche Mutter ein unsterblich Kind«.

Ottokar Kernstock, »treudeutsch bis in den Tod« (s. a. S. 128) – paßt es nicht ins Lesebuch-Bild, daß Rosegger gerade von einem so völkisch deutschtümelnden Dichter hochgejubelt wird? Daß er 1909 eine große Spendenaktion initiierte, um deutsche Schulen an den Sprachgrenzen Österreichs zu errichten und zu unterstützen und damit »unserer Väter deutsches Erbe zu verteidigen«? Diese Aktion kostete ihn den Nobelpreis und brachte ihm – posthum – die Wertschätzung der Nationalsozialisten, die den populären Dichter für ihre Propagandazwecke weidlich nutzten.

Das allerdings hat Rosegger nun wirklich nicht verdient. Kriegstreiben und Rassenhaß waren seine Sache nicht, im Gegenteil. Die neuere Rosegger-Forschung, die sich v. a. auf Untersuchungen des »Heimgartens« stützt, einer Zeitschrift, die er von 1876 bis 1910 herausgab, entwirft das Bild eines pazifistisch gesinnten, sozial engagierten Schriftstellers, »der zu Tagesfragen Stellung bezog, ein seltenes Exemplar in unserer österreichischen Tradition also. Ein freier Geist, der frei schrieb und redete und damit bisweilen bei den Mächtigen in Politik und Kirche, Wirtschaft und Wissenschaft kräftig aneckte. Die Zensur beäugte ihn scharf, Gotteslästerer und Jugendverderber und dergleichen wurde er geschimpft.

Heiße Eisen packte er in seinem ›Heimgarten‹ in großer Zahl an, vom sozialen Fortschritt bis zur beginnenden Zerstörung der Natur für fragwürdigen Wohlstand, er kämpfte für das Menschenrecht auf Wald und Berg und Wasser, verurteilte den Jagdsport, plädierte für liebevollere Kindererziehung und besseren Schulunterricht, für mehr journalistisches Gewissen, er regte die Koedukation der Geschlechter an und zweifelte am Zölibat der Priester, er verlangte das Selbstbestimmungsrecht für die Nationalitäten in der österreichisch-ungarischen Monarchie ebenso wie die Friedensinstanz eines Völkerbundes.

Ein aufgeklärter Liberaler war er, mit tiefem christlichem Ethos, in dieser Hinsicht Erzherzog Johann geistig eng verwandt. Und so, wie Johann der Steiermark zum erstenmal in ihrer Geschichte ein Landesbewußtsein und damit Selbstbewußtsein gab, verlieh ihr Rosegger zum erstenmal eine Stimme, die in ganz Österreich, in ganz Deutschland, ja in der Welt mit Interesse gehört wurde.« (Landeskulturreferent Kurt Jungwirt anläßlich des Rosegger-Jahres 1983)

Daß dieser »andere« interessante und lesenswerte Rosegger es mit dem Waldbauernbuben an Popularität nicht aufnehmen kann, liegt sicher daran, daß gerade die, die für eine neue Sichtweise empfänglich wären, eine ähnliche Rosegger-Sozialisation mitgemacht haben wie die Autorin. Die hingegen, die uns sozialisiert haben, halten fest am Bild des seichten, lustigen Volksdichters und wollen von dem kritischen nichts wissen. Das zum Beispiel bewies die öffentliche Reaktion, als Wolfgang Bauer, einer der jungen, provokanten steirischen Autoren, 1970 einen Preis erhielt, der damals noch Roseggerpreis hieß und neun Jahre vorher an den vaterländisch-deutschnationalen Schriftsteller Bruno Brehm gegangen war. Gegen Brehm zog nur die Literaturzeitschrift »manuskripte« ins Feld, gegen Bauer erhob sich die Volksseele, um den reinen Waldbauernbuben posthum vor der moralischen Gefährdung durch den wilden Bauer zu schützen.

Ein Grund für das starre Festhalten am tradierten Rosegger-Bild mag sein, daß seine Biographie einfach zu schön ist, um einem bayerischen Lesebuch zu entkommen oder die TV-Programmplaner mit dem Heile-Welt-Trieb unberührt zu lassen: der arme, aber glückliche, in der Waldeinsamkeit schreibende Bauernbub – zum Schneider bestimmt – wird entdeckt, findet einen bürgerlichen Mäzen, der ihm die Schulbildung ermöglicht, erlangt internationalen Ruhm, bleibt dabei aber immer bescheiden, heimat- und naturverbunden – das setzt doch die Kitschsaite in wohligwarme Schwingungen...

Doch nicht nur das »menschlich Rühren« ist für die einseitige Interpretation Roseggers verantwortlich. In seiner Waldbauernrolle paßt er genau in die Idylle, die man so gerne und fälschlicherweise für die Realität des 19. Jahrhunderts hält: die häuslich-beschauliche Welt des Biedermeier.

Wolfgang Bauer, 1970

Daß seine Leser an ihrer Scheinwelt festhalten, kann man Rosegger nicht vorwerfen: Er hat die großen politischen und sozialen Probleme, die die beginnende Industrialisierung und Verstädterung mit sich brachte, durchaus gesehen, wußte auch, daß die ökonomischen Veränderungen gerade für die Bergbauern, deren Anwalt er zeitlebens war, verheerende Folgen haben würden: die Vernichtung ihres Standes.

»Die Sozialdemokraten!... Allgemeine Gleichheit natürlich!... Sie meinen das gleiche Recht. Was einer verdient, das soll er haben. Das ist doch klar. Man muß ihnen Gelegenheit geben, emporzukommen. Sie sind Blut von unserem Blut. Genug Bauern, die ihre Brüder und Söhne in den Fabriken haben. Roh mögen sie sein, aber Kraft ist in ihnen, Tüchtigkeit und Bravheit. Sie kommen von unten, haben Erdsegen in sich... Wählet einen Sozialdemokraten, Adamshauser! Die sind lange nicht so schlimm, als sie aussehen«, so spricht Hans Trautendorffer in »Erdsegen« zu seinem Bauern. Hätte man solche Worte dem Volksdichter Peter Rosegger zugetraut?

Aber, wie sagt Bert Brecht? »Das Volk ist nicht tümlich.« Das bayerische Lesebuch hingegen schon.

»Lieblichkeit ist immer Illusion«

Karin Brandauer, Steirerin, Regisseurin, bekannt als engagierte, kritische Filmemacherin, wendet sich einem Rosegger-Thema zu. Christine Metzger ist neugierig und trifft sich mit ihr in Wien.

C. M.: *Sie haben 1985 einen Fernsehfilm nach einem Roman von Peter Rosegger gedreht, »Erdsegen«, einen Film, der mich sehr beeindruckt hat und gewissermaßen mein »Rosegger-Schlüsselerlebnis« war.*

Sie sind als kritische, engagierte Regisseurin bekannt – wie kommen gerade Sie dazu, sich ein Rosegger-Thema auszusuchen?

Karin Brandauer: Ich hab mir das Thema nicht ausgesucht, es wurde mir angeboten. Und ich hab erst mal abgewartet. Wissen Sie, wenn man in der Steiermark in die Schule geht, werden einem Paula Grogger und Rosegger eingehämmert, und ich konnte ihn einfach nicht mehr aushalten. Auch als er wiederentdeckt wurde – vor ein paar Jahren wurde ja eine 26teilige Waldheimatserie fürs Fernsehen gemacht –, geschah das auf sehr kitschige Weise. Und so wollt ich einfach nicht. Erst als mir der Produzent sagte, daß das Drehbuch von Felix Mitterer sei, hab ich zugestimmt, es zu lesen, einfach, weil mich der Felix Mitterer als Autor sehr interessierte.

Das Drehbuch gefiel mir, es gefiel mir sehr gut, und ich dachte: Rosegger? Erstaunlich. Dann hab ich mir das Buch gekauft und fand, daß der Mitterer ziemlich kongenial herausgekitzelt hat, was in dem Roman drinsteckt. Ich will nicht sagen, daß er Rosegger manipuliert hat, sondern daß er erkannt hat, daß Rosegger trotz allem – Heimat und Erde und Waldbauernbub – auch sehr kritisch war. Das hat mich gereizt.

C. M.: *»Erdsegen« ist die Geschichte eines Wiener Journalisten, der sich in weinseliger Runde auf die Wette einläßt, er sei in der Lage, es ein Jahr als gewöhnlicher Bauernknecht auf dem Land auszuhalten, dort, wo nach seiner Aussage die Menschen echter, charaktervoller, sittsamer... seien. Natürlich – oder eben nicht natürlich, überraschend, wenn man Rosegger nur von der beschaulichen Seite kennt –, zerbricht sein schwärmerisches Bild vom Landleben an der Realität: die harte ungewohnte Arbeit, die Einsamkeit unter den Bauern, für die Schreiben Teufelswerk und Zeitungen Gift sind, das Mißtrauen, das man ihm, dem Fremden mit den* *gepflegten Händen, dem Bart und der Zahnbürste entgegenbringt, der am Sonntag nicht in die Kirche geht.*

Um den Film zu drehen, sind Sie mit Ihrem Team aufs Land gezogen. Haben Sie, die Städter, die Intellektuellen, ähnliche Erfahrungen wie die Hauptfigur, der Hans Trautendorffer, gemacht?

Karin Brandauer: In einer Beziehung, was die Härte der Arbeit und des Lebens betrifft, ja: Vom gesamten Team, das waren etwa 50 Leute, hat jeder gesagt: Keine Stunde möcht ich Bauer sein und hier leben.

Andererseits sind wir nicht, wie Hans Trautendorffer, mit einer schwärmerisch-romantischen Vorstellung an das Thema herangegangen. Mir war klar und ich wollte zeigen, daß das Bauernleben nicht romantisch ist. Es ist ja heute wieder so ein Trend »zurück zur Natur«, jeder Schauspieler hat einen Bauernhof und bäckt irgendwo sein Brot, jeder Intellektuelle zieht aufs Land und züchtet Schafe – nur, der Schriftsteller, der auf dem Land lebt, ist Schriftsteller und bleibt es, auch wenn er dabei Schafe schert. Ich kenne ganz wenige, die wirklich aussteigen. Und das hat mich an dem Thema so gereizt: Rosegger setzt hier ganz bewußt eine Konfrontation, er hält dem schwärmerischen Gerede die Realität entgegen – »Erdsegen« ist im Grunde eine Aussteigergeschichte.

Auf Motivsuche hatten wir ein Erlebnis, das mich sehr beeindruckt hat: Wir brauchten einen Bauernhof als Drehort, und der Produktionsleiter führte mich hinauf an den Waldrand – da geht keine Straße hin, da kann kein Auto fahren. Da leben zwei Brüder in einem Bauernhof, der 400 Jahre oder so alt ist. Keiner von den

Szenenfoto aus dem Film »Erdsegen« von Karin Brandauer

beiden hat je eine Frau gefunden, da hinauf wollte keine. Sie leben zusammen in einer Stube. Die hat das übliche Sitzeck, gegenüber die Ehebetten, dann einen Herd und an der Seite vom Eingang das Lavoir. Das Wasser holen sie vom Brunnen, es gibt ein Plumpsklo, keine Elektrizität, nichts. Und das heute, ich war vor zwei Jahren dort und bin bei ihnen gesessen.

C. M.: *Sie haben nicht in der Waldheimat selbst gedreht, sondern auf der Südseite der Fischbacher Alpen, in der »Gasen«. Gasen ist ein kleiner Ort, sehr abgelegen, hinterwäldlerisch. Welche Erfahrungen haben Sie dort gemacht?*

Karin Brandauer: Erst mal eine ganz persönliche: Aus Aussee kommend, hab ich gedacht, wenn ich mal die Hürde »Rosegger« für mich emotional gepackt hab, ist alles andere kein Problem mehr. Ich kann den Dialekt, ich bin Steirerin – falsch gedacht. Man kommt in die Oststeiermark, und da ist eine ganz andere Landschaft, es sind ganz andere Bauernhöfe, andere Leute, alles ganz anders – und der Dialekt ist nicht mein Dialekt, überhaupt nicht. Die Steiermark ist für mich von allen Bundesländern doch das in sich verschiedenste.

Auch ist mir klar geworden, welche Rolle der Glauben, der katholische, spielt, noch immer hier spielt. Wir haben in einer kleinen Kirche bei Gasen gedreht, und da ich seit meiner Hochzeit nicht mehr dort war, bin ich einmal am Sonntag in die Kirche gegangen, die bumsvoll war, bumsvoll. Und zwar nicht nur die Alten waren da, auch die Jungen, alle. Man liest das immer bei Rosegger, wie fromm sie alle sind, und sagt »na ja«, aber es ist wirklich so, die Kirche hat einen ganz festen Platz, und das muß man ihnen auch lassen, finde ich.

C. M.: *War den Gasenern, die ja teils als Berater, teils als Laienschauspieler an der Produktion mitbeteiligt waren, bewußt, daß hier ein anderer Rosegger entsteht, und wie haben sie darauf reagiert?*

Karin Brandauer: Ich glaube nicht, daß es ihnen bewußt war. Für sie war das halt wieder ein Rosegger. Durch die lange Waldbauernbub-Serie, die im Umkreis gemacht wurde, waren sie ja mit dem Film und Filmleuten bereits vertraut und haben mit sehr viel Lust, Freude und Neugier mitgemacht. Hinterher hab ich gehört, daß ihnen der Film sehr gut gefallen hat, weil er so »echt« war, sie fanden ihn wohl echter als den andern.

C. M.: *Sie haben sich einem Thema genähert, das doppelt vorbelastet ist: einmal durch den Namen Rosegger und dann durch das Milieu, in dem die Geschichte spielt, die bäuerliche Welt. Ihr Film wirkt trotzdem nie, in keiner Einstellung, kitschig. Wie haben Sie das erreicht? Welche filmischen Mittel haben Sie eingesetzt, um so »echt«, wie die Bauern gesagt haben, zu wirken?*

Karin Brandauer: Film ist immer Manipulation, muß es sein: Allein mit der Wahl des Standpunkts der Kamera manipuliere ich. D. h. alles, was nachvollzogen wird, ist artifiziell.

Wenn ich nun so eine Kunstform benütze, kann ich entweder alles etwas niedlicher, etwas netter, etwas konvenierlicher machen oder aber, was ich versucht habe, die andere Seite überhöhen. Ich wollte die Härte zeigen, die Kälte, das Abweisende, das Zugige – gestunken hat's meistens, geraucht – also hab ich alles krasser, grauer gemacht, als es war.

Das fängt zum Beispiel damit an, daß ich sage: Obwohl die wahrscheinlich blaue Schürzen und karierte Tücherln getragen haben, das kommt mir nicht hinein, weil es letztlich zur Stimmung nicht paßt. Bemalte Keramik, bunte Tischtücher – das schaut aus wie ein folkloristisches Ferienzentrum. Wir sind heute mit unsern Bauernmöbel so verbildet – jeder hat sein Bauerneck in der Wohnung und die umfunktionierte Petroleumlampe überm Tisch –, daß wir vergessen, daß die Bauern wohl die Geschirre hatten, die wir heute in unseren komfortablen Wohnungen sehr schön finden, aber selbst ganz anders damit umgegangen sind. Für uns signalisiert alles, was rustikal ist, Gemütlichkeit. Gemütlich aber ist es nicht – die Fenster sind zu klein, es zieht, die Türen schließen nicht –, und das wollte ich zeigen und habe deswegen alles verbannt, was verniedlichen könnte.

Ich habe während der Arbeit an diesem Film an mir und andern vom Team immer wieder gesehen, wie wir Städter uns mit Grausen wenden, wenn wir in einer alten Bauernstube Resopal oder Neon oder eine Plastiktapete entdecken. Wir haben unser romantisches Bauernbild und nennen es »Zerstörung«, wenn der Bauer sein Haus so herrichtet, daß er darin leben kann. Diese andere Seite muß man sehen. Man empört sich immer – ich fahr durch die Steiermark, da sind diese wunderschönen alten Häuser, so eins wie wir gefilmt haben, die brechen zusammen, stehen wie Holzschuppen da, und daneben ist ein riesiges Betonding mit Aquariumfenstern – scheußlich! Für uns scheußlich. Die drin leben sind selig, glücklich, weil sie Zentralheizung, ›a Klo mit am Wassa ham...‹ Wie kommen wir dazu, sie zu verpflichten, daß sie in der alten Keuschen wohnen bleiben, damit ich vorbeifahren kann und sagen: »Oh, ist das ein schönes Haus.«

Ich meine nicht, daß man diese alten Häuser alle zerstören sollte, die sollten schon erhalten bleiben. Nur, dann müßte man den Bauern Geld geben, daß sie sie auch erhalten können und nicht erwarten, daß sie mit den kleinen Guckfensterln und dem Plumpsklo leben, damit wir, wenn wir durchfahren, das Gefühl haben, die Landschaft sei nicht zerstört.

Stadtbummel
auf Seitenwegen

»Tu felix Anna« – Murau und seine Herrin

Zwei Persönlichkeiten spielen in der Geschichte von Murau eine wichtige Rolle: ein minnesingender Politiker, Ulrich von Liechtenstein (s. S. 28ff.) und eine kluge Über-Lebenskünstlerin: Anna Neumann von Wasserleonburg.

Ulrich erhielt 1250 vom Kärntner Herzog die Landgerichtsbarkeit an der Mur und gründete am Südufer des heutigen Schloßbergs einen Markt, dem 1298 das Stadtrecht verliehen wurde und der bald Bedeutung als Handelsplatz gewann. Im 14. Jahrhundert wurde die Stadt ummauert, wobei sich die Befestigungsanlagen über die Mur erstreckten: Die Burg Grünfels, die gegenüber der Siedlung lag, wurde in den Mauerring miteinbezogen, der somit zweimal über den Fluß lief – eine in der mittelalterlichen Festungstechnik seltene und in der Steiermark einzigartige Lösung.

Über 300 Jahre waren Herrschaft und Stadt Murau im Besitz der Liechtensteiner. So lange, bis auch die Nachfahren Ulrichs das Schicksal so mancher adeliger Herren ereilte: Je älter ihr Geschlecht wurde, desto höher wuchs der Berg der Schulden. Hauptgläubigerin war die Mutter der Anna Neumann, eine klug wirtschaftende und scharf rechnende Frau, die auch über der Ehe ihrer Tochter nicht vergaß, daß sie von den Liechtensteinern noch etwas zu bekommen hatte: Als Anna 1566 Christoph II. von Liechtenstein heiratete, sorgte die Mutter dafür, daß sie als Erbin der Murauer Anteile ihres Mannes eingesetzt wurde. Nach der Hochzeit zog Anna ins alte Schloß Liechtenstein zu Murau und tat

◁ Murau

genau genommen in den nächsten Jahren nichts anderes, als zuzusehen, wie um sie gestorben wurde und wie sich mit jedem Ableben ihr Besitz vermehrte. Nach dem Tod der Mutter Hauptgläubigerin der Liechtensteiner geworden, kaufte sie den zahlungsunfähigen Brüdern ihres Mannes die Herrschaft Murau 1574 ab.

Für Anna war die Verbindung mit Christoph von Liechtenstein bereits die zweite Ehe, und es sollte beileibe nicht die letzte bleiben. Getreu dem Motto ihres Landes – »Tu felix Austria nube« –, heiratete sie: nach Christophs Tod einen Exabt, dann den Gutsnachbarn, als 76jährige einen 30jährigen, und sogar den überlebte sie, so daß sie es mit 82 nochmal mit einem 30jährigen probierte. Dieser, ihr sechster Mann, ein Graf zu Schwarzenberg, schaffte es schließlich: Als Anna 1623 mit 88 Jahren starb, war er noch am Leben, und die Herrschaft von Murau ging mit den übrigen steirischen Gütern der Anna Neumann an die Grafen zu Schwarzenberg.

Eine Frau, die so erfolgreich ist, ihr Vermögen mehrt, sich von niemandem etwas sagen läßt – das kann nicht mit rechten Dingen zugehen. Damals hatten Neider und Mißgünstlinge es leicht: Von 1546–1746 wurden in der Steiermark 820 Personen der Hexerei bezichtigt, unter ihnen auch Anna Neumann. Eine Bettlerin zeigte sie 1591 an; die Unglückselige bekam dann allerdings am eigenen Leib zu spüren, daß es auch bei Denunziation soziale Spielregeln gibt: Der Spieß drehte sich in kürzester Zeit um, hingerichtet wurde die Anklägerin. Dennoch, daß eine aus der untersten Schicht überhapt den Versuch wagte, eine Adelige ans Messer zu liefern, zeigt, welche Stellung die strenge Geschäftsfrau mit den sechs Ehemännern hatte.

Die Fürsten Schwarzenberg haben sich bis zum heutigen Tag in Obermurau gehalten. Das Schloß ließ der Gemahl der Neumann nach ihrem Tod neu errichten (1628–1644). Schwer und klobig thront es über der Stadt, darunter, eine Ebene tiefer, die wuchtige Stadtpfarrkirche und dann die Häuser, malerisch und verschachtelt ans Flußufer gedrängt. Eine ganz klare Hierarchie, die zu Zeiten der Anna Neumann ihre Bestätigung fand: Solange die Protestantin auf dem Schloß saß, tat sich die Kirche mit ihren gegenreformatorischen Bemühungen schwer in dieser Gegend.

Den besten Eindruck von Murau erhält man, wenn man am Südufer der Mur entlangspaziert. Die schmalbrüstigen Häuser mit den hölzernen Veranden sind größtenteils aus dem 17. Jahrhundert, die Mur gebärdet sich noch als reißender grüner Gebirgsbach, nicht ahnend, daß sehr bald die Pöls und die Papierfabrik auf sie zukommen und sie in eine braune Kloake verwandeln werden. Im Ort

Anna Neumann von Wasserleonburg

selbst ist die frühgotische Stadtpfarrkirche St. Matthäus auf dem Schloßberg sehenswert (Freskenzyklus aus dem

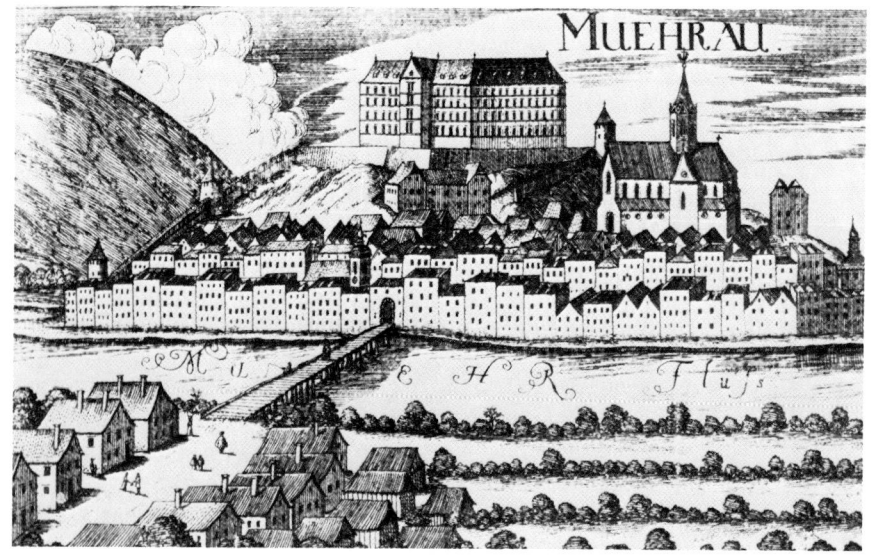

248

14. Jahrhundert). Von den ehemals neun Stadttoren sind noch zwei erhalten, auch Reste der Stadtmauer kann man entdecken.

Etwas außerhalb die Filialkirche St. Egydi, romanischer Kern, Decke mit Schablonenmalerei um 1500.

Kulinarisches: In Murau wird sehr gutes Bier gebraut; angenehm der Gasthof Lercher in der Schwarzenbergstraße (auch Zimmer).

Umgebung: Skigebiet (Stolzalpe), Wandern

Information: Verkehrsverein, 8850 Murau, ✆ (03532) 3433 oder 2720

Oberwölz – ein Neger aus Bayern

Was unterscheidet Fohnsdorf von Oberwölz?

Richtig, das eine ist ein Bergarbeiterort mit Förderturm und den typischen kleinen uniformen Häusern, das andere eine alte Handelsstadt mit mittelalterlicher Ummauerung.

Doch das sind nur Äußerlichkeiten. Wer seinen »Hödlmoser« gelesen hat, den steirischen Roman mit Regie von Reinhard P. Gruber, weiß, wo der gravierende Unterschied liegt: »in fohnsdorf war noch nie ein neger«, Oberwölz dagegen führt sogar einen Mohren im Wappen!

Der Neger kommt aus Bayern: Oberwölz war von 1007 bis 1806 Besitz des Bistums Freising, das der Tauern-Stadt auch das Wappen und damit den Mohren verlieh. 1305 wird die Siedlung bereits als Stadt erwähnt, in diese Zeit fällt auch die Ummauerung. Von den sechs Toren stehen noch drei, das prächtigste ist das Hinteregger-Tor am Schöttlbach, wo man noch die Rollen für die Seile der Zugbrücke sehen kann.

Mit dem Tor verbunden die Spitalskirche, eine gotische Hallenkirche. Als Bauherr firmiert der Bischof, dessen Wappen am Tor prangt: Nicodemus della Scala (1421–1443). Nicodemus machte es seinem Baumeister nicht leicht: Der

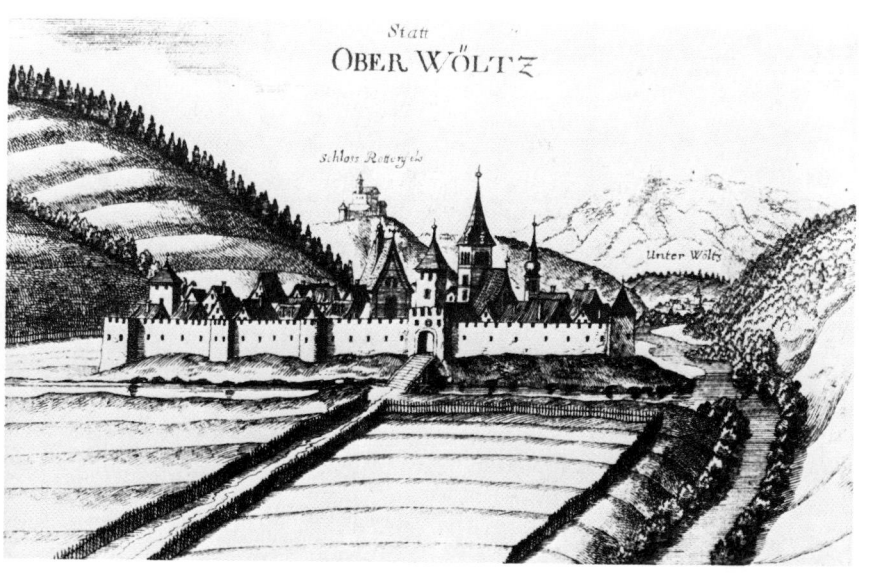

Statt
OBER WÖLTZ

Schloss Rottenfels

Unter Wölz

mußte auf engstem Raum arbeiten, dem gekrümmten Lauf der Straße folgen, für das Langhaus war kaum Platz. Die Lösung ist genial. Zwar wirkt alles geknickt, das Sternrippengewölbe verzogen, der Raum mehr angedeutet als ausgeführt, dennoch harmonisch, lebendig und interessant.

Acht Wehrtürme ragten einst über die Mauern – Oberwölz war eine reiche Stadt im 14. und 15. Jahrhundert. Es lag an der wichtigen Handelsstraße nach Italien, die übers Glattjoch das Mur- mit dem Ennstal verband.

Diese Straße existiert nicht mehr, die kleinste Stadt der Steiermark liegt wie in einer Sackgasse, und wäre da nicht die fast vollständig erhaltene Stadtmauer, würde man Oberwölz die »Stadt« gar nicht glauben, so ländlich wirkt es, so unberührt.

Hier ist wie zufällig ein Stück Mittelalter erhalten geblieben. Hätte die wirtschaftliche Entwicklung ihren normalen Gang genommen, stünden heute allenfalls noch die Kirchen und das Hinteregger-Tor. Alles andere, die Mauern, die gesamte Anlage der Stadt, die kleinen Häuser hätte man bestimmt nicht als Kulturdenkmal geschützt, dazu sind sie zu wenig spektakulär. Oberwölz ist kein Dinkelsbühl. Es ist eine ganz einfache kleine Stadt und vielleicht gerade dadurch authentischer als all die prächtigen mittelalterlichen Kulturdenkmäler, die man landläufig kennt und für Repräsentanten dieser Zeit hält.

Kulinarisches: Keine besondere Empfehlung

Umgebung: Schloß Rotenfels, vermutlich im 12. Jahrhundert erbaut, 1305 erstmals urkundlich erwähnt, Sitz der Burggrafen von Oberwölz (Gerichts-

zimmer). Hier kann man Zimmer mieten, campen – »Textil oder FKK«, und FKK ist auch ganz bestimmt »nicht einsehbar«, wie der agile Seniorchef des Unternehmens vielleicht einmal zu oft versichert – und wieder etwas zum Thema »Kommunikation durch Sprache« lernen: »Staub bitte« steht auf einem Schild an der Straße. Das heißt:
»Hier staubt es, bitte langsam fahren«.
Wandern.

Information: Beim Verkehrsamt, 8832 Oberwölz, ✆ (035 81) 4 20
Mai bis September Mittwoch um 10 Uhr Stadtführungen

Bruck an der Mur – ein Knick an der Mur

Mur/Mürz-Furche – lange stand diese Bezeichnung synonym für technischen Fortschritt, Erfolg, Reichtum. Die Steiermark ist ja, auch wenn man das weder im obersten Murtal noch in den unberührten, wunderschönen Weiten der Ost- und Weststeiermark glauben mag, in erster Linie Industrieland, das Ruhrgebiet Österreichs. Nahezu 50 % des Bergbaus, 40 % der eisenerzeugenden Industrie, 30 % der Papier-, 20 % der Maschinen- und Stahlbau-, 20 % der Metallwarenindustrie – so sieht der Beitrag der Steirer zur österreichischen Wirtschaft aus.

Leoben, Donawitz, VOEST-Alpine, Mürzzuschlag, Bruck an der Mur... heute assoziiert man mit diesen Namen Krisen und Massenentlassungen. In Bruck an der Mur zum Beispiel nahm die Arbeitslosenrate von 1986 auf 1987 um 11 % zu, in Mürzzuschlag waren es gar 18 %.

Industriestädte sind gewöhnlich grau und nichts, wo man »die schönsten Tage des Jahres« verbringen will. Auch Bruck an der Mur macht da keine Ausnahme. Für kunsthistorisch Interessierte allerdings lohnt sich der Abstecher: Da ist der Hauptplatz mit einem prächtigen schmiedeeisernen Brunnen (1626) und dem gotischen Kornmesserhaus (s. Abb. S. 206), 1495–1505 von einem reichen Handelsherrn und Hammergewerken erbaut. Laubengang und Loggia lassen venezianisches Vorbild erkennen.

In der Stadtpfarrkirche Mariä Geburt (erbaut um 1272; gotischer Chor, Langhaus spätgotisch) neben Fresken v. a. die Sakristeitür aus dem Jahr 1500 mit filigranen, wunderschönen schmiedeeisernen Beschlägen. Am Ostrand der Altstadt: ehemalige Minoritenkirche und Kloster Maria im Walde mit großartigen Fresken, besonders »Marter der Zehntausend vom Berg Ararat« (um 1400). Westlich der Stadt: Friedhofskirche St. Ruprecht, im Kern romanisch, mit spät-

gotischem Chor. An der Westwand im Chor Wandmalerei (Weltgericht um 1416).

Kulinarisches: Keine besondere Empfehlung

Information: Beim städtischen Reisebüro, 8601 Bruck an der Mur, ✆ (03862) 5 18 11

Brosamen vom Brotlaib – Eisenerz

»Ein Punct Obersteyermarkes, den man Innernberg des Eisenerzes nennet, der ist es, dem der Ewige den Finger seiner Allmacht bis zum hinreißenden Erstaunen aufgedrücket hat. – Schon durch mehr als tausend Jahre fließt hier aus den mindesten ringsher gelagerten Gebirgsmassen eine beynahe unversiegliche Quelle der edelsten unter der Sonne bekannter Eisenmetallen. Daß ein Erdenfleckchen solcher Bedeutung, nach Verlauf deren

In Eisenerz

Jahren, auch die Schaubühne interessanter Begebenheiten werden könne, ist ganz begreiflich.« (Dechant Joseph Pillip, 1800)

»Innernberg« heißt heute Eisenerz. Ein »Fleckchen« ist es immer noch, in dem derzeit etwa 10 000 Menschen leben. Vor zehn Jahren waren es noch circa 12 000: Abwanderung gehört zu den Problemen von Eisenerz ebenso wie Arbeitslosigkeit, Massenentlassungen.

Die »Quelle der Eisenmetalle« ist halt doch nicht »unversieglich«, wie der Dechant meinte. 50 Jahre wird das Erz noch reichen, Schwierigkeiten gibt es heute schon: Die internationale Konkurrenz auf dem Stahlmarkt ist hart, und die Politik der VOEST-Alpine, des Eigentümers des Erzbergs, nicht immer so, wie die betroffenen Arbeiter sich wünschen.

»Hinreißendes Erstaunen« allerdings kann einen immer noch ergreifen, wenn

des steirischen Bergbaus. Aus dieser Epoche stammen auch die meisten der reich verzierten (Sgraffito) Radgewerkenhäuser (s. S. 208), mit teils prächtigen Innenhöfen.

Sehenswert: Am Bergmannsplatz, dem Hauptplatz, das Rathaus: 1525 aus zwei Bürgerhäusern entstanden, Turm 1580, heute dient es als Bezirksgericht. Nr. 6 Getreidekasten, im 17. Jahrhundert umgebaut. Er sicherte die Versorgung der Berg- und Hüttenleute, die zum Großteil mit Naturalien bezahlt wurden.

In der Dr.-Karl-Renner-Straße im Krumpental, dem ältesten Ortsteil Innerbergs, der »Schwarzer Hof« (Arkaden).

Eisenmuseum (s. S. 279) im Kammerhof; er war früher der Sitz des Kammergrafen, der die Oberaufsicht über das Innerberger Eisenwesen hatte, Kaiser Franz Joseph nutzte ihn später als Jagdschloß.

Wahrzeichen von Eisenerz ist der Schichtturm, 1580 errichtet (Renaissance-Doppelbogenfenster). Die große Glocke läutete den Schichtwechsel ein.

Wehrkirche St. Oswald, die größte Wehrkirchenanlage der Steiermark. Urkundlich bereits im 13. Jahrhundert genannt, der bestehende Kirchenbau wurde im 15. Jahrhundert unter Friedrich III. begonnen. Wunderschöner Chor, spätgotische Orgelempore, s. S. 212. Erzbergführung.

man von der Aussichtsterrasse an der Präbichlstraße auf die Stadt und ihren Berg blickt – hier ist in jahrhundertelanger Bearbeitung Kulturlandschaft im tiefsten Sinne des Wortes entstanden: »colere, cultum« heißt ja nicht nur »bebauen, (be)wohnen«, sondern hat auch die Bedeutung »pflegen, ehren«.

Die Stadt am »Steirischen Brotlaib« erlebte ihre Hochzeit im 15. und 16. Jahrhundert, während der Blütezeit

Kulinarisches: Almhütte in Ramsau
Umgebung: Ramsau; Leopoldsteiner See; Eisenstraße (s. S. 281), Wandern
Information: Beim Verkehrsbüro, 8790 Eisenerz, ☏ (03848) 3700

Ingeringsee ▷

Barockes Riesenspielzeug – Frohnleiten

Frohnleiten sollte man vom Wirtshaus aus entdecken: Gegenüber der Stadt, direkt an der Brücke, liegt der Gasthof Weissenbacher mit einem schönen Gastgarten zur Mur hin, guter, bodenständiger Küche und einer Kulisse, die alles gleich doppelt so gut schmecken läßt: Frohnleiten ist so kompakt und verschachtelt am Murufer aufgebaut, als habe es ein spielender Riese dort hingesetzt, Haus für Haus, mit unendlicher Geduld und viel Freude und Phantasie: Hier ein gelber Block – breit, behäbig, quergesetzt –, darüber eine schmalbrüstige, blaßrosa Fassade, denn wieder, gediegen und behäbig in ihrem Reichtum, eine helle Barock-Front. Alles ganz eng zusammengeschoben, mit Grün durchsetzt und darüber, wie ein Ausrufezeichen, der Kirchturm mit Zwiebelhaube und Laterne.

Die Lage drängt den Vergleich auf: Murau wirkt hermetisch durch die horizontale Gliederung, das schwer auf der Stadt lastende Schloß, Frohnleiten strahlt Heiterkeit aus, barocke Leichtigkeit.

Der Spaziergang durch die Stadt ist genauso erfreulich wie ihr Anblick von weitem. Reste des Tabors, ein langgestreckter Marktplatz, die Klosteranlage ... Man kann in die Katharinenkirche schauen, in die Pfarrkirche, muß es aber nicht, spaziert lieber zwischen den beiden hindurch, entdeckt den Garten, der zum Kloster gehört, verläßt die Stadt durchs Leobener Tor und sucht nach den Resten der alten Stadtmauer im Norden.

Frohnleiten liegt etwa 30 Kilometer nördlich von Graz, sein Besuch läßt sich mit einem Ausflug nach Stübing, Rein/Straßengel oder zur Lurgrotte (s. S. 107) verbinden.

Kulinarisches: Gasthof Weissenbacher (s. S. 271)
Umgebung: Adriach, St. Georgskirche. Romanischer Kern (um 1000, Krypta), Chor, Langhaus, Turm gotisch, Innenraum barock ausgestaltet. Frisch – vielleicht etwas zu frisch – renoviert.
Schloß Rabenstein, Besichtigung nach Voranmeldung: ☏ (0316) 32515–330
Information: Marktgemeinde Frohnleiten, ☏ (03126) 3500

Bad Radkersburg – Gemischtwarenladen an der Grenze

Zwischen Ehrenhausen und Spielfeld macht die Mur einen scharfen Knick nach Osten, und dann trägt sie etwa 45 Kilometer lang einen Doppelnamen: »Mur« auf der linken und »Mura« auf der rechten Seite. Sie kommt durch zwei Städte, Mureck und Bad Radkersburg: links ans Ufer gedrängt jeweils die Siedlungen, rechts Burgen, klobige, trutzige Bauten. Wer hier herrschte, hatte alles im Blick: die Flußübergänge, die Murebene und, das wichtigste, das Hügelland im Süden, denn von dort kam der Feind – Türken, Ungarn, Kuruzzen. Diejenigen, die sich im 12. und 13. Jahrhundert in Mureck und Radkersburg niederließen, konnten sich sicher fühlen: Leben im Schutz einer Burg bedeutete Geborgenheit, erhöhte Chance zu überleben. Welch ein Anachronismus! Und er manifestiert sich nirgends besser als hier in Bad Radkersburg: Beschützer

Frohnleiten ▷

und Schützling befinden sich seit 1919 in verschiedenen Lagern, keiner hat mehr Funktion für den anderen.

Das Leben hat sich verlangsamt, seitdem Oberradkersburg »Gornja Radgona« heißt, und man hat an manchen Sommertagen, wenn die Luft flimmert und die Mittagshitze den Hauptplatz leergefegt hat, das Gefühl, in eine verzauberte Welt gelangt zu sein, in ein Märchen, in dem man sich durch Berge von Kaffee und Waschmittel, von Langkornreis, Bananen und Margarine fressen muß, erst erlöst wird, wenn alle Regale in den Geschäften leer sind ...

Wer ißt das nur alles in Bad Radkersburg? Und wer braucht so viele technische Geräte und Ersatzteile? Die Antwort steht auf den Autoschildern: MB, Maribor. Das Angebot ist auf den jugoslawischen Nachbarn zugeschnitten, ab

und zu fallen heuschreckenartig die Käufer von Kaffee und Waschmittel ein, umgekehrt fahren die Österreicher auf die andere Murseite, um teure Delikatessen zu erwerben – Kaffeehalden hier, Krimsekt- und Kaviarlager dort, Hypertrophie auf beiden Seiten.

Autoersatzteile oder Wein, Margarine oder Salz – den Radkersburgern wäre es im Grunde egal, was sie stapeln. Die alte Handelsstadt war immer Umschlagplatz für Waren aller Art, nur daß man mit Vieh, Wein, Getreide und Salz reich werden konnte, Palais bauen, die Stadt befestigen – mit Bananen und Margarine geht das nicht.

So setzen die Radkersburger ihre ganze Hoffnung auf die Thermalquelle, die 1978 entdeckt wurde, die wollen sie zur Goldquelle machen. Verständlich. Man kann nur hoffen, daß die Verantwortli-

Seit dem Ersten Weltkrieg sind Spielfeld, Mureck und Radkersburg Grenzstädte

Bad Radkersburg, Renaissancefenster im Alten Rathaus am Hauptplatz

chen so weise sind, in die verzauberte Stadt keine Betonbadeburg mit »spontanen Erlebnisbildern« zu setzen, wie man sie weiter nördlich in Bad Loipersdorf findet.

1978 erhielt Radkersburg nicht nur den Titel »Bad«, sondern auch die Europa-Goldmedaille für Denkmalpflege. Zu Recht. Es ist eines der besterhaltenen und zauberhaftesten Städtchen des Landes: Den langgestreckten Hauptplatz säumt eine Kette pastellfarbener Häuser, »traufseitig« ausgerichtet, das heißt, sie zeigen dem Platz nicht das aufgeregte Auf und Ab ihrer Giebel, sondern die Längsseiten, wirken gedrungen, viel kleiner als sie sind. Quadrat und Fläche dominieren, die schlichten, wunderbar ausgewogenen Fassaden, die warmen Rottöne tiefgezogener Ziegeldächer.

Torbögen führen in stille Laubenhöfe, in einem Kellergewölbe entdeckt man gotische profane Fresken – nur ein kleines Schild weist auf diese Kostbarkeit hin.

Auf den Resten der Stadtmauer räkelt sich eine Katze, durch die Wiesen spazieren Störche. Hier, in den Murauen, Niederungen und Sumpfgebieten finden sie noch Nahrung, gedeihen noch seltene Pflanzen und Blumen. Ihre doppelte Staatszugehörigkeit hat die Mur/Mura vor Kraftwerken und der Anhäufung von Groß-Industrie-Bauten bewahrt. Grenze schützt – nicht die Menschen vor fremden Ideologien, aber die Natur vor den Menschen.

Sehenswert: Stadtpfarrkirche, eine gotische Pfeilerbasilika, 14. Jahrhundert, daran anschließend der Dechanthof, 14. bis 15. Jahrhundert.

Am Hauptplatz: Altes Rathaus, frühes 17. Jahrhundert, mit dreiteiligem Rundbogenfenster. Im Haus Nr. 30, »Pistorhaus«, Profanfresken, um 1400 entstanden. Wahrzeichen: das Rathaus mit achteckigem Uhrturm und barocker Zwiebelhaube.

Langgasse Nr. 17 Palais Herbersdorff (Innenhof).

Frauenplatz mit Frauenkirche (Chor 15. Jahrhundert) und Frauentor.

Kulinarisches: Jauschowetz (s. S. 271), einfacher: Türkenloch
Umgebung: Radfahren, Südoststeirische Weinstraße
Information: Verkehrsamt 8490 Bad Radkersburg, ℰ (0 34 76) 25 54

Stammhaus der Eggenberger

◁ Bad Radkersburg, Hauptplatz mit Pestsäule

Thörl, Burg Schachenstein ▷

Quellennachweis

Aus folgenden Titeln wurden mit freundlicher Genehmigung der Verlage und Autoren Texte abgedruckt:

Braunfels, Wolfgang: Abendländische Klosterbaukunst. DuMont Buchverlag, Köln 1969

Brucher, Günter: Barockarchitektur in Österreich. DuMont Buchverlag, Köln 1983

Dieman, Kurt: Magna Mater Styriae. Verlag Styria, Graz/Wien/Köln 1977

Friedell, Egon: Kulturgeschichte der Neuzeit. C. H. Beck'sche Verlagsbuchhandlung, München 1976

Frischmuth, Barbara: in: MERIAN-Heft Salzkammergut

Gruber, Reinhard P.: Aus dem Leben Hödlmosers, Residenz-Verlag, Salzburg 1984

Gruber, Reinhard P.: Vom Dach der Welt. Droschl-Verlag, Graz 1987

Hergouth, Alois: Umkreisung der Nacht. Verlag Styria. Graz/Wien/Köln 1984

Huizinga, Johan: Homo Ludens. Vom Ursprung der Kultur im Spiel. Rowohlt-Taschenbuch-Verlag, Reinbek 1981

Kaus, Gina: Und was für ein Leben. Albrecht Knaus Verlag, München 1979

Krainz, Johann (Hrsg.): Mythen und Sagen aus dem steirischen Hochlande. Bruck a.d.Mur 1880

Roth, Gerhard: Gsellmanns Weltmaschine. Verlag Jugend und Volk, Wien 1986

Roth, Gerhard: Grenzland – on the borderline. Hannibal Verlag, Wien 1981

Torberg, Friedrich: Auch Nichtraucher müssen sterben. Langen-Müller Verlag, München 1985

Torberg, Friedrich: Lebenslied – Gedichte. Langen-Müller Verlag, München 1958

Weigel, Hans: O, du mein Österreich. Versuch des Fragments einer Improvisation. Artemis Verlag, München 1967

Abbildungsnachweis

Außer den Fotos von José F. Poblete wurden uns folgende Abbildungen zur Verfügung gestellt (Die Ziffern bezeichnen die Seitenzahl).

Natalie Askari, Spielfeld   127
A. M. Begsteiger, Gleisdorf   241
Fremdenverkehrsverband des Südsteirischen Weinlandes, Leibnitz   175, 177 u.l.
Heinz Held, Köln   261
Barry Johnson, Kentucky   197
Franz Killmeyer, Tullnerbach   190, 191, 193
Kövesdi Presseagentur, Wien   242
Landesmuseum Joanneum, Graz   1, 17, 21, 24, 26, 27 o., 27 u. l., 27 u. r., 29, 30, 36, 41, 58 u. l., 67, 68, 69, 70, 71, 105, 108, 180 M., 206 o. l., 206 u., 207 o. r., 208 o. l., 209 o., 233, 234, 235 o., 235 u., 248 u., 249

Moody Meyer, Wien   195
ORF Pressedienst, Wien   243, 244
Peter Philipp, Graz   212
Alex Storm, Altaussee   63
Techt, Mureck   187
aus: Wittkower, Rudolf, *Allegorie und Wandel*, DuMont Buchverlag, Köln 1984   188 l., 188 r.
Archiv WSV, Mariazell   37

Hier nicht erwähnte Abbildungen stammen aus den Archiven der Autorin und des Verlages.

Danksagung

Die Autorin bedankt sich bei allen, die am Zustandekommen dieses Buches beteiligt waren:
Natalie Askari-Baggovout, Eva Bakos, Dieter Cwienk, Lynn und Adam Esposito (for not killing me), Ingeborg Graminger, Eva Gründel, Helga Heibach, Günter Kapfhammer, Erich Klusemann, John Pemberton (who helped me make it through the day), José F. Poblete, Familie Reindl, Eva Schuster, Achim Seiffert, Claudia Sproedt, Uwe Streitferdt, Heinz Tomek, Helli Wallner, Familie Winkler-Hermaden.
Ich danke dem Land Steiermark für seine Unterstützung und ganz besonders Heidrun Madritsch für die vielen Anregungen und ihr großes Engagement.

Steiermark-Informationen

Graz-Informationen

Inhalt

Steiermark-Informationen

Auskunft

In der Steiermark

**Steiermärkischer Landesfremden-
verkehrsverband**
Herrengasse 16
A-8010 Graz
✆ (0316) 705241 oder 7031-2287

In Deutschland

Österreich Information
Tauentzienstraße 16
D-1000 Berlin 30
✆ (030) 248035 und 241012

Österreich Information
Rossmarkt 12
D-6000 Frankfurt am Main
✆ (069) 20698

Österreich Information
Tesdorpfstraße 19
D-2000 Hamburg 13
✆ (040) 4102013

Österreich Information
Komödienstraße 1
D-5000 Köln 1
✆ (0221) 233238

Österreich Information
Neuhauserstraße 1
D-8000 München 2
✆ (089) 2607035

Österreich Information
Rotebühlplatz 20 d
D-7000 Stuttgart 1
✆ (0711) 226082

In der Schweiz

Österreich Information
Neue Hard 11
CH-8005 Zürich
✆ (01) 443331/32

Autofahren

Pannenhilfe des ÖAMTC

Österreichweit, rund um die Uhr
✆ 120 (ohne Vorwahl)

Höchstgeschwindigkeiten

In den Ortschaften 50 km/h
Auf der Autobahn 130 km/h (Pkw mit Wohn-
anhänger 100 km/h)
Auf anderen Straßen 100 km/h (Pkw mit
Wohnanhänger 80 km/h)

Gebührenpflichtige Strecken

Bosruck, zwischen Spital a. Pyhrn und
Gesäuse
Gleinalm, zwischen St. Michael und Übel-
bach

Maut wird außerdem auf einer Reihe von Gebirgsstrecken erhoben, z. B. Loser, Tauplitzalm, Planei.

Automobilclubs

ARBÖ Steiermark
Kapellenstraße 45
Graz
✆ (0316) 271600

ÖAMTC Steiermark
Reininghausstraße 80
Graz
✆ (0316) 51531

Camping

Der Steiermärkische Landesfremdenverkehrsverband (s. S. 267) verschickt eine Broschüre »Camping und Caravaning«, die 37 gut ausgestattete Zeltplätze in den verschiedensten Gebieten beschreibt.

Einkaufen

Kunsthandwerk

Einen Eindruck vom Schaffen der steirischen Künstler erhält man auf den Märkten am Färberplatz in Graz (s. S. 290), die die Steirische Initiative Kunsthandwerk abhält. Über weitere Veranstaltungen dieser Gruppe informiert:

Steirische Initiative Kunsthandwerk
Stübinggraben 6
8114 Stübing
✆ (03127) 414645

Wer sich für die Arbeit der vielen Keramiker, Bildhauer, Kunstschmiede, Buchbinder ... interessiert, die ihre Werkstätten auf dem Land haben, fordere vom Landesfremdenverkehrsverband das Heftchen »Kunsthandwerk« an, das die Adressen von etwa 70 Ateliers und Werkstätten enthält.

Trachten

Lederhosen
Heribert Raich
Altausseer Straße 59
Bad Aussee
✆ (06152) 2260

Wenzel Steinhart
Krakaudorf 32
✆ (03535) 282

Lodenwalker
R. Steiner
Rössing
✆ (03687) 81930

Trachtenmoden
Schewel
Hauptplatz 18
Frohnleiten
✆ (03126) 2312
Nach Voranmeldung sind hier auch etwa 200 historische Trachten zu besichtigen.

Haspel
Badgasse 1
Leoben
✆ (03842) 23648
Auch Schneiderei

Gschwandner
Hauptstraße
Gröbming
✆ (03685) 2354
Ennstaler Trachten, Handweberei

Trachten ab Erzeuger
Perlet (Röene Textilhandelsagentur)
Stadl an der Mur 94
℡ (03534) 27 14

Krauland & Sohn Kleiderfabrik
Gnas
℡ (03151) 655 ⟨2655⟩

Seidenhanddrucke (Tücher, Stoffe), eine
Tradition des Ausseerlands. Produkte dort
erhältlich.

Souvenirs

Glas aus Bärnbach
Direktverkauf ab Werk
Steirisches Glaskunstzentrum und Glas-
museum
Hochtregister Straße 1
℡ (03142) 28 41-0

Souvenirs für Genießer
Steirischer Wein, überall wo er wächst zu
verkosten und zu erwerben (s. S. 169 ff.).
Kernöl, am besten direkt von der Mühle
oder vom Bauern gekauft (s. S. 140 ff.).

Essen und Trinken

Buschenschenken

Im Buschenschank (s. S. 174 f.) trinkt man
Wein und ißt dazu eine einfache Brotzeit.
Die hier aufgeführten Betriebe wurden von
der Landeskammer für Land- und Forst-
wissenschaft mit der »steirischen Buschenschanktafel« ausgezeichnet. Die Auswahl
wurde als Empfehlung übernommen, das
soll allerdings nicht heißen, daß man sich
die »Buschenschanktafel« zum Leitstern
machen sollte – sehr viel urigere Erlebnisse

kann man in einfacheren Buschenschenken
haben, und derer gibt es jede Menge zu
entdecken.

Bezirk Deutschlandsberg
Deutschlandsberg
Friedrich Karl, Riemerberg 31
Mahler Gernot, Teichweg 52
Eibiswald
Kiefer Gottfried, Oberlatein 10
Kiefer Karl, Hörmsdorf 88
St. Stefan o. St.
Hackl Wilhelm, Farmi 86
Langmann Stefan, Langegg 23
Lazarus Josef, Langegg 20
Wies
Gosch Stefanie, Altenmarkt 113

Bezirk Feldbach
Bad Gleichenberg
Hirschmann Johann, Nr. 208
Moik Karl, Nr. 46
Raab Ferdinand, Bair. Kölldorf 37
Edelsbach
Mayer Rupert, Nr. 71
Fehring
Krenn Antonia, Weinberg 103
Feldbach
Hutter Franz, Reiting 2
Jagersberg
Eder Anton, Jahrbach 15
Riegersburg
Zotter Johann, Messnerberg 10
St. Anna a. Aig.
Pfeifer Alfred, Plesch 96
Wolfsberg
Faßwald Josef, Glojach 35

Bezirk Fürstenfeld
Großwilfersdorf
Thaller Karl, Maierhofberg 24
Windisch Franz, Herrnberg 22
Söchau
Fasch Johannes, Kohlgraben 9

Bezirk Hartberg
Hirnsdorf

Breitenberger Karl, Kaibing 71
Hartberg
Gleichweit Johann, Ring 179
Haidwagner Josef, Löffelbach 3
Paar Johann, Ring 40
Paar Josef, Ring 82
Postl Karl, Ring 80
Schirnhofer Hermann, Flattendorf 61
Pöllau
Haubenwaller Josef, Unterneuberg 55
Kogler Johann, Schönau 57
Rath Aloisia, Winzendorf 37
St. Johann b. H.
Eitljörg Adolf, Siegersdorf 28
Lang Johann, Nr. 27
Weixelberger Johann, Siegersdorf 55

Bezirk Leibnitz
Ehrenhausen
Maitz Wolfgang, Ratsch 45
Resch Rudolf, Ottenberg 42
Zweytick Alois, Ratsch 7
Gamlitz
Elsnegg Engelbert, Eckberg 26
Lambauer Josef, Eckberg 37
Nekrep Juliane, Eckberg 72
Skoff Marianne, Eckberg 16
Kitzeck
Schliefsteiner Vinzenz, Greith 27
St. Andrä i. S.
Hirschmugl Franz, Rettenberg 97
St. Nikolai i. S.
Aldrian Franz, Mitteregg 24

Bezirk Radkersburg
Halbenrain
Hosp Josef, Dietzen
Pölzl Leopold, Nr. 128
Klöch
Frühwirt Josef, Deutsch Haseldorf 46
Gießauf Herta, Nr. 63
Palz Rudolf, Klöchberg 55
Prassl Hermann, Klöchberg 111
Wonisch Josef, Nr. 65
Tieschen
Eberhart Josef, Pichla 16

Bezirk Voitsberg
Stallhofen
Stocker Johann, Neudorf 8

Bezirk Weiz
Gleisdorf
Maurer Josef, Hohenberg 34
Schantl Alois, Gamling 21
Gr. Pesendorf
Salmhofer Adolf, Prebensdorfberg 17
Großsteinbach
Burger Johann, Gschmaier 84
Pilz Heribert, Gschmaier 112
Hirnsdorf
Kulmer Theresia, Weinberg 46
Sinabelkirchen
Bierbauer Josef, Frösau 34

Restaurants und Gasthöfe

Es wurde nach dem Gesichtspunkt ausgewählt, möglichst in jeder touristisch interes-
santen Region ein empfehlenswertes Gasthaus zu nennen. Die mit einem Stern gekennzeichneten sind einen Umweg wert.

Aflenz
Hubertushof
℡ (03861) 3131
Aflenz liegt inmitten der herrlichen Wander-
gebiete Hochschwab und Veitsch am Fuß
des Seeberg-Sattels.
    Der Hubertushof, geführt von der Familie
Leitner, ist ein gutbürgerliches Haus, in dem
vor allem die heimische Küche gepflegt wird:
Rahmsuppe, steirisches Wurzelfleisch, Blut-
und Bratwürste, hausgemachtes Brot. Hervorragend der Blätterteigstrudel. Preiswert.
Gemütliche, holzgetäfelte Zimmer.

Alpl
Waldheimathof Bruggraber
℡ (03855) 226115

Das Herz von Roseggers Waldheimat. Außergewöhnlich gute bodenständige Küche. Freundliche Zimmer.

Altaussee
Zum Loser

✆ (06152) 71373

Feinschmecker, Kalorienbewußte, Biofans – hier kommen sie alle auf ihre Kosten. Spezialität des Hauses (nur Dienstag abend): frisch geräucherte, warme Forelle.

Bad Mitterndorf
Grimmingwurz'n

✆ (06153) 3132

Dienstag Ruhetag

Neue leichte und bodenständige Küche. In der Obersteiermark, die mit Häusern, die das Heimische mit dem Neuen kombinieren, nicht sehr gesegnet ist, eine rühmliche, sehr empfehlenswerte Ausnahme.

Bad Radkersburg
Jauschowetz
Kur- und Sporthotel

✆ (03476) 2571

Was man in einem Kurhotel nicht erwarten würde: gepflegte, leichte, kreative Küche.

Bruck an der Lafnitz
Zur Festenburg

✆ (03331) 2372

Gasthaus in einem Gebäude aus dem 15. Jahrhundert. Ausgezeichnete Küche. Idealer Ausgangs- und Zielpunkt für Kulturreisende, die sich für die Festenburg, Vorau, Pöllau und Pöllauberg interessieren. Wie überall in der Oststeiermark erfreulich niedrige Preise.

Frohnleiten
Weissenbacher

✆ (03126) 2334

Direkt an der Mur gegenüber der Stadt gelegen, Gastgarten mit Blick auf die Frohnleitner Altstadt. Gute heimische Spezialitäten.

Halbenrain
Simmerl (s. S. 136)

✆ (03476) 2207

Mittwoch Ruhetag

Bodenständige, qualitätsbewußte Küche, besonders Wildspezialitäten. Gute Weine aus eigenem Anbau (im Klöcher Gebiet). Einfache Zimmer.

✴ Kapfenstein (s. S. 137)
Schloß Kapfenstein

✆ (03157) 202 ⟨2202⟩

Vom 15.11. bis zum 1.3. geschlossen

Selbst wenn es beim Schloßwirt nur Currywurst und Coca Cola gäbe – man müßte hinauf, allein um des Blickes willen – Kapfenstein ist eines der schönsten Fleckerl der Steiermark. Und – was für ein Glück – weit und breit keine Currywurst! Im Gegenteil, die Küche hält, was die Aussicht verspricht: solide, gut zubereitete steirische Kost (seit der Sohn in der Küche steht, auch leichte Gerichte der neuen Küche). Die Zutaten kommen aus den Gärten des Schlosses, die Bedienung ist aufmerksam und freundlich, die Wirtin eine charmante, selbstbewußte Frau. Sollte es noch eine Steigerung geben? Ja, den Wein. Eigenbau, vielfach prämiert.

Wer den Weg hinunter nicht mehr findet: Es gibt Zimmer im Schloß, allerdings nur wenige.

Jeden Donnerstag um 19 Uhr Steirisches Buffet (Reservierung empfehlenswert); Wildwochen Mitte Oktober.

✴ Kitzeck (s. S. 139)
Weinhof Kappel

✆ (03456) 2347

Donnerstag Ruhetag. November bis März geschlossen

Eine kulinarische Tour entlang der Weinstraßen müßte m. E. so aussehen: Erster Tag Kapfenstein; zweiter Tag Simmerl in Halbenrain, wenn man's rustikal mag, oder Jauschowetz in Bad Radkersburg, für den, der

271

die verfeinerte steirische Küche liebt. Dann zum Kappel und – krönender Abschluß – zum Gußmack.

Noch nimmt der Gußmack auf dieser – wohlgemerkt sehr subjektiven Liste – Platz Nummer 1 ein. Es kann allerdings sein, daß sich das sehr bald ändert. Der Sohn des Hauses Kappel, noch nicht mal 30, zaubert schon heute solche Köstlichkeiten auf den Tisch, daß man ihm einige Hauben prophezeien kann. Es ist schwer, besondere Empfehlungen zu geben (ich liebe die Topfennockerl zum Nachtisch), weil eigentlich alles gut ist. Der junge Kappel versteht es, steirische Kost aufzulockern, ihr, indem er Elemente der Neuen Küche einführt, die Schwere zu nehmen. Das versuchen viele gute Restaurants in der Steiermark, es gelingt auch einigen, nur leider allzuoft auf Kosten des Preis-Leistungs-Verhältnisses. Der Hammerl, das Plabutscher Schlössl sind gut, aber teuer. Der Kappel ist sehr gut und nicht teuer.

Dazu: Weine, Eigenbau und ausgezeichnet. Ein Gastgarten mit Blick übers Sausal Richtung Grenze. Eine überdachte, eingeglaste »Galerie«. Gemütliche, gepflegte Zimmer . . .

Knittelfeld
Kaiserfeld »Lindthalerhof«
✆ (035 12) 25 67
Ein gepflegtes, mit Qualitätsbewußtsein geführtes Haus. Bodenständige Küche. Umfangreiche Weinkarte, was im Murtal keine Selbstverständlichkeit ist, hier sind die Biertrinker zu Haus.

✳ Köflach (s. S. 139)
Gußmack zum »Kleinhapl«
Judenburgstraße 6
✆ (031 44) 34 94
Sonntag ab 14 Uhr und Montag Ruhetag
Nach Köflach fährt man nicht der Gegend wegen, hierher kommt man einzig und allein zum Schlemmen: steirische Rezepte kreativ

variiert, leicht, phantasievoll und einfach köstlich.

Wäre ich eine Gourmet-Päpstin, würde ich über den Gußmack sämtliche Hauben, Löffel und Sterne schütten: Die junge Wirtin und Köchin kann es mit jedem ihrer Kollegen am gastronomischen Sternenhimmel aufnehmen; ihr Mann bedient höflich, korrekt, die Weinkarte ist hervorragend und die Preise kann man, angesichts dessen, was geboten wird, nur überaus human nennen. Meines Erachtens derzeit das beste Restaurant in der Steiermark. Reservierung empfehlenswert. Billiger Mittagstisch.

Ludersdorf
Schloß Freiberg
✆ (031 12) 35 80
Dienstag, Mittwoch Ruhetag
Das Essen ist nichts Besonderes, man sitzt aber sehr schön im zugewachsenen, romantischen Burghof oder auf der Terrasse.

Obdach
Groggerhof
✆ (035 78) 201
Dienstag Ruhetag
Ein alter Gasthof mit getäfelten Holzstuben. Sehr gemütlich. Steirische Spezialitäten, wie zum Beispiel Sterz und Häferlkaffee zum Frühstück. Schöne Zimmer, eigenes Fischwasser.

Für kulturell Interessierte: Gegenüber in der Spitalskirche der »Bauernpapst«.

Riegersburg
Zur Riegersburg
✆ (031 53) 2 16
Dienstag Ruhetag. November bis März geschlossen
Wunderschöner Gastgarten, eigene Konditorei, gepflegte Küche – der Chef unterrichtet in der Hotelfachschule in Bad Gleichenberg. Zimmer.

Schladming
Alte Post
✆ (036 87) 2 25 71
Ende Oktober bis Anfang Dezember geschlossen
Gediegener Rahmen, exquisite Küche. So-
genanntes »Romantikhotel«.

✳ **Söding (s. S. 138)**
Zimmermann »Zur Post«
✆ (031 37) 20 18
Montag Ruhetag
Gemütlicher, gut geführter Gasthof mit
einem am Bach gelegenen Gastgarten. Man
kann sich auf die Empfehlungen des Wirts
verlassen, sollte aber in jedem Fall Heimi-
sches probieren: Breinwurst, Kümmelbra-
terl, Schlachtplatten, gespicktes Kalbsvögerl
– steirische Küche wie sie besser nicht zubereitet sein könnte. Zimmer.

Sommereben
Jagawirt
✆ (031 43) 81 05

Mittwoch Ruhetag. Januar, Februar, März
geschlossen
In der Weststeiermark im Schilchergebiet
gelegen (bergauf Richtung Reinischkogel,
nachdem man die Weinberge verlassen hat,
etwa noch einen Kilometer in den Wald hinein). Ausgezeichnete Küche; da abseits gelegen, noch ein Geheimtip. Zimmer.

Stainz
Engelweingarten
✆ (034 63) 23 81
Sonntag, Montag Ruhetag
Schön gelegener Gasthof, gute steirische
Küche, schöne Zimmer.

Gesundheitsvorsorge

Krankenschein

Zwischen Österreich und Deutschland besteht ein Sozialversicherungsabkommen.
Im Krankheitsfall geht man mit einem »Be-
rechtigungsschein«, den man bei der heimischen Krankenkasse erhält, zur zuständi-
gen österreichischen Gebietskrankenkasse.
Dort wird der Krankenschein ausgestellt. Die
Gebietskrankenkasse informiert auch darüber, welche Ärzte Kassenpatienten akzep-
tieren.

Zeckenimpfung

Die Steiermark, v. a. der wärmere Süden
und Südosten, gehört zu den Gebieten, in
denen besonders viele verseuchte Zecken
auftreten. Die Tiere übertragen ein Virus,
das die sogenannte FSME auslöst, eine Ge-
hirn-, bzw. Gehirnhautentzündung. Kopf-
schmerzen, Fieber, Lähmungen sind die
Folgen. Der Schweregrad der Erkrankung ist
unterschiedlich – nur bei etwa 15 bis 20 %

der Infizierten kommt es zu einem Befall des Nervensystems –, sie kann aber auch dramatisch verlaufen und bleibende Schäden hinterlassen.

Wirksamer Schutz: eine Impfung. Sie besteht aus drei Teilimpfungen – die zweite erfolgt zwei bis drei Wochen nach der ersten, die dritte wird ein Jahr später fällig. Der Impfschutz hält drei Jahre.

Gefährdet ist jeder, der wandert, besonders in Wäldern. Auch Kinder können infiziert werden und sollten, sobald sie krabbeln oder durch Wiesen laufen können, geimpft werden.

Haustiere

Bei der Einreise nach Österreich benötigt man für Hunde und Katzen einen Internationalen Impfpaß.

Die vorgeschriebene Tollwutimpfung muß bei der Einreise mindestens einen Monat, höchstens aber ein Jahr zurückliegen.

Heilbäder

Aflenz Kurort; 765 m
✆ (03861) 2265
Heilmittel: Heilklima
Heilanzeigen: Erholungsbedürftigkeit, Rekonvaleszenz, Erkrankungen der Atemwege, bestimmte Erkrankungen des Herz-Kreislaufsystems

Bad Aussee; 650 m
✆ (06152) 2323
Heilmittel: Glaubersalzquelle; Sole; Soleschlamm
Heilanzeigen: Erkrankungen der Leber, der

Gallenwege und des Verdauungsapparates, Gicht und rheumatische Erkrankungen, bestimmte gewerbliche Vergiftungen, gynäkologische Erkrankungen, funktionelle Kreislaufstörungen, katarrhalische Erkrankungen der Atemwege, Entwicklungsschwäche im Kindesalter, Verletzungsfolgen

Bad Gams; 406 m
✆ (03463) 2494
Heilmittel: Akratische Eisenquellen
Heilanzeigen: Eisenmangelanämien und Rekonvaleszenz

Bad Gleichenberg; 300 m
✆ (03159) 2294
Heilmittel: Natrium-Hydrogencarbonat-Chlorid-Säuerlinge; Natrium-Hydrogencarbonat-Chlorid-Therme
Heilanzeigen: Erkrankungen der Atmungsorgane, Herz-Kreislauferkrankungen, Erkrankungen der ableitenden Harnwege, Magen- und Darmerkrankungen
Entzündlicher Rheumatismus, degenerativer Rheumatismus, Weichteilrheumatismus, Polyomyelitis-Nachbehandlung, vegetative Erschöpfungszustände und periphere Durchblutungsstörungen, Verletzungsfolgen

Bad Loipersdorf; 249 m
✆ (03382) 8204-0
Heilmittel: Natrium-Chlorid-Hydrogencarbonat-Thermal-Sole; Heilerde
Heilanzeigen: Erkrankungen des rheumatischen Formenkreises, Neuralgien, chronische Entzündungen des Verdauungstraktes und des Urogenitaltraktes, chronische Thrombophlebitiden

Bad Mitterndorf (Bad Heilbrunn); 812 m
✆ (06153) 2444
Heilmittel: Akratotherme; Heilmoor; Heilklima

Heilanzeigen: Rheumatische Erkrankungen, Rekonvaleszenz
Chronische Erkrankungen des rheumatischen Formenkreises, Nachbehandlung nach Verletzungen und Operationen, gynäkologische Erkrankungen
Rekonvaleszenz, Erkrankungen der Atemwege, bestimmte Fälle von essentieller Hypertonie, hyperthyreotische Zustände, bestimmte Hauterkrankungen

Bad Radkersburg; 209 m
✆ (03476) 2545
Heilmittel: Magnesium-Calcium-Hydrogencarbonat-Säuerling; Natrium-Hydrogencarbonat-Thermal-Mineralwasser
Heilanzeigen: Erkrankungen des Verdauungsapparates, der ableitenden Harnwege und Herz-Kreislauferkrankungen
Erkrankungen des Bewegungsapparates rheumatischer und nichtrheumatischer Genese, Neuralgien, nervöse Erschöpfungszustände

Bad Waltersdorf; 291 m
✆ (03333) 2321
Heilmittel: Natrium-Hydrogencarbonat-Chlorid-Therme hypotonischer Konzentration
Heilanzeigen: Erkrankungen des Bewegungsapparates rheumatischer und nichtrheumatischer Genese, Neuralgien, nervöse Erschöpfungszustände

Laßnitzhöhe; 600 m
✆ (03133) 204
Heilmittel: Heilklima
Heilanzeigen: Erholungsbedürftigkeit und Rekonvaleszenz, neurovegetative Erschöpfung, funktionelle Kreislaufstörungen, chronisch entzündliche und allergische Erkrankungen der Atemwege

Oberzeiring; 930 m
✆ (03571) 308
Heilmittel: Allergenfreie Heilstollenluft

Heilanzeigen: Allergische Erkrankungen der Atemwege, chronisch-bronchitisches Syndrom

St. Radegund bei Graz; 718 m
✆ (031 32) 3 34
Heilmittel: Heilklima
Heilanzeigen: Vegetative Dystonie, Hyperthyreose, Erschöpfung und Rekonvaleszenz

Schwanberg; 431 m
✆ (034 67) 4 84
Heilmittel: Heilmoor
Heilanzeigen: Erkrankungen des Bewegungsapparates rheumatischer und nichtrheumatischer Genese, gynäkologische Erkrankungen, Verletzungsfolgen, Entzündungsreste im Brust- und Bauchraum, nichtkontagiöse Hauterkrankungen

Wildbad Einöd; 600 m
✆ (042 68) 28 20
Heilmittel: Calcium-Hydrogencarbonat-Sulfat-Thermalsäuerlinge
Heilanzeigen: Erkrankungen des Magen-Darmtrakts, entzündliche Erkrankungen der ableitenden Harnwege, Herz-Gefäßerkrankungen, Erholungsbedürftigkeit und Rekonvaleszenz, Affektionen des Bewegungsapparates, gynäkologische Erkrankungen

Kneippkuranstalten

Aflenz Kurort
Kneipp-, Kur- und Saunaanlage

Bad Aussee
Kurzentrum
Privatsanatorium Dr. Freisleben

Bad Mitterndorf
Kurhotel Bad Heilbrunn

Hartberg
Ring-Gesundheitszentrum

Mariazell
Kneippabteilung im Hallenbad

Hotels

Man findet in der Regel überall in der Steiermark gut geführte Familienpensionen oder Gasthöfe, die günstig Zimmer anbieten (s. dazu auch unter »Essen und Trinken«).

Vom Landesfremdenverkehrsverband (s. S. 267) kann man die Broschüre »Hotels, Gasthöfe, Pensionen« anfordern, auch über Ferienwohnungen gibt es Information.

Die folgende Auswahl ist natürlich subjektiv und will auf ein paar besonders freundliche, schön gelegene oder außergewöhnliche Unterkünfte aufmerksam machen.

Admont
Schloßherberge Röthelstein
✆ (036 13) 24 32
Ein wunderschön gelegenes, über 300 Jahre altes Schloß, das besonders auf die Bedürfnisse von Gruppen, Familien mit schmalem Budget und Jugendlichen eingerichtet ist.

Altaussee
Landhaus Elisabethpark am See
Fischerndorf 38
✆ (061 52) 7 12 05
Geschlossen vom 10. 1. bis zum 27. 5. und vom 15. 9. bis zum 20. 12.
Wunderschönes Landhaus, komfortable Zimmer.

Hubertushof
Puchen 86
✆ (061 52) 7 12 08
Geschlossen vom 1. 10. bis Pfingsten; Ostern geöffnet
Ehemals fürstliches Jagdschloß, wunderschön gelegen mit Seeblick. Stilvoll, elegant.

Bad Aussee
Villa Kristina
Altausseer Straße 54
✆ (06152) 2017
Gepflegtes altes Haus in einem schönen Garten. Die Pensionsgäste werden gut verköstigt (auf Anfrage können auch »Externe« hier essen).

Deutschlandsberg
Burg Deutschlandsberg
✆ (03462) 2760
Hotelbetrieb Mitte März bis 20. Dezember
Einfache, preiswerte Zimmer im Renaissancetrakt der Burg, Restaurant.

Gröbming
Hotel Spanberger
✆ (03685) 2106
Traditionsreicher Gasthof mitten im Ort, direkt bei der schönen gotischen Kirche. Vor kurzem renoviert. Kinderfreundlich. Auch vom Preis-Leistungs-Verhältnis her empfehlenswert.

Irdning
Schloß Pichlarn
Gatschen 54
✆ (03682) 2841
Sehr gediegenes, teures Golf- und Sporthotel. Wunderschön gelegen, stilvolles Ambiente für exklusives »Country Club Leben«. Empfehlenswertes Restaurant.

Kapfenstein
Schloß Kapfenstein
✆ (03157) 202 ‹2202›
Geschlossen vom 15. 11. bis zum 1. 3.
Im »Dichterzimmer«, im »Ritterzimmer«, im »Fürstenzimmer« ... kann man herrlich nächtigen. Stilvoll und gemütlich eingerichtet, mit allem Komfort ausgestattet, großartiges Frühstücksbuffet.
Die Zahl der Zimmer im Schloß ist begrenzt. Wer keinen Platz mehr findet oder einfacher wohnen möchte, wende sich an

Familie Reindl
Haus Barbara
✆ (03157) 379 ‹2378›
Freundlich, Kinder sind willkommen. Halbpension empfehlenswert, Frau Reindl kocht phantastisch.

Leibnitz
Schloß Seggau
✆ (03452) 2435
Einfache, preiswerte Zimmer im Schloß, Ferienwohnungen für Familien.

Oberwölz
Schloß Rothenfels
✆ (03581) 208
Hotelbetrieb von Mai bis September
Einfache, geräumige Zimmer und Ferienwohnungen. Geeignet für Familien. Fischwasser. Campingplatz.

Pichl (Ennstal)
Pichlmayrgut
✆ (06454) 305
Kein Hotelbetrieb im November
Haus aus dem 12. Jahrhundert, mit allem Komfort ausgestattet. Himmelbetten.

Rein
Stiftstaverne
✆ (03142) 51623
Gepflegtes kleines Hotel in der Nähe von Graz, ausgezeichnetes Spezialitätenrestaurant.

Sebersdorf
Schloßhotel Obermayerhofen
✆ (03333) 2503
Großzügig und aufwendig ausgestattet, ausgezeichnete Küche.

St. Oswald
Schloß Plankenwarth
✆ (03123) 2838
Sehr aufwendig renoviert und teuer und erlesen ausgestattet.

Jugendherbergen

**Österreichischer Jugendherbergs-
verband**
Landesgruppe Steiermark
Idlhofgasse 74
8020 Graz
℘ (0316) 914875

Bad Aussee
Lerchenreith 148
℘ (06152) 2238

Bruck a. d. Mur
Theodor-Körner-Straße 3
℘ (03862) 53465

Graz (s. S. 296)

Mariazell
Fischer-von-Erlach-Weg 2
℘ (03882) 2669

Neuberg
Kaplanweg 8
℘ (03857) 8221

Riegersburg
Im Cillitor
℘ (03153) 217

Schladming
Coburgstraße 253
℘ (03687) 24531

Trofaiach
Rabenburggasse
℘ (03847) 2260

Literatur

Ergänzender Reiseführer für Kulturreisende

Dehio Steiermark, Verlag Anton Schroll, Wien

Literarisches zum Thema Steiermark

Frischmuth, Barbara: Die Mystifikation der Sophie Silber, Residenz-Verlag, Salzburg und dtv, München

Gruber, Reinhard P.: Aus dem Leben Hödl-mosers, Residenz-Verlag, Salzburg und Droschl Verlag, Graz

ders.: Vom Dach der Welt, Droschl Verlag, Graz

Hergouth, Alois: Der Mond im Apfelgarten, Styria Verlag

Kolleritsch, Alfred: Die grüne Seite, Residenz Verlag, Salzburg

Roth, Gerhard: Der stille Ozean, S. Fischer Verlag, Frankfurt

ders.: Grenzland, Hannibal-Verlag, Wien

Roth, Gerhard/Franz Killmeyer: Gsellmanns Weltmaschine, Jugend und Volk Verlagsgesellschaft, Wien

Literaturzeitschriften aus der Steiermark

manuskripte, Hrsg.: Alfred Kolleritsch und Günter Waldorf, Forum Stadtpark

Sterz, Hrsg.: Gerald Brettschuh u. a., Verlag Sterz

Museen

Altaussee
Heimat- und Literaturmuseum
✆ (06152) 71643 und 71644

Arnfels
Domineum (s. S. 186ff.)
Maltschach 3
✆ (03455) 221

Bad Aussee
Heimatmuseum Ausseerland
Im Kammerhof
✆ (06152) 2323
April, Mai, Juni, Oktober Montag, Mittwoch, Freitag 10–12 Uhr
Juli bis September Montag bis Samstag 10–12 und 16–18 Uhr, Sonntag 10–12 Uhr
November bis März nur Orts- und Museumsführung, die das ganze Jahr über um 10 Uhr stattfindet.

Bärnbach
Glasmuseum, Glaskunstzentrum
Betriebsbesichtigung möglich, Werksverkauf
✆ (03142) 284114
Montag bis Freitag 9–13 und 14–16 Uhr
Führungen ganzjährig nach Vereinbarung

Burgenkundliches Museum
Schloß Alt-Kainach
✆ (03142) 48882
Mai bis Oktober täglich außer Montag 9–12 und 14–17 Uhr

Eisenerz
Stadtmuseum Eisenerz
Steirisches Eisenmuseum im Kammerhof
✆ (03848) 3615
Dienstag bis Sonntag 9–12 und 15–18 Uhr

Feldbach
Fischereimuseum
Heimatmuseum im historischen Tabor
Mai bis Oktober Dienstag 9–11, Freitag 15–17, Samstag, Sonntag, Feiertag 9–11 und 15–17 Uhr

Großreifling
Österreichisches Forstmuseum
✆ (03633) 201
Mai bis Oktober täglich außer Montag 10–12 und 13–17 Uhr

Kitzeck
Weinmuseum
✆ (03456) 243
April bis November
Samstag, Sonntag und an Feiertagen 10–12 und 14–17 Uhr

Krieglach/Alpl
Rosegger-Geburtshaus
✆ (03855) 226119
April bis Oktober 8–12.30 und 13.30–17 Uhr
November bis März 11–16 Uhr
Montag geschlossen

Waldschule mit österreichischem Wandermuseum
✆ (03855) 269109
Mai bis Oktober 9–12 und 14–17 Uhr
November geschlossen
Dezember bis April 9.30–12 und 13–16 Uhr

Rosegger-Haus
✆ (03855) 2375
Führungen täglich 9–17 Uhr

Mürzzuschlag
Wintersport- und Heimatmuseum
Größte skihistorische Sammlung der Welt
✆ (03852) 3504
Täglich außer Montag 9–12 und 14–17 Uhr

Stainz
Schloß Stainz

Volkskundliche Sammlung
✆ (03463) 2772
April bis Oktober Dienstag bis Sonntag 9–17 Uhr

Stübing
Freilichtmuseum
✆ (03124) 22431
April bis Oktober täglich außer Montag 9–17 Uhr, Einlaß bis 16 Uhr

Trautenfels
Schloß Trautenfels

Landschaftsmuseum
✆ (03682) 2233
April bis Oktober täglich 9–17 Uhr

Vordernberg
Technisches Radwerkmuseum
Radwerk IV (Holzkohlehochofen) mit Radwerk III und Lehrfrischhütte
✆ (03849) 283
Führungen Mittwoch bis Sonntag 9.30 Uhr, Dienstag bis Freitag 14.30 Uhr und nach Voranmeldung

Sport

Es gibt nur eine Gruppe von Sportlern, die sich in der Steiermark nicht wohlfühlen werden: die Wasserratten, Surfer, Segler. Der liebe Gott hat die »Grüne Mark« zwar mit Bergen, Wäldern und Flüssen gesegnet, nicht aber mit Seen, wenn man von denen des Salzkammerguts absieht, die landschaftlich zwar atemberaubend schön, aber recht kalt sind.

Von den Wassersportlern kommen nur die Wildwasserfahrer auf ihre Kosten: Salza und Enns sind besonders geeignet.

Wintersportler finden in der Obersteiermark ihr Dorado: Schladming ist jedem Skifahrer ein Begriff, die Dachstein-Tauern-Region stellt auch Anspruchsvolle zufrieden. Langlaufloipen, Rodelbahnen, Skikurse ... gibt es überall. Nähere Informationen, auch über die gerade aktuellen Angebote und Kombinationen, erteilt der Landesfremdenverkehrsverband (s. S. 267).

Jeder, der sich zu Fuß fortbewegen will, gleich in welchem Tempo und auf welcher Höhe, ob kletternd (Hochschwab und Gesäuse), gipfelstürmend, wandernd (mehr als die Hälfte des Nord-Süd-Wanderwegs 05 liegt auf steirischem Gebiet), spazierengehend, zum Beispiel im Weinland oder im Sausal, wo die Buschenschenken zu Pausen einladen, der ist in der Steiermark richtig.

Radfahrer, die's extrem mögen und das mit ihrem Umweltgewissen in Einklang bringen können, schwingen sich aufs Mountain Bike, wer's gemütlicher mag, radelt durch den Südosten der Oststeiermark, da ist es angenehm flach. Fahrradverleihe (auch ›Fahrrad am Bahnhof‹) gibt es überall. Genaue Information erteilt der Landesfremdenverkehrsverband, der auch über Tennis- und Golfplätze, Reitställe ... Auskunft gibt. Sie aufzuzählen, würde den Rahmen dieses Buches sprengen.

Auf drei Besonderheiten aber sei noch extra verwiesen: In Puch bei Weiz und Graz Andritz kann man mit dem Heißluftballon aufsteigen, in St. Radegund bei Graz ist eine Schule für Drachenflieger, verhinderte Rennfahrer können sich auf dem Österreichring bei Zeltweg austoben.

Straßen – touristische Lehrpfade

1 Leoben-Schwammerlturm; 2 St. Peter Freienstein, Wehrkirche; 3 Trofaiach, Schloß Stibichhofen; 4 Vordernberg, Radwerk 4; 5 Vordernberg, Radwerk 10; 6 Eisenerz, Oswaldikirche; 7 Erzberg; 8 Radmer, Schloß Greifenberg; 9 Hieflau, Reste des Holzrechens; 10 Großreifling, Holzmuseum »Silvanum«

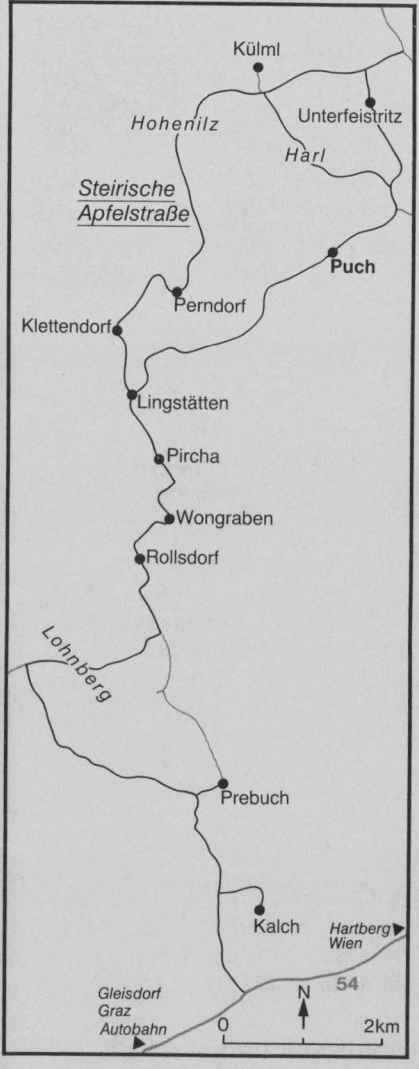

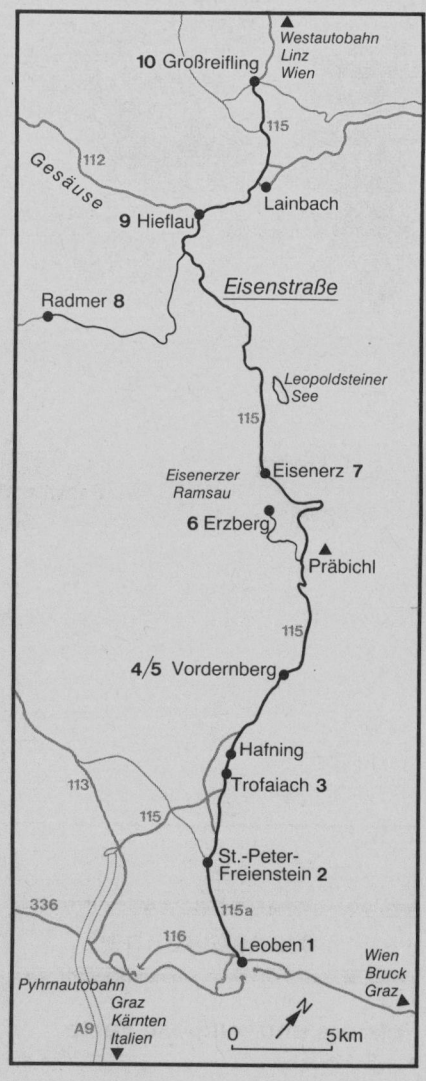

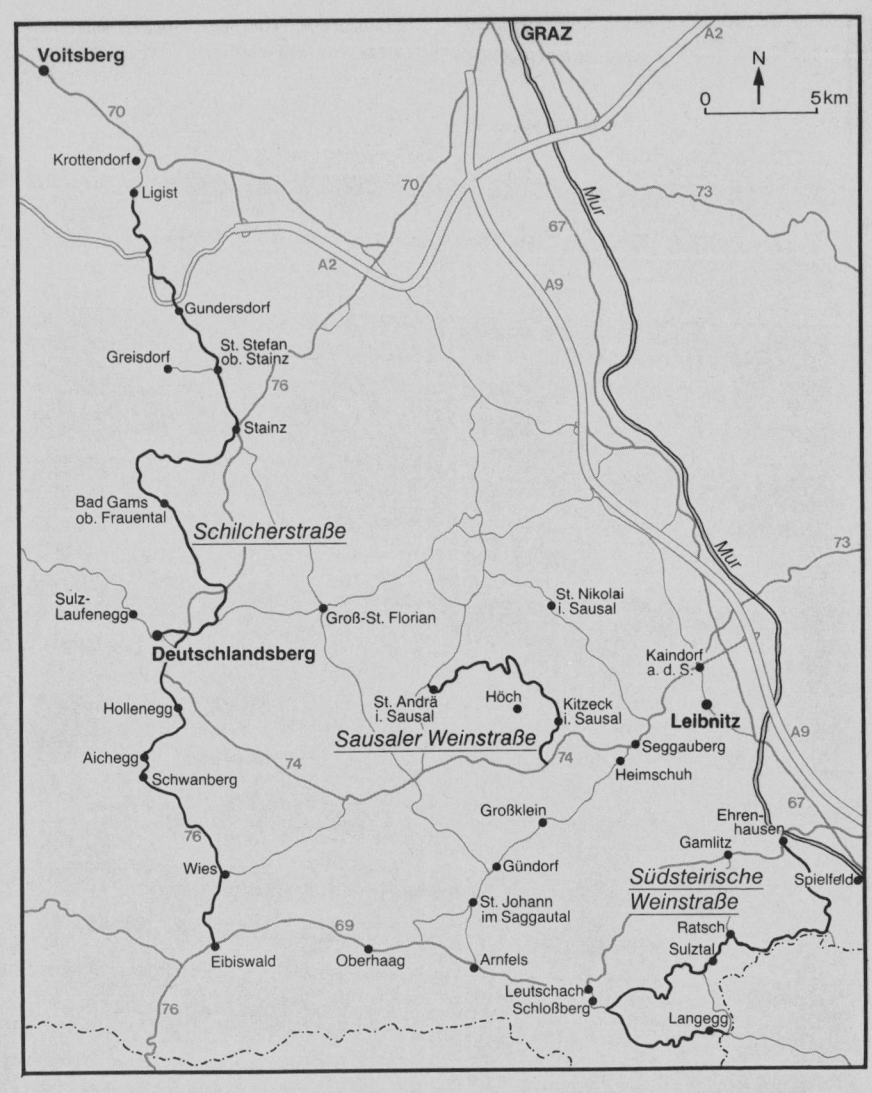

Veranstaltungen

Folklore und religiöse Feste
s. a. S. 229 ff.

Bad Aussee
Narzissenfest (s. S. 53)
Ende Mai
✆ (0 61 52) 23 23

steirischer herbst s. S. 298

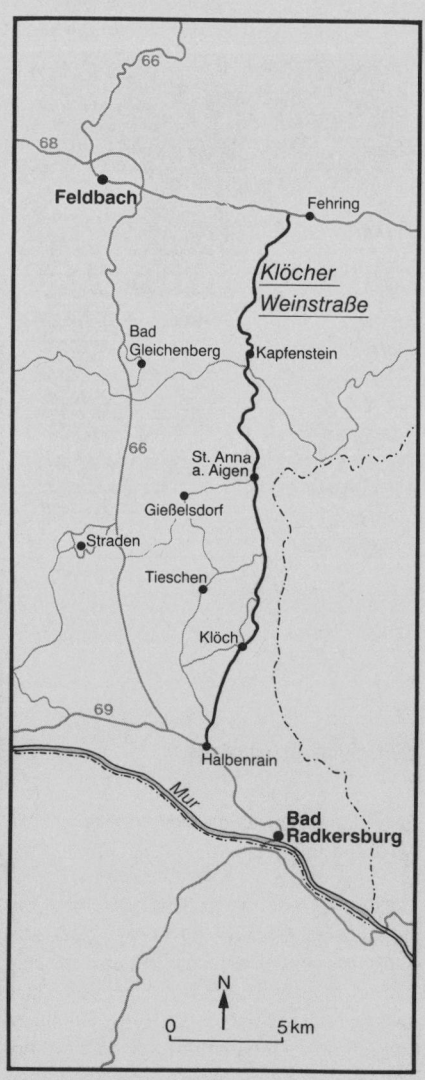

schiedenen Schlössern und Kirchen der Oststeiermark statt.
Information
Fremdenverkehrsbüro Hartbergerland
8230 Hartberg
✆ (03332) 4213

Konzerte in Schloß Schielleiten
Nicht nur im Sommer nützt der Kulturverein Schielleiten den prachtvollen Rahmen des barocken Schlosses für »Barockabende«.
Information
Kulturverein Schielleiten
8223 Stubenberg am See
✆ (03176) 211 und 254

Neuberger Kulturtage (s. a. S. 118)
Anfang August kommen Musiker – Lehrer und Schüler – zu zehntägigen Kursen und Workshops in Neuberg an der Mürz zusammen. Jeden Tag mindestens eine Aufführung, besonders interessant die Abschlußkonzerte.
Information
Kulturtagebüro
Postfach 18
8692 Neuberg
✆ (03857) 8605

Ausseer Musikfestwoche
Ende Juni oder im Juli
Klassische Musik unter Leitung von Adolf Henning
Information
✆ (06152) 2323

Schladminger Musiksommer
Mitte Juli bis Anfang August
Konzerte und Sommerseminar
Information
✆ (03687) 22268

Konzerte

Styriarte s. S. 298

Oststeirischer Musiksommer
Im Rahmen des »Oststeirischen Musiksommers« finden klassische Konzerte in ver-

Graz-Informationen

Anreise

Mit dem Auto

Vom Norden kommend erreicht man Graz
● über München, Salzburg, Radstadt, Liezen, St. Michael. Autobahn nur bis zum Knoten Ennstal und dann wieder zwischen Traboch und Graz. Gleinalmtunnel gebührenpflichtig.

Zur Ferienzeit sehr befahrene Strecke, der gesamte Fern- und Urlaubsverkehr nach Jugoslawien, Griechenland und in die Türkei führt durchs Ennstal.
● über Nürnberg, Regensburg, Passau, Schärding, Wels, Sattledt, Spital a. Pyhrn.

Autobahn bis zur Grenze, zwischen Spital a. P. und Rottenmann und Traboch und Graz. Pyhrntunnel und Gleinalmtunnel gebührenpflichtig.

Von Wien aus fährt man auf der 1985 fertiggestellten durchgehenden Autobahn (teilweise Halbautobahn mit Geschwindigkeitsbeschränkung) nach Graz.

Von Jugoslawien aus erreicht man Graz über Maribor, Spielfeld, Leibnitz. Autobahn auf österreichischer Seite. Da der Übergang Spielfeld zur Urlaubszeit Rekordwarteschlangen vermeldet, tut man gut daran auszuweichen, zum Beispiel auf den weiter östlich gelegenen Übergang bei Bad Radkersburg. Von hier – am besten auf Seitenstraßen – durchs Oststeirische Hügelland nach Feldbach, Gleisdorf, Graz.

Mit dem Zug

Es bestehen Direktverbindungen mit allen größeren Städten Österreichs sowie nach Jugoslawien. Aus Deutschland und der Schweiz kommende Züge führen Kurswagen nach Graz.

Mit der Straßenbahn Nr. 3 oder 6 erreicht man vom Hauptbahnhof aus das Zentrum (Hauptplatz).

Direkt am Bahnhof liegen die Hotels Daniel und Europa.

Zugauskünfte: ✆ 17 17.

Das Büro der Graz-Steiermark-Information am Hauptbahnhof ist täglich von 8–21 Uhr geöffnet.

Mit dem Flugzeug

Von Wien, Innsbruck, Frankfurt und München kann man Graz direkt anfliegen. Alle weiteren internationalen Verbindungen gehen über Wien.

Der Flughafen Graz-Thalerhof liegt etwa 10 km vom Stadtzentrum entfernt. Zubringerbusse verkehren täglich außer Samstag um 6 Uhr und 17.30 Uhr vom Hotel Daniel am Hauptbahnhof aus. Vom Flughafen zur Stadt bestehen Busverbindungen täglich außer Samstag um 18.10 Uhr und 22.50 Uhr. Ansonsten ist der Flughafen nur mit dem Taxi zu erreichen.

Flughafenauskunft: ✆ 29 13 24.

Am Flughafen befindet sich ein Büro der Graz-Steiermark-Information; es ist nur in den Sommermonaten – etwa von Anfang Mai bis Anfang Oktober von 18–23 Uhr geöffnet.

Auskunft

Graz-Steiermark-Information
Herrengasse 16 (Landhaus)
✆ 705241
Montag bis Freitag von 9–18 Uhr, Samstag von 9–12 Uhr geöffnet. Im Sommer: Montag bis Samstag von 9–18 Uhr, Sonntag und Feiertage von 9–15 Uhr.

Hier erhält man Karten, Prospekte und anderes Informationsmaterial. Zusätzliche Serviceleistungen der Graz-Steiermark-Information sind: Zimmernachweis, Führungen und Besichtigungen, Vermittlung von Fremdenführern, Ausarbeitung von Aufenthaltsprogrammen, Gruppenservice.

Weitere Büros der Graz-Steiermark-Information befinden sich *am Hauptbahnhof,* geöffnet täglich von 8–21 Uhr, *am Flughafen,* von Anfang Mai bis Anfang Oktober von 18–23 Uhr geöffnet, *an den wichtigsten Einfahrtsstraßen* nach Graz: Kärntner Straße von 8–14 Uhr, Conrad-von-Hötzendorf-Straße von 14–20 Uhr. Auch sie sind nur von Anfang Mai bis Anfang Oktober besetzt.

Autofahren

Pannenhilfe

ÖAMTC Pannenhilfe und Abschleppdienst: ✆ 120
ARBÖ Pannendienst: ✆ 123

Parken in der Innenstadt

In den gekennzeichneten gebührenpflichtigen Kurzparkzonen braucht man einen Parkschein, der mit Datum und Uhrzeit versehen und gut sichtbar ins Auto gelegt werden muß. Diese Parkscheine gibt es in der Trafik.

Parkgaragen
Andreas-Hofer-Platz
Orpheumgarage, St.-Georgen-Gasse 10
Rosarium, Joanneum-Ring
Operngarage, Schlöglgasse
Burgring, Einspinnergasse
Parkhaus Schönaugasse
Mariahilfer Garage, Kosakengasse 6
Astoria, Dietrichsteinplatz 10

Tankstellen, die in der Nacht geöffnet sind

Eggenbergergürtel 94
Elisabethstraße (ohne Nummer)
Kärntnerstraße 30
St. Peter-Hauptstraße 20–24
Rittergarage, Brunngasse 3–7
Dreihackengasse 42
Wiener Straße 341

Bibliotheken

Eine wahre Fundgrube für alle, die sich für Graz und die Steiermark interessieren, ist die Styriaca-Abteilung der Steiermärkischen Landesbibliothek. Katalog und Lesesaal kann man kostenlos und ohne Bibliothekskarte benützen.

Mit speziellen Problemen und Fragestellungen die steirische Geschichte betreffend, kann man sich auch an das Landesarchiv wenden.

Steiermärkische Landesbibliothek
Kalchberggasse 2
✆ 7031/2701
Katalog und Lesesaal sind Montag bis Freitag von 8–13 Uhr, Montag und Donnerstag

von 14–17 Uhr, Dienstag 10–17.30 Uhr geöffnet (außer in den Sommermonaten).

Steiermärkisches Landesarchiv
Bürgergasse 2
✆ 7031-0
Montag, Dienstag, Donnerstag von
8–16.45 Uhr, Mittwoch und Freitag von
8–13.45 Uhr geöffnet.

Camping

Graz-Nord
Information:
Hella Pichler
Grabenstraße 146
8010 Graz
✆ 627622
Geöffnet vom 15. April bis zum 15. Oktober

Graz-Eggenberg
Information:
Martha Ortner
Gallmeyergasse 19
8020 Graz
✆ 54676
Geöffnet von Januar bis Dezember

Graz-Ost
Information:
Margarethe Dreishger
Neue Welthöhe 71
8042 Graz
✆ 45169
Geöffnet von April bis September

Graz-Mantscha
Information:
Johann Holzmeister
Riederhof-Mantscha 1
8054 Graz
✆ 51380
Geöffnet von Januar bis Dezember

Graz-Straßgang
Information:
Fam. Bachner
Martinhofstraße 3
8054 Graz
✆ 281831
Geöffnet von April bis Oktober

Einkaufen

»Gratz soll die wohlfeilste Stadt in Europa
sein«, steht im Baedeker aus dem Jahr
1846. Lang, lang ist's her. Heute ist Graz
weder besonders billig, noch überaus teuer –
allenfalls Schuhe erhält man hier noch etwas
»wohlfeiler« als in anderen Städten.

Souvenirs und »typisch« Steirisches findet man in den Filialen des Steirischen
Heimatwerks (s. S. 289) und auf den Kunst-
handwerksmärkten (s. S. 290).

Öffnungszeiten

Alle Geschäfte schließen um 18 Uhr, und alle halten eine Mittagspause ein, Kernzeit etwa von 12.30–14.30 Uhr.

Antiquariate

Buchmarkt
Sparkassenplatz 2
✆ 72057
Modernes Antiquariat

Kienreich
Sackstraße 6
✆ 76441

Moser
Hans-Sachs-Gasse 14
Passage, 1. Stock

✆ 7001 10/23
und
Herrengasse 23
✆ 801 10
Auf Styriaca beschränktes modernes
Antiquariat

Pock
Hauptplatz 1
✆ 790 42

Truppe
Stubenberggasse 7
✆ 795 52

Wildner
Stempfergasse 8
✆ 742 16

Antiquitäten

Berdnig
Schmiedgasse 21
✆ 72 404
Möbel

Bobik
Sackstraße 24
✆ 78 56 83
Schmuck, Glas, Porzellan, Ikonen

Holasek
Sackstraße 26 und 34
✆ 729 284
Möbel, Schmuck, alte Waffen

Fromme
Herrengasse 7 (Passage)
✆ 700 254
Glas und Porzellan des 19. Jahrhunderts,
Stickereien, Handarbeiten, Volkskunst

Interieur 1900
Glacisstraße 63
✆ 780 212
Möbel und Kleinkunst, Jugendstil, Art Deco,
50er Jahre

Kindler
Hofgasse 8
✆ 72 454
Geöffnet täglich von 16–18 Uhr
Möbel

Lanz
Hans-Sachs-Gasse 4
✆ 70 66 80
Silber

Marko
Mehlplatz 1
✆ 7 43 69
Porzellan, Stickereien, Einzelstücke

Mölzer
Leonhardstraße 85
✆ 38 13 43
Bilder und Graphik alter Meister und des
19. Jahrhunderts; Klassische Moderne (bes.
Wiener Sezession); Asiatica; Glas, Porzellan, Möbel; eigene Möbelrestaurierwerkstatt

Moser
Hans-Sachs-Gasse 14
✆ 7 56 96
Bilder und Kunsthandwerk aller Stilrich-
tungen

Pro Domo
Schmiedgasse 38
✆ 78 21 12
Conrad-von-Hötzendorf-Straße 66 (gegenüber der Messe)
✆ 7 54 22
Möbel, Bilder

Sajovitz »Mösag«
Hofgasse 10
✆ 78 20 84
Geöffnet täglich von 16–18 Uhr
Umfassendes Angebot

Schafschetzky
Färbergasse 2 und Sporgasse 21
✆ 7 89 82
Graphik und Stiche, besonders topographische Ansichten, Bilder von Malern des
19. Jahrhunderts, Schwerpunkt steirische
Künstler.

Steiner
Glacisstraße 67–69
✆ 7 53 04 und 73 74 44
Das Einrichtungshaus Steiner bietet neben
alten Möbeln eine erlesene Auswahl moderner Stoffe und Tapeten, die sich zu antikem
Mobiliar kombinieren lassen.

Steiner
Sackstraße 24
✆ 73 15 0
Umfassendes Angebot, Möbel, Glas, Silber

Stolberg
Grabenstraße 9
✆ 67 13 68
Uhren

Voller
Bindergasse 8
✆ 7 42 82
Bäuerliche Möbel

Unter der sachkundigen Leitung von Frau
Dr. Pakesch-Kaan finden anläßlich von Kon-
gressen sogenannte »Antiquitätenbummel«
statt. Der mehrstündige Spaziergang vermittelt einen allgemeinen Überblick, auf Spe-
zialwünsche wird Rücksicht genommen.
Auskünfte über Termine im Hotel.

Auktionen

Dorotheum
Jakominiplatz 7–8
✆ 7 94 80 und 70 17 80

Bioläden

Bauernladen
Kastellfeldgasse 27
✆ 7 52 13

Matzer
Schillerstraße 15
✆ 37 33 84

Kleine Hexe
Leonhardstraße 45
✆ 38 16 51

Sippel
Wickenburggasse 6
✆ 6 24 10

Kaufhäuser

Brühl & Söhne
Am Eisernen Tor 11
Das KaDeWe von Graz – modisch, elegant, qualitätsbewußt, teuer. Hervorragende Delikatessenabteilung im Tiefparterre, das rechte Ambiente für Mann und Frau von Welt, zwischen zwei Terminen schnell ein Austerchen mit einem Schluck Champagner hinunterzuwaschen . . .

Kastner & Öhler
Sackstraße 7–13
Der Sears Roebuck von Graz – seine Versandkataloge gehen nach ganz Österreich. Wenn man kurz vor 14.30 Uhr am Haupteingang in der Sackstraße vorbeigeht, könnte man fast meinen, daß es hier wirklich etwas umsonst gibt, so ungeduldig warten die Massen auf Einlaß.
Gute Sportabteilung, im Sommer werden im Innenhof regelmäßig kulinarische Spezialitäten aus verschiedenen Ländern angeboten.

Keramikateliers

Susanne Höllwarth
Waltendorfer Hauptstraße 162
✆ 44 26 44

Heidi Kahlert
Carnerigasse 10/45
✆ 67 11 8 25

Francoise Kuhness-Teissier
Katzelbach 112
✆ 28 14 65 4

Ilse Kurz
St. Peter-Hauptstraße 28
✆ 4 14 24

Sieglinde Seifried
St. Peter-Hauptstraße 29e
✆ 45 42 42

Winkler-Weber
Hallerschloßstraße 6
✆ 33 89 14

Kunsthandwerk

Heimatwerk des steirischen Volkskundemuseums
Paulustorgasse 4
✆ 77 10 6
Sackstraße 16
✆ 75 4 80
Herrengasse 10
✆ 79 0 54
Tradierte steirische Volkskunst – Trachten, Korbwaren, Keramik, Zinn, Schnitzereien usw.
Oster- und Weihnachtsmärkte.

Steiermärkischer Kunstgewerbeverein
Landhausgasse 7
✆ 70 06 05
Kleinkunst, volkstümliche wie moderne; Keramik, Glas, Zinn, Textiles . . . von Künstlern aus ganz Österreich.

Steirische Initiative Kunsthandwerk
Färberplatz
Junge steirische Künstler, die auch die Kunsthandwerksmärkte (s. S. 290) veranstalten, haben ein kleines Haus auf dem Färberplatz renoviert, wo sie ihre Produkte verkaufen – Keramik, Bilder, Spielzeug . . .

Märkte

Bauernmärkte
Kaiser-Josef-Platz und Lendplatz
Montag bis Samstag von 6–13 Uhr
Bauern aus der Umgebung bieten ihre Produkte an: Obst, Gemüse, Blumen, Würste, Speck ...

In fest installierten Buden wird ganztags auf dem Hauptplatz, dem Jakominiplatz und dem Geidorfplatz Markt abgehalten.

Kunsthandwerksmärkte
Die Steirische Initiative Kunsthandwerk veranstaltet mehrmals im Jahr auf dem Färberplatz (feste Termine Ostern, Muttertag, im Herbst und vor Weihnachten) Künstlermärkte. Ein buntes Sammelsurium aus Selbstgestricktem, Schmuck, Keramik, Spielzeug, Teppichen ...
Die Atmosphäre ist herzlich und angenehm, und es wird für jeden Geschmack etwas geboten, vom Kleinkitsch bis zum Kunsthandwerk gehobener Qualität.

Fetzenmärkte
Mittfastenmarkt am Montag und Dienstag nach dem Mittfastensonntag (4. Fastensonntag)
Portiunkulamarkt am Montag und Dienstag nach dem 1. August
Ägydimarkt am Montag und Dienstag nach dem 1. September
Andrämarkt am Montag und Dienstag vor dem 30. November

Jeweils von 6–18.30 Uhr ist auf dem Messeparkplatz in der Fröhlichgasse ein riesiger Trödelmarkt, zu dem Privatpersonen und Händler ihre Waren bringen. Natürlich steigen auch hier die Preise, natürlich nehmen auch hier die Antiquitätenhändler zu, die den Wert ihrer Waren sehr genau kennen. Liebhaberstücke lassen sich aber allemal finden, und allein der Atmosphäre wegen sind die Fetzenmärkte, eine jahrhundertealte Grazer Tradition, sehenswert.

Flohmärkte
Kulturzentrum Fabrik
Plüddemanngasse 47
Samstag 6–13 Uhr
Samstagvormittäglicher Treffpunkt zum Ratschen, Handeln, Stöbern. In dem Hinterhof drängen sich die Stände, angeboten wird alles vom Comic bis zu edlen Gläsern und antiken Stücken.
Frühstückskaffee, Mehlspeisen und Hochprozentiges gibt's im Café Peripherie im Vorderhaus.

BAN
Ungergasse 31
Täglich Flohmarkt in überdachter Halle

Über weitere Flohmärkte informiert die Tagespresse.

Modisches

Kunstgriff
Sackstraße 25
✆ 778203
Ausgefallene, flippige Modelle für Damen und Herren, Second-hand-Kleidung, schöner Schmuck.

Juwelier Kübeck
Sporgasse 18
✆ 71474

Strick Max
Fa. M. Schmid
St. Peter-Pfarrweg 17
✆ 462117
Ausgesucht schöne modische Strickmodelle für Damen und Herren aus eigener Produktion.
Telefonische Anmeldung!

Sportgeschäfte

Sporthaus Kastner & Öhler
Sackstraße 7–13
✆ 7060-0
Breites, gut sortiertes Angebot, alle Sportarten

Prasthofer
Schmiedgasse 36
✆ 76261

Angelsport

Ljubic
Muchargasse 14
✆ 61490

Bootsbedarf

Wasmayer
Kaiser-Josef-Platz 5
✆ 701956

Fahrräder

Sioux
Reitschulgasse 16
✆ 78815

Vychodil
Elisabethinergasse 15
✆ 914068

Langlaufski

Sport-Werdinig
Langegasse 46
✆ 62652
Preisgünstige Langlaufski aus eigener Erzeugung

Reitsportartikel

Zwerlin
Brückenkopfgasse 3   ✆ 916017

Teppiche

Bösch
Schmiedgasse 2 und Hans-Sachs-Gasse 7
✆ 78730
Alte Stücke sowie anatolische Teppiche und in Nepal erzeugte Tibeter

Konzett
Neue-Welt-Gasse 6
✆ 77352
Alte türkische Teppiche, Sonderausstellungen

Reinisch
Hauptplatz 6
✆ 71111
Seltene Stücke 16. bis 20. Jahrhundert, besonders Nomaden-Teppiche.

Reyhani
Schönaugasse 49
✆ 700782

Rohani
Münzgrabenstraße 10
✆ 705555 und 705556
Teppichausstellungen im Schloß Kornberg

Tax Szilvay
Stubenberggasse 7
✆ 700780

Trachten/Trachtenschmuck

Originaltrachten erhält man im Heimatwerk des steirischen Volkskundemuseums (s. S. 300). Trachtenmode führen:

Trachtenschlößl
Hauptplatz 3 und Stubenberggasse 8
✆ 71616-0

Mothwurf
Albrechtgasse 6

Herrengasse 6
✆ 7 73 55

Trachten Seidl
Schmiedgasse 13
✆ 7 51 77

Trachtenschmuck führen Heimatwerk und Kunstgewerbeverein (s. S. 289).
Handgehämmerten Trachtenschmuck nach eigenen Modellen fertigt:

Evangelist
Schmiedgasse 2
✆ 7 42 56

Essen und Trinken

Cafés

Erzherzog Johann
Sackstraße 3–5
Gemütliches Café alten Stils, gute hausgemachte Mehlspeisen.
Internationale Presse liegt auf.

Fotter
Attemsgasse 6
Gemütliche Wohnzimmeratmosphäre, studentisches Publikum – hier geht die Grazer Uni frühstücken.

Glacis
Glacisstraße 43
Großzügige Räume, eher ruhige Atmosphäre, die Unterhaltungen erlaubt, Brettspiele, Billard, Spielautomaten. Bis 4 Uhr früh geöffnet.

Glockenspiel
Glockenspielplatz 4
Schick und in. Treff der Grazer Künstler- und Literatenszene.

Harrach
Harrachgasse 26
Verräuchertes, alternativ angehauchtes Studentencafé mit einer großen Auswahl an Zeitungen. Bis 24 Uhr geöffnet.

Leinich
Kaiser-Josef-Platz 4
Gute Eistorte, hausgemachte Pralinen.

Nagele
Kaiser-Josef-Platz 7
Treffpunkt für Marktbesucher und Spätheimkehrer. Montag bis Donnerstag bereits ab 6 Uhr, Samstag und Sonntag ab 5 Uhr geöffnet.

Nordstern
Sackstraße 2
Das Café liegt im ersten Stock des alten Hauses. Hohe Räume mit schönen Stuckdecken, Blick über den Hauptplatz. Billard. Geöffnet bis 2 Uhr.

Operncafé
Opernring 22
Sehen und gesehen werden. Internationale Presse, bis 24 Uhr geöffnet.

Philipp (s. S. 293)

Preinsack
Schillerstraße 1
Südtirolerplatz 9
Gute Mehlspeisen.
Hübscher Gastgarten.

Sorger
u. a. Sporgasse 4 und Jakominiplatz 21
Ganztägig kleine warme Speisen, Salate, Vollwertkost und Mehlspeisen. Gutes Brot. Kettenrestaurant (insgesamt sieben Niederlassungen) mit all den damit verbundenen Vor- (schnelle Bedienung) und Nachteilen (die Erfüllung nicht-computergerechter Wünsche bereitet große Schwierigkeiten).

Strehly
Sporgasse 14
Älteste bestehende Konditorei in Graz, bekannt für ihre Mehlspeisen und die »Schloßbergkugeln«. Gemischtes Publikum. In der Glacisstraße 25 befindet sich eine Dependance, die Stadtparkkonditorei.

Sud
Hans-Sachs-Gasse 10
Liegt im zweiten Stock einer neuerrichteten Boutiquenburg. Ruhige, angenehme Atmosphäre, Innenstadttreff für junge Leute, die sich nicht alternativ genug fürs »Nordstern« und nicht szenisch genug fürs »Glockenspiel« fühlen. Geöffnet bis 22 Uhr.

Theatercafé
Mandellstraße 11
Eine Grazer Institution (s. S. 85 ff.) Öffnet – außer wenn Kabarett geboten wird – erst um 22 Uhr. Sperrstunde 4 Uhr.

Zafita
Girardigasse 6–8
Gute Mehlspeisen, auch für Diabetiker

Die meisten Grazer Cafés sind an den Wochenenden geschlossen. Im Sommer stellen die Cafés in der Herren- und der Sporgasse Tische und Stühle auf die Straße. Da kann man seinen Café mit Blick aufs Landhaus oder die Jugendstilfassaden in der Sporgasse trinken und Graz flanieren sehen.

Teehaus
Gartengasse 12
Gedämpfte Musik, Teppiche, meditative Atmosphäre. Und über allem schwebt der sanfte Geruch von Schweißfüßen . . . Es gibt nur Tee und zur Teekarte eine Musikkarte. Das Kommunikationszentrum wird von einem Verein getragen, auch Nichtmitglieder sind willkommen. Sie entrichten einen einmaligen Betrag von 20 S, jeder weitere Tee kostet dann nur 5 S. Bis 1 Uhr geöffnet.

Eisdielen

Grazeria
Herrengasse 13
Auch Samstag und Sonntag geöffnet
Eis und verschiedene köstliche Bowlen werden im Sommer direkt auf der Herrengasse im Straßenverkauf angeboten.

Philipp
Krenngasse 38
Auch Samstag und Sonntag geöffnet
Eisliebhaber pilgern bis in die Krenngasse (Endstation der Linie 3), um sich beim Philipp verwöhnen zu lassen (auch Eis für Diabetiker!). Auch für seine Mehlspeisen ist das Café bekannt.

Schleckermäulchen
Stempfergasse 2
Auch Samstag und Sonntag geöffnet
Im Sommer Eisstand Ecke Stempfergasse/ Enge Gasse.

Gasthäuser, Restaurants und Beisl

Bachwirt
Ehlergasse 2
✆ 31487
Samstag, Sonntag Ruhetag
Ein gemütliches Beisl, solide Hausmannskost. Mit der Trambahn Nr. 1 und Nr. 7 zu erreichen. Interessant v. a. der Atmosphäre und des Publikums wegen. Bis 24 Uhr geöffnet.

Braun de Praun
Morellenfeldgasse 32
✆ 36021
Sonntag und an Feiertagen Ruhetag
Gemütlich, umfangreiche Speisekarte, große Auswahl auch an billigeren Gerichten. Publikum studentisch bis Spät-68er. Gastgarten. Bis 2 Uhr geöffnet.

Goldene Pastete
Sporgasse 28
✆ 73416
Samstag, Sonntag Ruhetag
Grazer Altstadtlokal in einem Haus aus dem
16. Jahrhundert, gut geführtes Restaurant –
eines der wenigen Häuser, in dem man
⅛ Schilcher bekommen kann, sonst werden
nur Flaschen serviert.

Hirschenwirt
Hohenrain
Rupertistraße 115
✆ 44600
Sonntag und Montag Ruhetag
Vom Preis-Leistungs-Verhältnis her das beste Lokal in Graz. Hier stimmt alles: das Ambiente, der Service und die Küche. Bodenständige Gerichte werden ebenso köstlich
zubereitet wie Kreatives aus der Neuen Küche. Der Hirschenwirt liegt am östlichen
Stadtrand von Graz, zu erreichen über die
Waltendorfer Hauptstraße, die von der Plüddemanngasse abgeht. Der Weg lohnt sich,
um 22 Uhr ist Sperrstunde, abends besser
reservieren.

Hofkeller
Hofgasse 8
✆ 702439
Sonntag Ruhetag
Das beste Restaurant in der Altstadt, Neue
Küche, klein, erlesen und entsprechend teu-
er, aber seinen Preis durchaus wert.

Krebsenkeller
Sackstraße 12
✆ 79377
Dienstag Ruhetag
Ein Lokal, das man wegen des Ambientes –
wunderschöner Arkadenhof inmitten mittelalterlicher Häuser – unbedingt besuchen
sollte. Die Küche hält leider nicht, was der
Innenhof verspricht.

Laufke/Elisabethhof
Elisabethstraße 6

✆ 33470
Kein Ruhetag
Gepflegtes Restaurant mit einem wunderschönen Gastgarten.
    In dem angeschlossenen Lebensmittelge-
schäft kann man außerhalb der Laden-
schlußzeiten noch alles bekommen, was
man vergessen hat einzukaufen.

Milchmariandl
Richard-Wagner-Straße 31
✆ 34400
Samstag bis 14 Uhr geöffnet, Sonntag
Ruhetag
Hübsches Lokal im Bezirk Geidorf, spezialisiert auf steirische Spezialitäten. Angenehm, daß neben normalen auch kleine Portionen angeboten werden. Gute Nachspei-
sen, Gastgarten.

Parkhotel
Leonhardstraße 8
✆ 33511
Kein Ruhetag
Gepflegtes Restaurant, an dem besonders
der Gastgarten zwischen den Rosenhecken
besticht.

Pichlmaier
Petersbergenstraße 9
✆ 41597
Sonntag Ruhetag
Etwas abseits, im Bezirk St. Peter gelegen,
gehört der Pichlmaier zu den besten Restau-
rants der Stadt. Preislich zwischen Hofkeller
und Hirschenwirt angesiedelt. Gastgarten.
Die Petersbergenstraße zweigt von der
St. Peter-Hauptstraße ab.

Pfeifer
Kirchberg
✆ 391112
Kein Ruhetag
Gepflegtes Restaurant in Mariatrost, gleich
bei der Wallfahrtskirche.

Plabutscher Schlössl
Göstinger Straße 102
℘ 571055
Sonntag und an Feiertagen Ruhetag
Im Nordwesten von Graz gelegen, kreative
Neue Küche. Teuer, schick, in. Reservieren
nötig.

Rincón Andino
Alte Poststraße 118
℘ 56342
Kein Ruhetag
Studentisch, bunt, lustig. Südamerikanische
Spezialitäten zu erschwinglichen Preisen.
Bis 2 Uhr geöffnet.

Stainzerbauer
Bürgergasse 4
℘ 71106
Kein Ruhetag
Eines der beliebtesten Innenstadtlokale. Gute Salate, bodenständige heimische Küche,
große Portionen, vernünftige Preise.

Grambach bei Graz
Landhaus Hammerl
℘ 401441
Sonntagabend und Montag Ruhetag
Schickes Lokal, nicht billig, aber preislich an-
gemessen. Neue kreative Küche, die steirische Rezepte interessant variiert.

Grambach liegt südlich von Graz bei
Raaba. Reservierung nötig.

Führungen/Stadt-
rundfahrten

Im Gegensatz zu vielen anderen Fremden-
verkehrsbüros, die ihr Stadtführergeschwa-
der einzig nach Modejournalkriterien zusam-
menzustellen scheinen, agiert in Graz eine
Gruppe gut geschulter, informierter Hostes-
sen, die ihre Stadt mit so viel Engagement
und Wissen präsentieren, daß es eine Freude ist, hinter ihnen herzulaufen.

Altstadtrundgänge finden von April bis
Oktober jeweils am Dienstag, Freitag,
Samstag und Sonntag um 14.30 Uhr statt,
Donnerstag um 18.30 Uhr.

Treffpunkt ist die Graz-Steiermark-Information in der Herrengasse (s. S. 267). Eine
Führung dauert etwa 2 Stunden und kostet
40 S pro Person.

In den Wintermonaten werden die Altstadtrundgänge nur einmal pro Woche, jeweils am Samstag um 14.30 Uhr, durchgeführt.

An jedem ersten Freitag im Monat findet
ein Spaziergang durch die *Murvorstadt* statt.
Treffpunkt Graz-Steiermark-Information um
17 Uhr, Preis 40 S pro Person.

Gruppen oder Einzelpersonen, die indivi-
duelle Führungen wünschen, wenden sich
ebenfalls an die Graz-Steiermark-Information (einen Tag vorher anmelden; berechnet
werden 500 S pro Führung).

Stadtrundfahrten erschließen den Be-
reich, der außerhalb der Grazer Altstadt liegt
und beinhalten den Besuch von Schloß Eggenberg.

Sie finden von Anfang Mai bis Anfang Oktober täglich außer Samstag und Sonntag
statt. Treffpunkt: Grazer Kongress in der
Landhausgasse, Abfahrt 10 Uhr, Dauer 2 bis
2,5 Stunden, Preis pro Personen 110 S.

Wer sich zur vollen Stunde (in den Sommermonaten täglich von 8 bis 17 Uhr) bei der
»Liesl« auf dem Schloßberg einfindet, kann
die **Schloßbergführung** bis zum Uhrturm
mitmachen. Dauer 45 Minuten, Preis 15 S.

Homosexuelle

Homosexuelleninitiative Steiermark
Heinrichstraße 35

Kontakttelefon: ✆ 382310, Dienstag bis Freitag und Sonntag 18–21 Uhr

Treffs
Club Café Werner
Reitschulgasse 20
Montag bis Samstag 21–4 Uhr

M 5
Maygasse 5
Samstag 22–4 Uhr, Sonntag 21–4 Uhr

Hotels

Die Graz-Steiermark-Information vermittelt Hotels, Gasthöfe und Pensionen in allen Preisklassen und verschickt auf Wunsch aktuelle Preislisten.

Die wenigen hier aufgeführten Hotels sind reine Empfehlungen, ausgewählt danach, wer u. E. im Preis-Leistungs-Verhältnis am besten abschnitt.

Gehobene Preisklasse

Alba-Hotel Wiesler
Grieskai 4
✆ 913241
Neu renoviertes Luxushotel mit Blick auf Altstadt und Schloßberg. Im Grand Café Jugendstilmosaik von Leopold Forstner.

City-Hotel Erzherzog Johann
Sackstraße 3–5
✆ 76551
Mitten in der Altstadt gelegen, moderner Komfort in alten Mauern. Wunderschöner barocker Innenhof (Wintergarten).

Parkhotel
Leonhardstraße 8
✆ 33511
Angenehmes Familienhotel, bestens geführt

mit schönem, ruhigem Gastgarten. Parkplatz.

Mittlere Preisklasse

Pfeifer
Mariatrost
Kirchplatz 9
✆ 391112

Ohnime
Mariatrost
Purbergstraße 76
✆ 391143

Untere Preisklasse

Academia
Untere Schönbrunngasse 7–11
✆ 33558

Rosen-Hotel
Haus Steiermark
Liebiggasse 4
✆ 34041
Beides Saisonbetriebe (1. 7. bis 30. 9.)

Kleiner Steirerhof
St. Peter-Hauptstraße 80
✆ 41594

Gasthof Saringer
Eggenberg
Gaisbergweg 7
✆ 53514

Jugendherberge

Jugendgästehaus Graz
Idlhofgasse 74
✆ 914876
25 Achtbettzimmer, sechs Zweibettzimmer mit Dusche, drei Familienzimmer. Selbstko-

cherküche, Fahrradgarage, große Grünfläche, ca. 15 Gehminuten bis zur Altstadt.

Kinos

Besonders gute, außergewöhnliche Filme laufen im

Filmzentrum Rechbauer
Rechbauerstraße 6
✆ 700508

Geidorf-Kino
Geidorfplatz 1
✆ 31003

Kino im Augarten
Friedrichgasse 24
✆ 71186
Medien-Café

Schubert Lichtspiele
Schubert-Kino/Café
Mehlplatz 2
✆ 79081

Kongress

Graz gehört zu den wenigen Städten in Europa, die ein Kongreßzentrum in historischem Rahmen und mitten in der Innenstadt bieten können:

Grazer Congress
Congress-Center
Schmiedgasse 2/1
A-8010 Graz
✆ 75543

Im Rahmen der Kongresse findet ein interessantes »Kultur & Aktiv«-Programm statt.

Information Grazer Congress oder
Fremdenverkehrsbüro
Kaiserfeldgasse 25
8010 Graz
✆ 76591

Kunstszene

Den Höhepunkt stellt zweifellos der »steirische herbst« dar, allerdings ist Graz auch das Jahr über kulturell nicht tot. Es gibt eine Oper, ein Schauspielhaus mit Probebühne, im Forum Stadtpark, im Kulturhaus und im Künstlerhaus finden Lesungen und Ausstellungen statt, die Studenten der Hochschule für Musik treten regelmäßig auf – Graz ist vor allem für seinen Jazz-Nachwuchs bekannt –, der Rundfunk führt Veranstaltungen durch, ein Musikverein ist aktiv. Kleinkunst, Kellertheater, Kabarett – Graz hat alles. Neben der Neuen Galerie, die zum Joanneum gehört, bieten die Galerien Bleich-Rossi und CC zeitgenössischen Künstlern Ausstellungsmöglichkeiten.

Die wichtigsten Veranstaltungsorte

Galerie Bleich-Rossi
Bürgergasse 4
✆ 702771
Montag bis Freitag 15–19 Uhr, Samstag 10–12 Uhr

Galerie CC
Landhausgasse 10
✆ 75543
Täglich 16–20 Uhr
Vier Ausstellungen pro Jahr

Neue Galerie
Sackstraße 16/II
✆ 79155

Montag bis Freitag 10–18 Uhr, Samstag, Sonntag und Feiertag 10–13 Uhr

Joanneum Ecksaal
Neutorgasse 45
℘ 7031-0
Montag bis Freitag 9–17 Uhr, Samstag und Sonntag 9–13 Uhr
Ausstellungen

Forum Stadtpark
Stadtpark 1
℘ 77734
Montag bis Freitag 11–18 Uhr, Samstag und Sonntag 14–18 Uhr
Bildende Kunst, Literatur, Musik

Künstlerhaus
Burgring
℘ 77391
Montag bis Samstag 9–18 Uhr, Sonntag 9–12 Uhr

Kulturhaus
Elisabethstraße 30

℘ 33035
Montag bis Freitag 10–18 Uhr, Donnerstag 10–21 Uhr, Samstag 9–13
Abends Veranstaltungen im Kulturhauskeller. Jazz, auch im Garten

Opernhaus
Kaiser-Josef-Platz 10
℘ 76451

Schauspielhaus
Hofgasse 11
℘ 72541

Stefanien- und Kammermusiksaal im Grazer Congress
Eingang Sparkassenplatz

Alljährlich staffindende Veranstaltungen

steirischer herbst
Ein weit über die Grenzen Österreichs hinaus bekanntes sechswöchiges Avantgarde-Festival, das von Mitte September bis Ende Oktober dauert und an verschiedenen Orten in Graz und Umgebung stattfindet (s. auch S. 108 ff.).
Information:
steirischer herbst
Palais Attems
Sackstraße 17/1
8010 Graz
℘ 701260 und 702462

styriarte
Festival klassischer Musik unter Leitung von Nikolaus Harnoncourt. Zweiwöchig, von Ende Juni bis Anfang Juli.
Information:
Styriarte
Palais Attems
Sackstraße 17
8010 Graz
℘ 7031/3835

Information und Kartenvorverkauf

Über Veranstaltungen informieren die Tageszeitungen sowie die von der Graz-Steiermark-Information (s. S. 267) herausgegebenen Broschüren »Stadtanzeiger« und »Kunst in der Altstadt«. Der »Falter« (s. S. 304) gibt einen Überblick über Alternativ-Programme.

Kartenbüros

Theaterkasse der Vereinigten Bühnen Graz/Steiermark
Kaiser-Josef-Platz/Ecke Girardigasse
✆ 77422
Montag bis Freitag 9–14 Uhr (Dienstag und Freitag bis 17 Uhr), Samstag 8–12 Uhr
Für alle Aufführungen im Opernhaus, Schauspielhaus und Probebühne

Zentralkartenbüro
Herrengasse 7
✆ 700255
Montag bis Freitag 9–13 Uhr und 14.30–18 Uhr, Samstag 9–12 Uhr

Literatur

Graz von innen, Grazer Autoren über ihre Stadt, Verlag Droschl
Eine Anthologie mit Texten zeitgenössischer Grazer Autoren. Zu erhalten in der Buchhandlung Droschl, Bischofplatz 1

Messe

1906 fand in Graz die erste Herbstmesse statt, seit 1948 gibt es zusätzlich auch noch eine Frühjahrsmesse, seit 1987 international.
Information:
Grazer Messe
Messeplatz 1
8010 Graz
✆ 796910
Frühjahrsmesse Ende April, Anfang Mai
Herbstmesse Ende September, Anfang Oktober

Museen

Joanneum – die Abteilungen in Graz

Museumsgebäude Raubergasse 10
✆ 7031-0
Abteilung für Geologie, Paläontologie und Bergbau
Abteilung für Mineralogie
Abteilung für Zoologie
Abteilung für Botanik
Montag bis Freitag 9–16 Uhr, Samstag, Sonntag und Feiertage 9–12 Uhr
(Abteilung für Botanik nur Montag bis Freitag 9–12 Uhr, Voranmeldung)

Alpengarten Rannach
Rannach 15
8046 Graz-St. Veit
✆ 664565
Täglich 8–18 Uhr

Museumsgebäude Neutorgasse 45
✆ 7031-0
Abteilung für Kunstgewerbe
Alte Galerie
Dienstag bis Freitag 9–16 Uhr, Samstag, Sonntag und Feiertage 9–12 Uhr

Landeszeughaus
Herrengasse 16

⌀ 7031-0
30. März bis 31. Oktober: Montag bis Freitag
9–17 Uhr, Samstag, Sonntag und Feiertage
9–13 Uhr

Steirisches Volkskundemuseum
Paulustorgasse 13
⌀ 700416
April bis Oktober: Montag bis Donnerstag
9–16 Uhr, Samstag, Sonntag und Feiertage
9–13 Uhr

Neue Galerie
s. S. 297

Schloß Eggenberg
Eggenberger Allee 90
⌀ 53264-0
Prunkräume
April bis Oktober täglich 9–12 und 14–17 Uhr
Führungen 10, 11, 12, 14, 15, 16 Uhr
Abteilung für Vor- und Frühgeschichte und Münzensammlung
Februar bis November täglich 9–17 Uhr
Jagdmuseum
Februar bis November täglich 9–12 und 13–17 Uhr
Wildpark Eggenberg mit Römersteinsammlung
Januar, Februar, November und Dezember täglich 8–17 Uhr
März, April, September und Oktober täglich 8–18 Uhr
Mai bis August täglich 8–19 Uhr

Sonstige Museen

Stadtmuseum
Sackstraße 18
⌀ 76021
Montag bis Freitag 10–18 Uhr, Dienstag bis 21 Uhr, Samstag 9–13 Uhr
Apothekenmuseum
Montag bis Freitag 10–15 Uhr

Diözesanmuseum
Mariahilferplatz 3
⌀ 913994
Montag bis Freitag 9–16 Uhr

Nachtleben

Nicht zu glauben, was sich in dieser so brav und solide wirkenden Stadt in der Nacht alles tut! Wer sich auskennt oder den Leuten hinterherläuft, die aussehen, als seien sie zuverlässige Führer bei der »beiseltour, deren stationen sich wie aufgereihte tollkirschen durch die nacht ziehen« (Alfred Paul Schmidt, A Hard Days Night), muß in Graz nie ins Bett gehen (s. S. 85 ff.).

Da sich die »in«-Kneipen schnell ändern und oft in kurzer Zeit ihren Charakter verlieren, sollen hier nur allgemeine Tips gegeben werden.

Das sogenannte »Bermudadreieck« liegt in der Gegend um den Mehlplatz. Besonders urig und skurril: *Haring* am Mehlplatz, eine kleine Schnapsstube – heute wird nicht mehr ausschließlich Schnaps ausgeschenkt – mit gemischtem und manchmal sehr betrunkenem Publikum. Eher schick und gestylt das *Altstadt-Beisl.*

Der Großteil der Gasthäuser und Spätlokale liegt in der Gegend um die Universität, in der Zinzendorfgasse, Elisabethstraße, Leonhardstraße und den Verbindungsgassen. Wer Verbindungen sucht, schlagende wie zwischenmenschliche, liegt hier richtig.

Interessant und angenehm *Café Harrach* (s. S. 292), voll und studentisch der *Kulturhauskeller* in der Elisabethstraße (Veranstaltungen, kleiner Imbiß, gute Pizza), gemütlich der *Girardikeller* (studentisch, Essen nicht teuer, voll). Im *Kleeblatt* in der Leonhardstraße 3 finden regelmäßig Jazzabende statt;

kleiner Imbiß, Publikum durchwachsen, eine seltsame Mischung aus Post-68ern, Ökobewegten, Althippies und einigen wenigen Jungpunks. Nebenan das *Café Glacis* (s. S. 292) und in der Glacisstraße 43 a die *Grüne Spinne,* ein Kellerlokal mit Stehkneipe und einem großen Raum, in dem auch Veranstaltungen stattfinden – Jazz, Lesungen, Kabarett. Meines Erachtens derzeit eine der interessantesten Kneipen, gut geführt, gemischtes Publikum. Aber, wie gesagt, kurzlebig ist die Beislszene.

Langlebig und eine Institution ist nur das *Theatercafé* (s. S. 293) in der Mandellstraße 11, geöffnet von 10–4 Uhr. (Unter Cafés siehe auch weitere Spätcafés sowie das Teehaus).

Sehr angenehm, wenn man sich unterhalten und auch zu später Stunde noch etwas essen will, ist das *Braun de Praun* (s. S. 293), beliebter Treffpunkt der Grazer Künstler und Intellektuellen. Auch *Bachwirt* und *Rincón Andino* (s. S. 295) kann man in den nächtlichen Bummel miteinbeziehen. Von den Diskotheken ist derzeit am lustigsten und vom Publikum her am gemischtesten das *SKA* in der Grabenstraße.

Über weitere Abendlokale, Bars, Diskotheken und sogenannte »Lokale mit Stimmungsmusik« (z. B. *Kepler Keller)* informiert der »Stadtanzeiger«, den man bei der Graz-Steiermark-Information (s. S. 267) erhält.

Das Casino befindet sich im Erdgeschoß des Grazer Congresses (s. S. 297)

Post und Telefon

Das Postamt in der Neutorgasse 46 ist Tag und Nacht geöffnet (auch Ferngespräche, Scheckeinlösen).

Sport

Golf

Graz am nächsten und landschaftlich wunderschön liegt der Golf-Club Murhof. 18 Loch, 6 131 m, Par 72. Sonstige Sportmöglichkeiten: Tennis, Sauna, Schwimmen. Restaurant und Hotel vorhanden.

Golf-Club Murhof
8130 Frohnleiten
✆ (03127) 2101 und (03126) 252528

Langlaufloipen

Eustacchiogründe
St. Peter-Pfarrweg
Graz
Kurze Loipe
Ausrüstungsverleih

Fernitz
Länge der Loipe 10 km

Rein
Länge der Loipe 8 km

St. Radegund
Länge der Loipe 6 km

Thal
Länge der Loipe 10 km
Ausrüstungsverleih

Unterpremstätten
Länge der Loipe 8 km

Radfahren

Hier macht Graz seinem Ruf als fortschrittliche Stadt alle Ehre: als einzige österreichische Stadt, die ein innerstädtisches Radfahrnetz hat; als einzige österreichische Kommune, in der ein Radfahrbeauftragter tätig ist, der sich besonders mit dem Thema »Sicherheit auf Radwegen« beschäftigt; als Stadt, in der seit 1981 das Experiment durchgeführt wird, Radfahrern auf speziell markierten Wegen in Einbahnstraßen die Fahrt gegen die Verkehrsrichtung zu erlauben – bislang mit großem Erfolg!

Radverleih

Fahrrad am Bahnhof
✆ 91 35 00

Vychodil
Elisabethinergasse 15
✆ 91 40 68

Reiten

Aufgeführt sind nur die Klubs in Graz und Umgebung, die Möglichkeiten zum Ausreiten bieten.

RC St. Georg

Triester Straße 180
✆ 29 21 83

Reitclub-Winterhof

Pachern-Hauptstraße 110
✆ 49 37 53

Reitstall Fuchshof

Mühlenstraße 3
8042 Raaba
✆ (03 16) 40 13 58

Islandpferdehof Hojos

Windhof 70
8102 Semriach
✆ (031 27) 83 51 und 83 29

Reitclub Auhof

Johannes-Kepler-Straße 42
8072 Fernitz
✆ (031 35) 28 48 und 32 34 (Ponyreiten)

Sauna

Bad Eggenberg

Janzgasse 21
✆ 5 15 51
Geöffnet: Täglich von 8–22 Uhr; Montag und Donnerstag gemischt; Sonntag Familiensauna; Mittwoch und Freitag Damen; Dienstag und Samstag Herren.

Bad zur Sonne

Belgiergasse 13–15
✆ 91 38 18
Geöffnet: Montag 13–22 Uhr gemischt; Dienstag 8–22 Uhr Damen; Mittwoch und Donnerstag 8–21 Uhr Herren; Freitag 8–15 Uhr Damen, 15–22 Uhr gemischt; Samstag 6–19 Uhr Herren; Sonntag 6–12 Uhr Herren.

Die Sauna

Plüddemanngasse 103
✆ 4 45 03
Geöffnet: Montag, Donnerstag und Freitag 12–23 Uhr; Mittwoch, Samstag und Sonntag 9–23 Uhr; Dienstag und Freitag 15–23 Uhr. Täglich gemischt.

Fitneß Sauna

Einpacherweg 11
✆ 27 23 6 03
Geöffnet: Montag bis Freitag 14.30–21 Uhr; Samstag 10–21 Uhr; Sonntag geschlossen. Täglich gemischt.

Stadtparksauna

Rechbauerstraße 3
✆ 3 41 23 und 38 11 62
Geöffnet: Montag bis Freitag 9–22 Uhr; Samstag und Sonntag geschlossen. Mittwoch Damen, sonst gemischt.

Stuckitzbad

Reichsstraße 25 a
✆ 6 40 65
Geöffnet: Täglich 9–21 Uhr, Freitag 13 bis

21 Uhr. Täglich Damen und Herren (getrennt).

Schwimmen

Augartenbad
Schönaugürtel 1
✆ 78 29 34

Bad zur Sonne
Belgiergasse 13–15
✆ 91 38 18
Mit Hallenbad

Bad Eggenberg
Janzgasse 21
✆ 5 15 51
Mit Hallenbad

Margarethenbad
Grillparzerstraße 10
✆ 3 40 67

Pammerbad
St. Peter-Pfarrweg 7
✆ 4 10 12
Besonders hübsches Freibad

Ragnitzbad
Pesendorferweg 7
✆ 30 17 77

Straßganger Bad
Martinhofstraße 3
✆ 28 18 31

Stuckitzbad
Reichsstraße 25 a
✆ 6 40 65

Südlich von Graz, etwa 8 km vom Zentrum entfernt, liegt die Grazer »Schott d' Azur«. 50 000 Menschen aalen sich an heißen Tagen oft an den Ufern der **Schwarzl-Schotterteiche**. Wem angesichts der Massen nicht die Lust vergeht, der kann hier Surfen, Segelbootfahren und Wasserskilaufen.

Squash

Tennisclub Cama
Packerstraße 90
✆ 28 15 73

Tennisparadies
Straßgangerstraße 380 b
✆ 28 21 56

Tennis

Die Steiermark-Information (s. S. 267) veröffentlicht jedes Jahr eine Broschüre, in der sämtliche Grazer Tennisplätze – es sind über 30 – aufgeführt sind.

Wandern

In der Graz-Steiermark-Information (s. S. 267) erhält man kostenlos den »Kleinen Grazer Wanderführer«. Er beschreibt zehn Wanderungen und Spaziergänge in der nächsten Umgebung von Graz, deren Ausgangs- und Zielpunkte jeweils mit öffentlichen Verkehrsmitteln zu erreichen sind.

Stadtbuch/Stadtzeitung

Ganz Graz
Das Buch der Stadt
Falter Verlag
Enthält eine ganze Reihe von Adressen und nützlichen Tips, die sich nicht nur auf die Alternativszene beschränken (soll 1987 erscheinen).

Graz hat keine eigene Stadtzeitung. Veranstaltungshinweise, Adressen und einen Einblick in die »ins« und »outs« gibt aber der 14tägig erscheinende *Falter,* eine Wiener Zeitung, die auch einen Steiermarkteil hat.

Grazer Sinfonie
Eine drei- bis viermal jährlich erscheinende Illustrierte, Geschichten in, um und über Graz, nützliche Tips, auch auf die Umgebung bezogen.

Universität/Hochschule

Karl-Franzens-Universität
Universitätsplatz 3
8010 Graz
✆ 380-0

Technische Universität
Rechbauerstraße
✆ 7061-0

Hochschule für Musik und darstellende Kunst
Palais Meran
Leonhardstraße 15
8010 Graz
✆ 32053 und 32054

Verkehrsmittel

Trambahn

Linie 1: Eggenberg – Jakominiplatz – Hilmteich – Mariatrost
Linie 3: Hauptbahnhof – Jakominiplatz – Dietrichsteinplatz – Krenngasse
Linie 4: Andritz – Keplerbrücke – Jakominiplatz – Messeplatz – Liebenau

Linie 5: Andritz – Keplerbrücke – Jakominiplatz – Zentralfriedhof – Puntigam
Linie 6: Hauptbahnhof – Jakominiplatz – Dietrichsteinplatz – St. Peter
Linie 7: Wetzelsdorf – Eggenbergergürtel (Hauptbahnhof) – Jakominiplatz – St. Leonhard (Landeskrankenhaus)

Bus

Über die Autobuslinien, die die Außenbezirke erschließen, informiert der »Stadtanzeiger«, den man bei der Graz-Steiermark-Information (s. S. 267) erhält.

Kundendienst der Grazer Verkehrsbetriebe
Steyrergasse 114
✆ 75521/415

Fahrscheine erhält man beim Fahrer oder – billiger – im Vorverkauf, z. B. in den Trafiken.

Wichtige Telefonnummern

Apothekennotdienst ✆ 18
ARBÖ ✆ 271600
Ärztenotdienst ✆ 141
Auskunft ✆ 08 und 195
Bahnhof ✆ 915500
Feuerwehr ✆ 122
Flughafen ✆ 291324
ÖAMTC ✆ 51531
Polizei ✆ 133
Rettung ✆ 144
Taxi ✆ 2801 und 983
Vorwahl
von Deutschland und der Schweiz nach Österreich: ✆ 0043
von Österreich nach Deutschland: ✆ 060
von Österreich in die Schweiz: ✆ 050
Die Ortskennziffer von Graz ist ✆ 0316

Register

Orts- und Sachregister

Namensregister

DuMont Kunst-Reiseführer

»Kunst- und kulturgeschichtlich Interessierten sind die DuMont Kunst-Reiseführer unentbehrliche Reisebegleiter geworden. Denn sie vermitteln, Text und Bild meist trefflich kombiniert, fundierte Einführungen in Geschichte und Kultur der jeweiligen Länder oder Städte, und sie erweisen sich gleichzeitig als praktische Führer.«   *Süddeutsche Zeitung*

Alle Titel in dieser Reihe:

- Ägypten und Sinai
- Entdeckungsreisen in Ägypten 1815–1819
- Algerien
- Arabien
- Entdeckungsreisen in Südarabien
- Belgien
- Brasilien
- Bulgarien
- Bundesrepublik Deutschland
- Das Allgäu
- Das Bergische Land
- Bodensee und Oberschwaben
- Bremen, Bremerhaven und das nördliche Niedersachsen
- Die Eifel
- Franken
- Hessen
- Kölns romanische Kirchen
- Die Mosel
- München
- Münster und das Münsterland
- Zwischen Neckar und Donau
- Oberbayern
- Oberpfalz, Bayerischer Wald, Niederbayern
- Ostfriesland
- Die Pfalz
- Der Rhein von Mainz bis Köln
- Das Ruhrgebiet
- Sauerland
- Schleswig-Holstein
- Der Schwarzwald und das Oberrheinland
- Sylt, Helgoland, Amrum, Föhr
- Der Westerwald
- Östliches Westfalen

- Württemberg-Hohenzollern
- Volksrepublik China
- DDR
- Dänemark
- Frankreich
- Auvergne und Zentralmassiv
- Die Bretagne
- Burgund
- Côte d'Azur
- Das Elsaß
- Frankreich für Pferdefreunde
- Frankreichs gotische Kathedralen
- Korsika
- Languedoc-Roussillon
- Das Tal der Loire
- Lothringen
- Die Normandie
- Paris und die Ile de France
- Périgord und Atlantikküste
- Das Poitou
- Die Provence
- Drei Jahrtausende Provence
- Licht der Provence
- Savoyen
- Südwest-Frankreich
- Griechenland
- Hellas
- Athen
- Die griechischen Inseln
- Alte Kirchen und Klöster Griechenlands
- Tempel und Stätten der Götter Griechenlands
- Korfu
- Kreta
- Rhodos
- Großbritannien
- Englische Kathedralen

- Die Kanalinseln und die Insel Wight
- London
- Schottland
- Süd-England
- Wales
- Guatemala
- Das Heilige Land
- Holland
- Indien
- Ladakh und Zanskar
- Indonesien
- Bali
- Irland
- Italien
- Apulien
- Elba
- Das etruskische Italien
- Florenz
- Gardasee, Verona, Trentino
- Die Marken
- Ober-Italien
- Die italienische Riviera
- Von Pavia nach Rom
- Rom – Ein Reisebegleiter
- Rom in 1000 Bildern
- Das antike Rom
- Sardinien
- Sizilien
- Südtirol
- Toscana
- Umbrien
- Venedig
- Die Villen im Veneto
- Japan
- Nippon
- Der Jemen
- Jordanien
- Jugoslawien
- Karibische Inseln
- Kenya
- Luxemburg
- Malta und Gozo

- Marokko
- Mexiko
- Unbekanntes Mexiko
- Nepal
- Österreich
- Kärnten und Steiermark
- Salzburg, Salzkammergut, Oberösterreich
- Tirol
- Wien und Umgebung
- Pakistan
- Papua-Neuguinea
- Portugal
- Madeira
- Rumänien
- Die Sahara
- Sahel: Senegal, Mauretanien, Mali, Niger
- Die Schweiz
- Tessin
- Das Wallis
- Skandinavien
- Sowjetunion
- Kunst in Rußland
- Sowjetischer Orient
- Spanien
- Die Kanarischen Inseln
- Katalonien
- Mallorca –
- Menorca
- Südspanien für Pferdefreunde
- Zentral-Spanien
- Sudan
- Südamerika
- Südkorea
- Syrien
- Thailand und Burma
- Tunesien
- USA – Der Südwesten

»Diese Einführungen in Kunst, Kultur, Geschichte und Landschaft eines Landes gehören zum Besten, was man heute zur Vorbereitung einer Reise in die Hand nehmen kann. Der Informationswert liegt sehr hoch, die vielen Abbildungen geben Anregung und Erinnerung. Selbst auf einen Teil mit mehr praktischen Hinweisen wurde nicht verzichtet.«   *Literaturreport*

Alle Bände mit vielen, zum Teil farbigen Abbildungen; dazu Zeichnungen, Karten, Grundrisse, praktische Reisehinweise.

»Richtig reisen«